Reformation in Bewegung

Herausgegeben vom Ev. Kirchenkreis Erfurt
zum Gedenkjahr der Reformation 2017

Reformation in Bewegung

Erfurt zwischen 1517 und 2017

EVANGELISCHE VERLAGSANSTALT
Leipzig

Bibliographische Information der Deutschen Nationalbibliothek:
Die Deutsche Nationalbibliothek verzeichnet diese Publikation in der Deutschen Nationalbibliographie; detaillierte bibliographische Daten sind im Internet über http://dnb.dnb.de abrufbar.

Printed in Germany

Das Buch wurde auf alterungsbeständigem Papier gedruckt.

Coverbild: Lutherrose im Löwen- und Papageienfenster, Augustinerkloster Erfurt, Foto: Werner Streitberger, Thüringer Landesamt für Denkmalpflege und Archäologie
Gesamtgestaltung: Formenorm · Friedrike Arndt · Leipzig
Druck und Binden: Hubert & Co., Göttingen

ISBN 978-3-374-05241-7
www.eva-leipzig.de

Vorwort

Die Veröffentlichung der 95 Thesen Martin Luthers gegen den Ablass jährt sich am 31.10.2017 zum 500. Mal. Dies war in Erfurt Anlass, den Versuch einer Bestandsaufnahme zu unternehmen: Was beschäftigt evangelische Christen in Erfurt im Jahr 2017? Welche Glaubensfragen stellen sich? Was wird theologisch gedacht? Wie gestaltet sich das theologische Gespräch mit Christen anderer Konfessionen, mit Konfessionslosen und religiös anders Orientierten? Folgende thematische Stichworte kamen in den Blick: Unser Blick heute auf Martin Luther als Person und Theologe, die spezifische Rolle der Stadt Erfurt in der Reformationsbewegung, Wege der Luther-Rezeption, die Geschichte der Evangelischen Kirche in Erfurt vom Ende des 19. Jahrhunderts bis heute, das Zusammenleben mit der jüdischen Gemeinde in Erfurt und das aktuelle ökumenische Gespräch. Die evangelischen Christen haben sich im Rahmen der Reformationsdekade 10 Jahre lang mit Grundthemen der Reformation befasst und an deren Ende einen großen Kirchentag in Erfurt am Himmelfahrtswochenende 2017 gefeiert. Besonderes Augenmerk fiel in Vorbereitung dieses Jubiläums auf die Geschichte der evangelischen Kirchengemeinden in Erfurt zur Zeit der Herrschaft des Nationalsozialismus und während der Herrschaft des SED-Regimes in der DDR. In Erfurt begegnet man gegenwärtig einer lebendigen theologischen Diskurskultur. Die Kirchengemeinden, verschiedene Einrichtungen des Kirchenkreises und der Landeskirche wie die Offene Arbeit, das Augustinerkloster, die Ev. Erwachsenenbildung und die Ev. Akademie Thüringen tragen diesen Diskurs. Hinzu kommen das Martin-Luther-Institut an der Erziehungswissenschaftlichen Fakultät und die Kath.-Theologische Fakultät an der Universität, andere universitäre Einrichtungen wie das Max-Weber-Kolleg, das Kath. Forum, die Arbeitsgemeinschaft Christlicher Kirchen in Erfurt, die Geschichtsmuseen der Stadt, der Erfurter Geschichtsverein, die allgemeinbildenden Schulen in kirchlicher und nichtkirchlicher Trägerschaft u.v.a. Nicht zuletzt bieten die beiden großen theologischen Bibliotheken der Stadt, die historische Bibliothek des Evangelischen Ministeriums und die gut ausgestattete theologische Abteilung der Universitätsbibliothek, dafür eine gute Basis und Voraussetzung. So geben Pfarrerinnen und Pfarrer, Wissenschaftler und engagierte Laien Einblick in das theologische Denken, das sie derzeit bewegt. Wir freuen uns, dass dies in ökumenischer Weite gelingen konnte. Reformation in Bewegung – dieses Schlagwort umreißt die Verbundenheit mit Martin Luther und der reformatorischen Tradition sowie deren lebendige kritisch-konstruktive Vergegenwärtigung in Erfurt.

Ich danke den Autorinnen und Autoren für das Engagement, die Sorgfalt und Mühe bei der Erarbeitung der Beiträge. Ein herzlicher Dank gilt Pfr. i.R. Dr. Martin Remus, der Korrektur gelesen hat und manchen wichtigen Hinweis gab, sowie der Verlagsleiterin Frau Dr. Anette Weidhas von der Evangelischen Verlagsanstalt, die das Projekt freundlich unterstützte.

»Durch Euch leuchtete das Licht des Evangeliums zum ersten Male aus der Finsternis empor in meinem Herzen«, schreibt Luther an seinen ehemaligen Ordensvorgesetzten, theologischen Lehrer und Beichtvater Johann von Staupitz 1523. Sie lernten sich im Erfurter Augustinerkloster kennen. Luther suchte zeit seines Lebens dieses Licht des Evangeliums. Er brachte es neu zum Leuchten, indem er den christlichen Glauben auf Jesus Christus, auf das Wort der Bibel und auf den Glauben konzentrierte. Luther wurde so zu einem wichtigen Christuszeugen für die Menschen seiner Zeit und ist solcher für uns heute. So ist Reformation immer wieder in Bewegung auf Christus hin.

Matthias Rein

Senior des Evangelischen Ministeriums und
des Evangelischen Kirchenkreises Erfurt

Inhalt

Andreas Lindner

13 **Die Bedeutung der Stadt Erfurt für die reformatorische Bewegung in Mitteldeutschland im 16. Jahrhundert**

Michael Ludscheidt

38 **Schatzkammer, Wissensspeicher, Gedächtnisort**
Die Bibliothek des Evangelischen Ministeriums in Erfurt

Michael Friese

61 **Eine »Ehrens- und Herzenssache der evangelischen Bürger Erfurts«**
Das Erfurter Lutherdenkmal

Andreas Lindner

86 **Das 400-jährige Reformationsjubiläum am Beispiel des »Erfurter Lutherbuch(s) 1917«**

Josef Pilvousek

101 **Die Reformation in Erfurt im Bann der Thüringer Lutherforschung?**

Wolfgang Roschka

128 **Vom Erfurter Motettenchor zu den Thüringer Sängerknaben**
Die Geschichte einer singenden Gemeinschaft von 1923–1950

Martin Borowsky/Sebastian Nickel

154 **Haken am Kreuz? Nationalsozialistische Begeisterung und religiöser Eigensinn**
Der Evangelische Kirchenkreis Erfurt im Dritten Reich – zwei Werkstattberichte

Aribert Rothe

189 **Johannes Mebus (1897–1979)**
Bekennender Christ und Kirchenmann in zwei Diktaturen

Karl-Eckhard Hahn

216 **Johannes Mebus**
Ein Erfurter evangelischer Pfarrer als Abgeordneter des Thüringer Landtages (1946–1950)

Aribert Rothe

245 **Zur Freiheit befreit**
Exemplarische sozialethische Arbeitsfelder des Evangelischen Kirchenkreises Erfurt in den 80er Jahren

Matthias Rein

270 **Begegnung, Unterstützung, Dialog**
Stationen des jüdisch-christlichen Dialogs in Erfurt und Thüringen vom Anfang der siebziger Jahre bis 1989

Irene Mildenberger

282 **Das Augustinerkloster als Ort gelebter Ökumene**

Jürgen Reifarth

302 **Licht auf Luther**
Die Themen des Erfurter Kirchentages auf dem Weg 25.–28.5.2017

Matthias Rein

313 **Bibel – Christus – Glaube und … die Musik**
Erfurt als bedeutender Ort der Reformation der christlichen Kirche damals und heute

Andreas Fincke

316 **Kirche und Konfessionslosigkeit in Ostdeutschland**
Aktuelle Probleme und Chancen

330 **Beiträgerverzeichnis**

Die Bedeutung der Stadt Erfurt für die reformatorische Bewegung in Mitteldeutschland im 16. Jahrhundert

Andreas Lindner

Die reformatorische Bewegung in Mitteldeutschland hat zwei Vater- und zwei Mutterstädte.

Eisleben und Mansfeld, in denen Luther geboren wurde bzw. aufwuchs, Erfurt, in dem er geprägt wurde, und Wittenberg, wo er sich entfaltete.

Erfurt hat mit seinem für Luther prägenden Charakter eine Doppelfunktion. Er war sich bewusst, dass das Leben in der Thüringer Metropole ihn geformt hatte. Und deshalb hatte er hohe Erwartungen an die Stadt im Zuge der Reformation, die sie in seinen Augen nicht erfüllte. Erfurt hatte gleichsam eine helle Vorgeschichte und eine trübe Nachgeschichte. Wobei die Nachgeschichte, mit heutigen Augen betrachtet, sehr viel positiver erscheint.

Die Stadt an der Gera entwickelte sich seit dem Anfang des 16. Jahrhunderts zu einem der bedeutendsten Orte des Humanismus nördlich der Alpen. Der in der Engelsburg beheimatete Humanistenkreis um Eobanus Hessus[1] sah so manchen jungen Mann in sei-

1 Eobanus Hessus (1488–1540), eigentlich Eobanus Koch; benannte sich aber nach seiner hessischen Heimat. Ab 1504 studierte er in Erfurt und wurde 1507 Rektor

ner Runde, der sich später dem Wittenberger Reformator anschließen sollte. Als die hohe Zeit dieses Kreises begann, in den Jahren nach 1505, befand sich Luther bereits im Kloster der Erfurter Augustiner-Eremiten. Zuvor hatte er vier Jahre lang das Studium der Philosophie an der sogenannten Artistischen Fakultät der Erfurter Universität absolviert und es im Januar 1505 mit dem Titel eines Magister Artium abgeschlossen. Das Collegium Maius als Zentrum der artistischen Studien, in der Mitte zwischen der Engelsburg und dem Kloster gelegen, war ihm auf jeden Fall vertraut. Und die Engelsburg folgte ihm gewissermaßen ins Kloster in Person seines etwa vier Jahre jüngeren Ordensbruders, des Magisters Johannes Lang. Der brachte bei seinem Eintritt 1506 die damals noch seltene Kenntnis des Griechischen mit in den Konvent. Erlernt bei Nikolaus Marschalk[2], einem anderen großen Humanisten, gab er deren

---

der Severischule. Wie alle Humanisten war er beständig mit dem Problem beschäftigt, seinen Lebensunterhalt zu sichern. 1509 begab er sich deshalb in den Verwaltungsdienst des Bischofs Hiob von Dobeneck in Riesenburg, versuchte sich ab 1513 mit Jurastudien in Frankfurt/Oder und Leipzig und kehrte 1514 nach Erfurt zurück. Hier konnte er sich, zumal er seit 1517 Professor des Lateinischen war, seiner Leidenschaft, der Literatur, widmen und stieg zum Haupt des Humanistenkreises in der Engelsburg auf. Die Auswirkungen der Reformation in Erfurt, besonders der Niedergang der Universität, frustrierten ihn derart, dass er 1526 als Lehrer an das neu gegründete Gymnasium Aegidium des Nürnberger Rats wechselte. 1532 bis 1536 gab er ein letztes Zwischenspiel in Erfurt und ging danach als Professor nach Marburg. Luther nannte ihn den größten Poeten seiner Zeit.

2 Nikolaus Marschalk (um 1465–1525) kam 1491 nach Erfurt und wurde hier 1496 Magister Artium. Anschließend begann er ein Jurastudium bis zum Bakkalaureat, um sich ab 1499 nur noch mit lateinischen und griechischen Sprachstudien und deren Publikation zu beschäftigen. Ab 1501 betrieb er eine eigene Druckerei, mit der er im folgenden Jahr an die neu gegründete Universität in Wittenberg umzog. Er konnte hier aber nicht Fuß fassen und wechselte 1505 an den Hof des Herzogs von Mecklenburg in Schwerin. Ab 1510 lehrte er an der Universität Rostock Jura, Geschichte und Humaniora – Themen in Verbindung mit dem Lateinischen und Griechischen.

Anfangsgründe an Luther weiter. Der war zugleich mit den ersten Schritten im Hebräischen beschäftigt, die er mit Hilfe eines Lehrbuchs des bekannten Hebraisten Johannes Reuchlin[3] erlernte. Das Ideal humanistischer Sprachbeherrschung in der Trias »Hebräisch-Griechisch-Latein« erscheint hier im Augustinerkloster zum ersten Mal am Horizont von Luthers Entwicklung.

Luther agierte ab 1517 öffentlich in einer Weise, die ihn als theologischen Modernisierer erscheinen ließ und die in den Kreisen der Humanisten – gerade auch in Erfurt – große Hoffnungen weckte. Er wollte weg von der als unfruchtbar empfundenen scholastischen Arbeitsweise der mittelalterlichen Theologie. Weg von dem in Erfurt erlernten »Denk-Handwerk«, das für seine Begriffe das untaugliche Werkzeug der aristotelischen Philosophie benutzte, um Gott, den Menschen und ihre Beziehung zueinander zu verstehen und zu erklären. Kann man die Heilige Schrift mit einem Heiden erklären? Luther sagt nein, denn Aristoteles[4] mit seiner Auffassung von der sittlichen Leistungsfähigkeit des Menschen steht diametral gegen Paulus mit seiner Kritik an dieser Fähigkeit des Menschen. Die Reformation begann im Frühherbst 1517 als Versuch der Modernisie-

---

3 Johannes Reuchlin (1455–1522), als promovierter Jurist nach langen Jahren vor allem im Dienst der Herzöge von Württemberg, lehrte ab 1520 an der Universität Ingolstadt und ab 1521 in Tübingen. Er ist neben Erasmus von Rotterdam der bedeutendste deutsche Humanist. Der Schwerpunkt seines Interesses lag im Hebräischen, was ihn in den nach ihm benannten »Reuchlin-Streit« um den Wert hebräischer religiöser Literatur verwickelte. Seine Schwester war die Großmutter Philipp Melanchthons, den er intensiv förderte, bis er ihn an die Wittenberger Reformation verlor, die er ablehnte.

4 Aristoteles (384–322 v. Chr.), einer der bedeutendsten Philosophen der Antike, der ein umfassendes Werk zu allen Wissensgebieten von der Philosophie über die Psychologie bis zur Naturkunde und Poetik hinterlassen hatte. Diese Werke bildeten in ihrer lateinischsprachigen Überlieferung die Leitmedien des mittelalterlichen Studienbetriebs.

rung der akademischen Theologie, in deren Mitte Luther die Bibel rücken wollte, als deren Mitte er wiederum Christus verstand. Zu diesem Zweck schickte er über Johannes Lang im September 1517 – also noch vor den berühmten Ablassthesen – seine »Thesen gegen die scholastische Theologie«[5] an seine alte Heimatuniversität Erfurt mit dem Ansinnen, darüber zu disputieren. Die zuständige theologische Fakultät reagierte nicht, wie sie auch wenige Wochen später auf die ihr ebenfalls zugeschickten Ablassthesen nicht reagierte.

Die Achse Luther – Lang spielte in diesen Jahren eine große Rolle bei dem Versuch, Erfurt zum Vorort einer humanistischen Artes-Reform und einer antischolastischen Theologie-Reform zu machen. Lang war, seit Luther in seiner Funktion als Ordensprovinzial ihn 1516 zum Prior des Augustinerklosters eingesetzt hatte, der verlängerte Arm Luthers in Erfurt.

Im Sommer 1519 trafen sich beide persönlich anlässlich der Disputation Karlstadts und Luthers gegen Eck in Leipzig.[6] Die Erfurter Theologische Fakultät hatte sich dem Ansinnen des sächsischen Herzogs Georg entzogen, auf dieser Disputation eine Schiedsrichterrolle zu übernehmen. Dennoch feierte sie danach den nach Ingolstadt heimreisenden Eck mit einem Empfang als Sieger. Daraufhin

---

5 Disputatio contra scholasticam theologiam, WA 1,221–228; übersetzt in; Wilfried Härle (Hg.): Martin Luther Lateinisch-Deutsche Studienausgabe, Bd. 1 Der Mensch vor Gott, Leipzig 2006, S. 19–33.

6 Andreas Bodenstein (1486–1541), genannt nach seinem fränkischen Herkunftsort Karlstadt, war seit 1511 Luthers Kollege an der Universität Wittenberg. 1512 promovierte er Luther zum Doktor der Theologie. Er versuchte Luthers Ansatz zu radikalisieren, worüber 1522 ihre Freundschaft zerbrach. Luther nutzte seinen Einfluss, um Karlstadt 1524 aus Mitteldeutschland zu vertreiben. Johannes Eck (1486–1543) war seit 1510 Professor der Theologie an der Universität Ingolstadt, befand sich seit Luthers 95 Thesen in öffentlichem Disput mit diesem und entwickelte sich von da an zu einem der nachhaltigsten Gegner des Wittenbergers.

ließ Lang die Disputationsakten drucken und gewann so von Erfurt aus die öffentliche Meinung für Luthers Sache auf der Leipziger Disputation.

Das Jahr 1519 brachte entscheidende Weichenstellungen. Unter dem Rektorat des Justus Jonas, der ebenfalls zum Kreis in der Engelsburg gehörte, gelang eine, allerdings nur halbe, humanistische Universitätsreform. Es erfolgte eine Neugliederung der Lehrstühle der philosophischen Fakultät nach humanistischen Gesichtspunkten mit der Spitze in der Errichtung eines Lehrstuhls für Griechisch. Bereits 1517 hatte man eine Professur für lateinische Sprache und Literatur mit Eobanus Hessus besetzen können. Jedoch war es nicht gelungen, auch noch einen Hebräisch-Lehrstuhl zu installieren oder gar die theologische Fakultät für die Bestrebungen des Humanismus zu öffnen.

Ihren Höhepunkt fand die Auseinandersetzung zwischen Reformern und Konservativen mit und nach Luthers Aufenthalt in der Stadt auf seiner Durchreise nach Worms. Am 7. April 1521 predigte er in der überfüllten Augustinerkirche. Die Universität unter ihrem humanistischen Rektor Crotus Rubeanus[7] gab ihm zu Ehren einen Empfang, und der Humanistenkreis jubelte. Diese Stimmung, die damals in der ganzen Stadt herrschte, lässt sich noch heute in vier Lutherelegien nacherleben, die der bedeutendste Humanist innerhalb der Stadtmauern, Eobanus Hessus, damals auf Luther schrieb. In der 1. Elegie heißt es: »Jener Mann hat als erster erkannt, dass zu unserer Zeit eine fruchtlose Saat auf dem Feld Christi aufgeht.

---

7 Crotus Rubeanus (um 1488–um 1545), Studiengenosse Luthers; schloss sich der Reformation an, blieb aber dem Humanismus eines Erasmus von Rotterdam so verhaftet, dass er 1530 erneut die Fronten wechselte und in den Dienst des Kardinals Albrecht von Mainz in Halle trat.

Er sah es und hat es gewagt, die Hacke schonungslos anzuwenden und alles Unkraut mit kunstreicher Hand auszureißen. Vorher zwar hat es Erasmus gesehen und der Welt vor Augen gehalten, dem verglichen die heutige Zeit keinen Gelehrteren kennt. Wie nun aber das bloße Zeigen geringer ist als das Vollenden, so hat Luther das größere Maß an Verdienst; [...]«. Hessus stellt Luther hier bemerkenswerterweise noch vor das anerkannte Haupt des europäischen Humanismus. Schließlich lässt er in gut antiker Manier den Flussgott der Gera in das Lob einstimmen: »Dieser Mann hat als erster begonnen, den Schafstall Christi zu säubern, und hat verkündet, die Hirten der Schafe sind Wölfe. Er hat es gewagt, von den Obersten Rechenschaft zu verlangen, und ihnen alle Hoffnung genommen, dass ihre Schliche noch lange versteckt bleiben können. Wenn er nun jetzt in die Stadt kommt, an der ich vorbeifließe, durfte dann hier wohl eine Leier noch stumm bleiben? Wäre es nicht geziemend, zu diesem Jubel der Stadt Festkleider anzulegen und an erzene Becken mit Stöcken zu schlagen?«[8]

Das hatte man getan, und als Luther wieder abreiste, war nichts mehr wie bisher. Dem Triumph folgte der Absturz, und die Turbulenzen der frühen Erfurter Reformationsgeschichte begannen. Luther ließ die Stadt in erregter Atmosphäre zurück, und es folgte – wenngleich nicht in seinem Sinne – der Erfurter Pfaffensturm. Die Häuser der Stiftsgeistlichkeit wurden im Juni geplündert. Im selben Monat übernahm mit dem Dr. iuris utriusque Martin von der Marthen[9] ein antilutherisch gesinnter Mann das Rektorat der Alma

---

8 »Luther-Elegie« (I), in: Wolfgang Trillitzsch (Hg.): Der deutsche Renaissancehumanismus, Leipzig 1981, S. 303.

9 Martin von der Marthen (†1522), Kanoniker am Severistift und Jurist.

mater, die noch kurz zuvor gegen die Exkommunikation von drei Stiftsherren protestiert hatte, weil diese am Empfang für Luther teilgenommen hatten. Die Pest brach aus, und die Universität verödete. Der Konvent des Augustinerklosters zeigte Auflösungserscheinungen. Die lutherisch gesinnten Mönche traten aus. Johannes Lang vollzog diesen Schritt im Januar 1522.

Die Erfurter Humanisten waren zutiefst verunsichert. Denn zum einen waren einige von ihnen mit Opfer des Pfaffensturms geworden.[10] Die Meute hatte keinen Unterschied zwischen den Klerikern gemacht, unter denen es auch reformfreundlich Gesinnte gab. Zum anderen schien damit erwiesen, dass die Reformation Kräfte freisetzte, die der feingeistigen Atmosphäre humanistischen Denkens und Strebens diametral entgegengesetzt waren. Eobanus Hessus artikulierte die Not des zwischen die Fronten geratenen Humanismus 1523 gleich in mehreren Publikationen, darunter die direkt an die Wittenberger gerichtete Elegie »Ecclesiae afflictae epistola ad Lutherum« (Brief der betrübten Kirche an Luther). Tenor all seiner Bemühungen war letztendlich das Bekenntnis, gerade als Humanist lutherisch gesinnt zu sein und damit die Hoffnung zu verbinden, die Reformation werde die humanistische Bildung nicht untergehen lassen.

Sowohl Luther als auch Melanchthon reagierten in Antwortbriefen auf die Elegie, und ihre Reaktionen waren interessanterweise verschieden. Während Luther Hessus zu beruhigen versuchte, die

10 So Maternus Pistoris, der als Kanoniker an St. Marien zugleich Inhaber eines der beiden theologischen Lehrstühle war, die dem Marienstift an der Universität zustanden, und Nikolaus Rottendörfer, der zu den drei Stiftsgeistlichen gehört hatte, die wegen der Teilnahme am Empfang für Luther exmatrikuliert worden waren.

Reformation bringe keine neue Barbarei[11], teilte Melanchthon eben die Sorgen des Poeten, denn er solidarisierte sich mit dessen Ausführungen.[12] Vor Ort in Erfurt war es Johannes Lang, der humanistische Bildung und Reformation zusammenzuhalten versuchte und in die Rolle des Stadtreformators hineinwuchs. Im Gefolge der Ereignisse von 1521 hatte ihn die theologische Fakultät, an der er 1519 promoviert worden war, unter der Anschuldigung, ein Feind der Wissenschaft zu sein, ausgeschlossen. Als zum Sommersemester 1523 mit dem Mediziner Georg Sturtz[13] wieder ein Humanist das Rektorat übernahm, öffneten sich für Lang auch wieder die Pforten der Universität. Er wurde für die Universitätsmesse, mit der das Semester begann, als Prediger beauftragt. Diese Predigt mit programmatischem Charakter ist in einem Druck von 1523 erhalten.[14] Sie ist zweigeteilt in einen theologischen Teil in Form einer klassischen Rechtfertigungspredigt und einer Applikation, die Langs reformatorisches Bildungsprogramm darstellt. Er bekennt sich hier zur humanistischen Wertschätzung der antiken philosophischen und poetischen Tradition und verteidigt das Studium der Freien Künste als nützlich. Daran schließt er die Forderung nach dem Studium des Lateinischen, Griechischen und Hebräischen für alle diejenigen an, die eine akademische Tätigkeit anstreben. Die

11 WA Br 3, Nr. 596 vom 13. März 1523.

12 MBW, T2, Nr. 273 vom 13. März 1523.

13 Georg Sturtz (1490–1548) war der Besitzer der Engelsburg und damit der Gastgeber der Erfurter Humanisten.

14 Eyn Sermon vonn menschlicher schwacheit / wy er aus sich nichts vormag / vnd Gott ynn allen dingen anruffen soll / auch vonn schulen odder vniversitete(n) tzu erhalte(n) / zu Sont Michel gepredigt durch Doctor Johan(n) Langen. Eck tzu Erffordt. Anno.M.D.XXiij.

Sprachen ermöglichen in Bezug auf die Bibel – und übrigens auch auf die Schriften der Kirchenväter – das Ad-fontes-Prinzip: »Zurück zu den Quellen«. Dagegen verwirft er die scholastische Theologie, die heidnische Lehren als christliche dargestellt habe. Aus ihren Verdrehungen und Vermengungen leite sich der Niedergang von Lehre und Sittlichkeit an den Schulen ab. Lang prophezeit für den Zeitraum der nächsten zehn bis zwanzig Jahre einen Mangel an gelehrten Leuten, wenn nicht in Kürze Schulen eingerichtet würden. Vom Evangelium aus sollte man sich zum Aufbau von Schulen motivieren, um eine Gesellschaft nach Gottes Willen überhaupt organisieren zu können und das Feld nicht erneut unverständigen Schwärmern zu überlassen. Ausdrücklich bezieht er dieses Programm auch auf Juristen und Mediziner. Luthers Schrift »An die Ratsherren aller Städte Deutschlands, dass sie christliche Schulen einrichten und halten sollen« ein Jahr später, 1524, ist in weiten Passagen nichts anderes als die Ausführung der Thesen Langs.

Das anfängliche Ignorieren des nach Wittenberg abhanden gekommenen Luther hatte also nichts geholfen, und die Erfurter Theologen waren zwar die Ersten, aber bei weitem nicht die Letzten, die diese Erfahrung machten. Aus dem ursprünglichen Anliegen Luthers, eine akademische Reformdiskussion mit der Erfurter Theologischen Fakultät zu führen, und den folgenden für ihn nicht absehbaren Ereignissen und Entwicklungen erwuchs der Versuch einer Reform der Kirche. Dies musste aber bei der damaligen Bedeutung von Kirche und Religion gesamtgesellschaftliche Auswirkungen haben.

Deshalb verfasst Luther seine erwähnte – wir würden heute sagen: bildungspolitische oder bildungsorganisatorische – Programmschrift für das nunmehr auch zu modernisierende Schulwesen. In ihr singt er über dem cantus firmus des Ad-fontes-Prinzips das Hohelied der humanistischen Sprachfähigkeit: »Darum, ihr lieben Deutschen, lasst uns hier die Augen aufmachen, Gott danken für das edle Kleinod und es festhalten, damit es uns nicht wieder entrissen werde und der Teufel seinen Mutwillen treibe. [...] Und lasst uns das gesagt sein, dass wir das Evangelium nicht gut ohne die Sprachen behalten werden. Die Sprachen sind die Scheide, darin das Messer des Geistes steckt. Sie sind der Schrein, in dem man dieses Kleinod trägt. Sie sind das Gefäß, in dem man diesen Trank aufbewahrt.«[15] Luther ist es, der 1523 den Ausdruck »Küchenlatein«[16] für die vorhumanistische Sprachpraxis der Köche, Mönche und Kleriker prägte. Die alten Sprachen sind ihm der Transmissionsriemen der authentischen Verbreitung des Wortes Gottes. Ohne sie gibt es keine korrekte, schriftgemäße Theologie. Luther meint, erst durch seine Sprachfähigkeit habe er den Papst in die Enge treiben können: »Der Teufel achtet meinen Geist nicht so sehr wie meine Sprache und meine Feder in der Schrift. Denn mein Geist nimmt ihm nichts als nur mich selber. Aber die Heilige Schrift und die Sprachen machen ihm die Welt zu eng und schaden ihm in seinem [eigenen] Reich.«[17]

Die Folge war die Öffnung der Bibel für die Laien durch die berühmte Bibelübersetzung. Zugleich erschloss sich diesen damit die Möglichkeit der aktiven Teilhabe an einer nun stärker intellektualisierten Öffentlichkeit, als es diejenige des späten Mittelalters mit

---

15 An die Ratsherren aller Städte Deutschlands, dass sie Schulen aufrichten und halten sollen, WA 15, 37,1–38,10; sprachliche Modernisierung vom Verfasser.

16 »kuchen latin«; WA 11, 356,19 (Ein Bäpstisch Breve dem Rath zu Bamberg gesandt wider den Luther).

17 An die Ratsherren, WA 15, 43,3–6.

ihrer Bußfrömmigkeit gewesen war. Was mit den »Thesen gegen die scholastische Theologie« im September 1517 als Versuch der Modernisierung der akademischen Theologie begonnen hatte, war mit der Übersetzung des Neuen Testaments, dem sogenannten »September-Testament«, 1522 in der Breite der Gesellschaft angekommen. Und noch für diese Bibelübersetzung auf der Wartburg gilt, dass sie einen initiatorischen Vorläufer in Johannes Langs Übersetzung des Matthäusevangeliums von 1521 hatte. Luther kannte sie.

Trotz seines öffentlichen Bruchs mit dem klassischen Humanismus eines Erasmus von Rotterdam 1525 blieb Luther selbst dem Humanismus zugeneigt. Das kann man an vielen humanismustypischen Details seines Lebens erkennen. Er ging gewissermaßen mit der humanistischen Mode, wenn er seinen Namen von Luder in Luther änderte, was griechisch als »der Befreite« gedeutet werden kann. Er legte sich ein Wappen zu. Er verweigerte sich trotz aller Vorbehalte nicht einer Gesamtausgabe seiner Werke ab 1539 in Wittenberg. Die großen Literaten des Augusteischen Zeitalters, der Aurea Latinitas der römischen Literatur, begleiten sein Leben. Als er ins Augustinerkloster eintrat, ließ er die Welt nicht ganz hinter sich, sondern nahm Werke von Plautus und Vergil mit durch die Pforte. Und als er starb, in Eisleben, vermerkte er auf seinem letzten Zettel: »Vergil in seinen Bucolicis und Georgicis kann niemand verstehen, er sei denn zuerst fünf Jahre Hirte oder Bauer gewesen. Cicero in seinen Episteln kann folgend niemand verstehen, er habe sich denn zwanzig Jahre in einem ausgezeichneten Gemeinwesen bewegt. Die Heiligen Schriften meine niemand genügsam geschmeckt zu haben, er habe denn hundert Jahre lang mit den Propheten die Gemeinden regiert. Daher ist dieses Wunder gewaltig, zuerst durch Johannes den Täufer, zweitens durch Christus, drittens durch die Apostel.

Versuche nicht diese göttliche Äneis, sondern bete in Verneigung ihren Spuren an! Wir sein pettler. Das ist wahr.«[18]

Die Heilige Schrift als Äneis! Hätte man diesen Satz nicht viel eher aus dem Munde des Erasmus erwarten dürfen? Ihm hätte er wohl angestanden, und doch ist es Luthers Satz.

Luther hatte sich aber nicht nur sein philologisches Handwerkszeug und seinen Bildungshorizont in Erfurt erworben. Er nahm von hier auch sein Lebensproblem mit, das ihn überhaupt erst zu seinem reformatorischen Handeln anstieß. Denn in der Art und Weise, wie er die Unmittelbarkeit des Transzendenten, des Jenseitigen erlebte, war er ganz der spätmittelalterlichen Mentalität verhaftet. Sein Blitzerlebnis bei Stotternheim deutete er als göttlichen Fingerzeig, ins Kloster einzutreten. Von da an begann verstärkt, was sich in vielen seiner Selbstäußerungen immer wieder ablesen lässt: Luther begriff sich mit seinem Leben hineingeworfen in den großen Kampf Gottes mit Satan. Seine Seele stand in dieser Arena, und er musste sich gegen den letzten Zweifel immer wieder selbst ermahnen, dass es doch gut ausgehen würde, denn er hatte ja Christus an seiner Seite. Das Symbol für die unmittelbare Realität dieses Kampfes ist das berühmte Tintenfass. Die Geschichte ist in mehreren Fassungen mit den Handlungsorten Wartburg und Wittenberg überliefert. Es ist nicht zu entscheiden, wo sie sich tatsächlich abgespielt hat, aber einmal hat sie sich abgespielt.

Ungefähr zur selben Zeit, als das Tintenfass möglicherweise zur nahkampftauglichen Waffe gegen den Bösen avancierte, im Jahr 1521, hat Luther sein Erlebnis auf dem Acker bei Stotternheim neu gedeutet. Er verstand es nun als gottgewollten Irrweg. Gott wollte

---

18 WA TR 5, Nr. 5677, 317,12–318,3; Original lat.; Übersetzung vom Verfasser.

ihn ins Kloster führen, damit er aus eigener Anschauung das Klosterleben kennen lernte. Und das hieß für ihn, er sollte die Scheinheiligkeit der Klöster, ihre Sünden und ihre Gottlosigkeit kennen lernen, dass »[…] nicht für gottlose Menschen die Gelegenheit entsteht, von mir als ihrem zukünftigen Gegner prahlend zu behaupten, dass ich verdammen würde, was ich nicht kenne.«[19]

Der Kapitelsaal und die Kirche des Erfurter Augustinereremiten-Konvents sind die Orte des Scheiterns des Mönchs Martin Luther. Es war ihm tiefernst mit seiner Wendung zum klösterlichen Leben. Daran hielt er sein Leben lang fest. Nicht um des Bauches willen, der materiellen Sorglosigkeit im geschützten Raum des Klosters wegen, war er Mönch geworden. Er wollte sich aus eigenen Kräften den Himmel verdienen, und er hat es daran an Eifer und Anstrengungen nicht fehlen lassen. »Es ist bisher die größte Heiligkeit gewesen, die man hat können erdenken, dass man ins Kloster ist gelaufen, […] viel gefastet, viel gebetet, ein härenes Hemd getragen, in wollenen Kleidern gelegen, ein hartes, strenges Leben geführt und in der Summa eine mönchische Heiligkeit angenommen, dass wir in einem Schein gleisender Werke sind einhergegangen, so dass wir auch selbst nicht anders gedacht haben, als dass wir vom Scheitel an bis zur Ferse ganz heilig gewesen, […].«[20]. Das war für die spätmittelalterliche Mentalität nichts Ungewöhnliches. Mit frommen Leistungen versuchten die Menschen, Verdienste bei Gott zu sammeln, die im Jüngsten Gericht zur Geltung gebracht werden

---

19 De votis monasticis Martini Lutheri iudicium 1521, Vorrede, WA 8,574,26–29; Original Latein, Übersetzung vom Verfasser.

20 Otto Scheel: Dokumente zu Luthers Frühzeit (bis 1519), 2. Neubearb. Auflage, Tübingen 1929, S. 37, Nr. 93, sprachliche Modernisierung vom Verfasser.

konnten. Das himmlische Konto war letztendlich wichtiger als irdischer Besitz. Mit diesem Konto und unter Fürsprache persönlich ausgewählter Heiliger sowie der Gottesmutter Maria meinte man, sich dereinst vor Gott und seinen Rechenschaft fordernden Sohn wagen zu können. Nur dieses allgemeine Klima ermöglichte die kommerzielle Ausbeutung der Volksfrömmigkeit durch Ablasshandel, Wallfahrten und Stiftungen aller Art. Luther nahm auf seine Weise im Kloster daran teil. Typisch für ihn ist die Angewohnheit, durch seine Studien und Lehrtätigkeit nicht absolvierte Stundengebete gleichsam im Geiste zu sammeln und bei Gelegenheit durch tagelanges Beten am Stück nachholen zu wollen. Das führte ihn bis an die Grenzen der körperlichen Erschöpfung.

Er konnte aber mit all diesen Anstrengungen das Grundproblem nicht lösen, das ihn ins Kloster getrieben hatte. »Denn [...], noch hab ich mich nie können ein Mal meiner Taufe trösten, sondern ich habe immer gedacht: O wenn willst du einmal fromm werden und genug tun, dass du einen gnädigen Gott kriegst? und bin durch solche Gedanken zur Möncherei getrieben worden [...].«[21] Luther war umgetrieben von der existentiellen Angst, in Gottes Gnadenwahl durchgefallen sein zu können. Der Hölle bestimmt und nicht dem Himmel. Dieser zu fürchtende, richtende Gott war gnädig zu stimmen. Über sein äußerlich vorbildliches Mönchsleben konnte Luther offensichtlich die Sicherheit nicht gewinnen, dieses Ziel zu erreichen. Er blieb in seinem Herzen und in seinem Gewissen unsicher, zweifelnd, immer wieder auch verzweifelnd. »Denn es ist keiner, der da könnte oder dürfte solches gewiss von sich sagen, dass er heilig sei etc. [...]. Also setzen sie [die Mönche] alle ihr persönliches Leben

---

21 Scheel: Dokumente, S. 114, Nr. 298b, sprachliche Modernisierung vom Verfasser.

und Tun auf einen Zweifel und Ungewissheit, ja lehren dazu, man solle zweifeln und sagen, der Mensch könne nichts gewiss wissen, ob er in Gnaden sei und den heiligen Geist habe. So hab ich auch gelebt und es gehalten, da ich ein frommer Mönch war. Und wenn ein Mönch heilig sein sollte, so war ich's auch, Selbst wenn ich hätte täglich aufs Fleißigste gebetet, aufs Reinste gebeichtet, Messe gehalten und das Beste getan, und mich jemand gefragt hätte: Hältst du es auch gewiss dafür, dass du den heiligen Geist habest? so müsste ich (gleich wie andere) sagen: O behüt mich Gott davor, sollte ich so vermessen sein? Ich bin ein armer Sünder, ich hab wohl dies und das getan, Aber ich weiß wahrlich nicht, ob's auch Gott sich will gefallen lassen etc. Also ging ich und alle dahin im Unglauben […].«[22]
Das eigentliche Instrument, innerhalb des Klosters diese Zweifel zu bekämpfen, war die Beichte, und der Ort, an dem diese Zweifel aufzulösen gewesen wären, war nun eben der Kapitelsaal des Augustinerklosters. Die Beichte – allfreitäglich in Form der offenen Schuld als kollektive Beichte des ganzen Konvents und darüber hinaus als Einzelbeichte – versagte jedoch bei Luther, weil seine Beichtväter ihn kaum über die Werkheiligkeit hinausweisen konnten. Andere kamen damit zurecht, und wahrscheinlich konnten die Mitbrüder Luthers Intensität im Kampf um den gnädig zu stimmenden Gott auch nicht nachvollziehen. Luther empfand die Beichte als Falle, aus der er nicht entkam. Sein Inneres wurde zum Kampfplatz zwischen Gottessehnsucht und Satansangst. Er ist dieses Gefühl trotz aller theologischen Einsichten sein Leben lang nicht mehr losgeworden. Offen zutage getreten war es das erste Mal auf dem Acker bei Stotternheim. Im Augustinerkloster reifte es aus.

---

22 Scheel: Dokumente, S. 130, Nr. 348; sprachliche Modernisierung vom Verfasser.

Die Anspannung steigerte sich noch mit seiner Priesterweihe. Denn von nun an – die Lehre von der Transsubstantiation ließ daran keinen Zweifel, und davon war Luther überzeugt – begegnete er bei der Wandlung der Elemente von Brot und Wein während der Messe dem leibhaftigen Gott. Aber eben dem richtenden und zornigen Gott. Würde ein Fehler beim Zelebrieren der allerheiligsten Handlung, und sei es nur ein Stocken im Text, vergeben? Bei seiner Primiz wäre Luther am liebsten weggelaufen. »Da ich nun über den Altar kam und sollte konsekrieren über die Worte: Aeterno vivo vero Deo (Ewiger lebendiger wahrer Gott), da dacht ich von dem Altar zu laufen und sagte zu meinem Prior: Herr Prior, ich fürchte, ich muß vom Altar laufen! Da schalt er mich: Immer hinan! fort(fahren), fort(fahren)!«[23]

Man kann nicht sagen, dass diese Situation nur ein spezielles persönliches Problem Luthers gewesen sei. Viele Mönche und Priester in den Klöstern wurden davon umgetrieben, wenn auch weniger intensiv. Es gab darin eigentlich nur drei Perspektiven. Entweder man entledigte sich des Drucks, indem man die Dinge irgendwann auf ein erträgliches Niveau der Selbstanforderung an die eigenen mönchischen Tugenden brachte. Alles andere konnte als überhöhte Forderung und Übereifer gelten. Luthers Prior Winand von Diedenhofen soll über junge Mönche die Bemerkung gemacht haben, »daß diese zwölf Kegel treffen wollten, wo doch nur neun dastehen.«[24] Oder man brach unter dem Druck zusammen, was depressive Zustände und Schlimmeres zur Folge hatte. Oder man brachte die Kraft auf, den Kampf um das eigene Heil gegen alle Anfechtungen täglich

---

23 Scheel: Dokumente, S. 88, Nr. 228; sprachliche Modernisierung vom Verfasser.

24 Martin Brecht: Martin Luther I, Berlin 1982, S. 65.

neu zu kämpfen. Und das im Kontext eines Klosterlebens, das Anfechtungen geradezu produzierte, indem es alles und jedes bis ins Kleinste gesetzlich regelte. Luthers Entwicklung hat offensichtlich zwischen den Möglichkeiten zwei und drei geschwankt, denn zur ersteren fehlte ihm die Mentalität. 1518 bemerkt er: »Merket nun auf, alle die, die ihr ein einfaches Gewissen habt, dass ihr euch mit diesen oder jenen Werken erlösen werdet. Denn es wird euch gehen, wie einem, der im Sande arbeitet, je mehr er auswirft, umso mehr fällt auf ihn. Darum sind ihrer auch viele unsinnig geworden, [...], dass sie sich eingebildet haben, einer sei ein Wurm, der andere eine Maus etc.«[25] Die Intensität, mit der Luther die mönchische Existenz hier im Erfurter Augustinerkloster durchlebte und nicht zuletzt durchlitt, brach sich schließlich in der Erkenntnis, dass im Evangelium nicht der richtende, sondern der liebende und rechtfertigende Gott handelt, eine ganz neue Bahn. Aber das gehört in Luthers Wittenberger Zeit. Die existentiellen Wurzeln seiner Theologie und damit der Reformation liegen jedoch in seinem Erfurter Kloster.

Die Erfurter Lebensphase war aber nicht nur grundlegend für Luthers Bildung und seine Theologie, sondern sie sollte auch sein ökonomisches Denken ein Leben lang prägen. Es existieren aus den 1530er Jahren einige Äußerungen Luthers in seinen Tischreden, in denen er Erfurt als eine Art natürliches ökonomisches Paradies beschreibt. So kann er sagen: »Erfurt liegt am besten Orte, ist eine Schmalzgrube, da muß eine Stadt stehen, auch wenn sie gleich wegbrennte.«[26] Oder er bezeichnet die Stadt »Bethlehem

---

25 Scheel: Dokumente, S. 305, Nr. 772; sprachliche Modernisierung vom Verfasser.

26 WA TR 3, Nr. 2871b.

fertilissima«, das fruchtbarste Brothaus.[27] Möglicherweise verklärte sich der Blick auf Erfurt zusätzlich durch das Leben im kleinstädtischen, in karger Landschaft liegenden Wittenberg, über das Luther folgenden Reim zitieren konnte: »Ländiken, Ländiken, Du bist ein Sändicken.« – Im Vergleich zu diesem sandigen Ländchen am Fläming erschien ihm Erfurt erst recht als Metropole. Das turmreiche und generell reiche Erfurt, das er für doppelt so groß wie Nürnberg hielt und für das er 18.000 Feuerstätten, also Wohnungen annahm[28]. Eine Angabe, die eine Hochrechnung der Einwohnerzahl auf 80.000 nahelegen würde und die zeigt, wie weit weg Luthers Eindruck von der Realität mit um die 20.000 Einwohnern war. Erfurt habe es nicht an Geld, allenfalls an Weisheit gefehlt.[29] Er zitiert den Stiftsgeistlichen an St. Marien, Sebastian Weimann, mit den auf Erfurt bezogenen Worten: »Gott plagt andere Leute mit Teuerung, uns straft er mit der Fülle.«[30]

Damit ist Luthers Bild von der Stadt ein durchaus verklärtes von Anfang an. Der äußere Schein trog. Die Prosperität Erfurts stand seit den Amorbacher Zwangsverträgen mit dem Erzbischof von Mainz und Kursachsen 1483 mit ihren exorbitanten Schutzgeldforderungen auf tönernen Füßen. Die Stadt befand sich seitdem in schleichender Insolvenz, und es war nur eine Frage der Zeit, wie lange sich der Bankrott verschleiern und verschleppen ließ. 1509/10 eskalierte die Lage im »Tollen Jahr« mit dem Aufstand der Zünfte und einer Art Bürgerkrieg zwischen den sächsisch bzw. mainzisch

---

27 WA TR 4, Nr. 4170.

28 WA TR 3, Nr. 3517.

29 WA TR 2, Nr. 2494a.

30 WA TR 3, Nr. 3778.

gesinnten Lagern in der Stadt. Luther hat diese innerstädtischen Unruhen nur partiell wahrgenommen, denn er war von Herbst 1508 bis Herbst 1509 in Wittenberg. Der Höhepunkt der Unruhen lag jedoch im Frühjahr und Sommer 1509. Das Collegium Maius war am 4. August 1509 von im Dienst der Stadt stehenden Landsknechten erstürmt und zerstört worden. Das grausame Nachspiel dieser Krise mit der Hinrichtung des Obervierherrn Heinrich Kellner am 28. Juni 1510 blieb ihm aber sehr wohl im Gedächtnis. Luther war auch späterhin der Meinung, Kellner und der Erfurter Rat hätten weise und gut regiert, was deutlich macht, dass er die Vorgänge, die zum Tollen Jahr führten, nicht durchschaute.

Luthers Einlassungen zu Erfurt sind also getragen vom Lob seiner natürlichen Ressourcen und dem damit erreichten Stand einer noch in höchster Blüte stehenden Stadt. Er entwickelte dabei aber kein Verständnis für den ökonomischen Zeitumbruch und die beginnende Dominanz der Geldwirtschaft, die selbstverständlich auch an Erfurt nicht vorbeigingen. Zeitlebens blieb er gegenüber der neuen frühkapitalistischen Ökonomie reserviert, die sich überregional mit den Namen der Tucher in Nürnberg und der Welser, vor allem aber der Fugger in Augsburg verband. Das waren Kaufleute, die Handels- und Kapitalgesellschaften begründeten, mit denen sie schließlich ganze Wirtschaftszweige, wie z.B. die Fugger den Bergbau, kontrollierten. Für Luther war dementsprechend der Kaufmann der Repräsentant der sich um 1500 sprunghaft entwickelnden kapitalbasierten Ökonomie, die übrigens auch schon globalisierende Züge trug. Dazu äußerte er sich 1519 und 1520 in kleineren Sermonen »Vom Wucher«, die er 1524 schließlich ausbaute zu der Abhandlung »Von Kauffshandlung und Wucher«. Wobei »Wucher« ursprünglich ein neutraler Begriff für das Zinsnehmen war und erst und vornehmlich auch durch Luthers Einlassungen die uns heute geläufige rein negative Bedeutung erhielt. Grundsätzlich ist zu sagen, dass Luther mit allen Erscheinungen der neuen Ökonomie auf Kriegsfuß stand, weil er sie am Maßstab seiner christozentrischen Theologie, verbunden mit einer Ethik ökonomischer Selbstgenügsamkeit, maß.

Gegenüber dieser von ihm bekämpften frühkapitalistischen Realität wirken Luthers Reminiszenzen an das Erfurt seiner Studenten- und Klosterzeit in den Tischreden »romantisch«. Sie scheinen von einer heilen, ökonomisch gesegneten Welt zu zeugen, die es aber auch hier nicht gab. Luther hat dann auch gemeint, registrieren zu müssen, dass das Streben nach Profit Erfurt geschadet habe: »Erfurt ist ein sehr fruchtbares Bethlehem gewesen; aber man hat mit dem Waid die Äcker so verdorben, daß der Segen nun in einen Fluch gewandelt ist. Die Taler tun den Bauern zu wohl. Gott wird ihnen Taler geben und das liebe Korn nehmen; alsdann wird Hunger und Teuerung folgen.«[31] Dahinter stand Luthers Auffassung, dass der Anbau von Waid als Monokultur den Boden auslauge. Aber nicht unfruchtbare Böden, sondern die Konkurrenz des Indigos erwiesen sich in der Folgezeit als Handicap des Waidanbaus. So stand die Stadt selbst in der Fragmentierung seines Erinnerns weithin unfreiwillig Pate für sein konservatives ökonomisches Denken.

Der konkrete Verlauf der Reformation vergrößerte eher die Probleme der Stadt, als dass er sie löste. Ab 1522 begannen evangelische Gottesdienste. Das erste Abendmahl mit Brot und Wein fand 1523 in der Michaeliskirche statt. Johannes Lang übernahm die Führung bei der Umgestaltung des alten Kirchenwesens, begünstigt vom

---

31 WA TR 2, Nr. 2871b.

Magistrat. Die drei großen Bettelordenskirchen der Dominikaner, Franziskaner und Augustiner-Eremiten wurden eingezogen, um der evangelischen Verkündigung buchstäblich Raum zu schaffen. Allerdings war nicht die ganze Bürgerschaft gewillt, sich auf die Sache Luthers einzulassen. Um die altgläubige Geistlichkeit vor allem der beiden Stiftskirchen St. Marien und St. Severi bildete sich eine widerständige Fraktion. Ihr wortgewaltiger Stimmführer wurde der Theologieprofessor und Augustinermönch Bartholomäus Arnoldi von Usingen. Nach seiner Vertreibung im Gefolge des Bauernkriegs folgte ihm der Franziskaner Konrad Kling in dieser Rolle. Der Bauernkrieg war überhaupt die größte Versuchung des Magistrats. Der musste lavieren, denn sein Landesherr war mit dem Erzbischof Albrecht von Mainz kein geringerer als der ranghöchste Geistliche im gesamten Heiligen Römischen Reich deutscher Nation. Als die Bauern am 27. April 1525 vor den Toren der Stadt standen, schloss der Rat einen infamen Handel. Er öffnete ihnen die Tore unter der Bedingung, dass sie sich nur am Eigentum des Erzbischofs und an den Klöstern schadlos hielten. In den Tagen vom 28. April bis 5. Mai kam es zu einer kleinen Revolution. Unter dem Eindruck der Situation änderte der Rat das Stadtsiegel. Die Umschrift dieses höchsten städtischen Geschäftszeichens, die Erfurt als eine »Treue Tochter des Mainzer Bischofsstuhls« auswies, und das Bild des Heiligen Martin wurden durch Christus als Weltenrichter ersetzt, der Erfurt gerecht richte. St. Martin, der Stiftspatron des Erzbistums, der zudem von seinem Sockel auf dem Fischmarkt dem Rathaus direkt in die Fenster schaute, wurde gestürzt. Aber der Bauernkrieg war nur ein kurzes Strohfeuer. Nach der Niederwerfung der Aufständischen in der Schlacht von Frankenhausen drohte Vergeltung und der Stadt namens des Erzbischofs das Heer des Schwäbischen

Bundes. Also wurde man formal wieder eine treue Tochter von Mainz und köpfte die Wortführer der Bauern im Erfurter Gebiet. In fünf Jahren zäher Verhandlungen und all der Unwägbarkeiten, die sich mit der Änderung von Mehrheitsverhältnissen infolge der alljährlichen Ratswahlen zwischen Altgläubigen und Evangelischen ergaben, wurde schließlich etwas ausgehandelt, was es nach den damaligen Vorstellungen eigentlich gar nicht geben durfte. Der am 5. Februar 1530 zwischen dem Erzbischof und der Stadt geschlossene Hammelburger Vertrag war nämlich ein Kompromiss, der beiden Glaubensweisen ein Existenzrecht in der Stadt einräumte. Erfurt wurde zur ersten bikonfessionellen Stadt Deutschlands. Die Kirchengebäude wurden paritätisch aufgeteilt. Die fünf Jahre lang hart umkämpften, symbolisch wichtigsten Kirchen der Stadt St. Marien und St. Severi blieben katholisch. Der Erzbischof fungierte nominell als Herr des Erfurter Kirchenwesens, sofern dieses aber evangelisch geworden war, nahm statt seiner der Magistrat diese Aufsichtsfunktion wahr. Das betraf vor allem auch die etwa 70 Dörfer, die zum Stadtgebiet gehörten. Nur die fünf, die als sogenannte Küchendörfer die Mainzer Einrichtungen in der Stadt versorgten, blieben rein katholisch. Katholisch blieb auch die Universität, was dazu führte, dass sie im Vergleich zu ihrer hohen Zeit im Mittelalter nur noch ein kümmerliches Dasein fristete, weil ihr einfach ihre traditionellen Haupteinzugsgebiete wegbrachen. Sachsen, Thüringen und große Teile Frankens und Norddeutschlands wurden evangelisch, und neue Universitäten, die nächste in Jena 1558, entstanden. In Erfurt fand z.B. hundert Jahre lang keine theologische Doktorpromotion mehr statt.

Die Erfurter Ratsreformation war mit ihrem Kompromisscharakter in den Augen der Wittenberger eine steckengebliebene Reformation. Dem Rat ging es in erster Linie darum, eine möglichst weitreichende politische Unabhängigkeit von Mainz zu sichern. Dazu benutzte er die Religionsfrage, was nicht ausschließt, dass bei den meisten Akteuren auch ehrliche Glaubensüberzeugungen im Spiel waren. Er zahlte die Gehälter der evangelischen Pfarrer, schloss aber keine formellen Anstellungsverträge mit ihnen. So blieb ein rechtsfreier Raum, der es der Stadt sehr einfach machte, missliebige Prediger, d.h. solche, die auf die vollständige Reformation der Stadt drängten, zu entlassen. Genau das erwartete Luther aber, wenn er 1527 in seiner Vorrede zu der Kampfschrift »Wider den hochberühmten Barfüßer zu Erfurt Doktor Konrad Kling Schutzred und gründliche Erklärung etlicher Hauptartikel christliche Lehre« des Pfarrers an St. Thomas, Justus Menius, wünschte, dass die Ratsherren »[...] es angreifen und dazu täten, auf dass die Zwietracht der Prediger beigelegt würde und sie sich gegeneinander hören ließen. Und welche nicht bestehen könnten, dass sie schweigen müssten, wie andere Städte wie Nürnberg und dergleichen getan haben. Denn es ist ja keiner Stadt gut, dass im Volk Zwietracht gelitten werde durch öffentliche Aufrührer und Prediger. Es sollte ein Teil weichen, seien es die Evangelischen oder die Päpstlichen, wie Christus lehret, Matth. 10,[14] ›In welcher Stadt sie euch nicht hören wollen, da weicht und schüttelt den Staub eurer Schuhe über sie.‹ Wer uns nicht hören will, von dem sind wir leicht und bald geschieden.«[32] Eine solche hier von Luther nach Nürnberger Beispiel geforderte Disputation war im Januar 1525 sogar schon angesetzt, wurde aber vom Rat in letzter Minute abgesagt. Die Wahrheit konnte nach damaliger Auffassung nur eine sein. Menius verließ

32 WA 23, 16,11–19.

denn auch 1528 die Stadt. Lang und seine verbleibenden Mitstreiter konnten sich nicht im Sinne Luthers durchsetzen, was Erfurt für die Wittenberger zunehmend uninteressant machte. Luther wie Melanchthon kamen höchst selten nach Erfurt und nur mehr, wenn es sich gar nicht vermeiden ließ. Immerhin beschworen sie die evangelischen Prediger 1533 – gegen den Rat Luthers an Menius fünf Jahre zuvor –, in der Stadt auszuharren, als diese kurzzeitig über eine kollektive Abwanderung nachdachten. Trotz aller Probleme gelang es Johannes Lang schließlich, die Entwicklung der acht evangelischen Gemeinden in der Stadt und der vielen auf den Dörfern zu festigen. Auf seinem Grabstein in der Michaeliskirche wird er als »Superattendens« bezeichnet, eine Funktion, die signalisiert, dass ein korporatives evangelisches Kirchenwesen in Erfurt entstanden war. Der Hammelburger Vertrag, der all das letztlich ermöglichte, war in seiner Funktion die Blaupause des Augsburger Religionsfriedens von 1555 für das Reich. Allerdings bewährte sich der große Friede nicht so gut wie der kleine Erfurter. Da beide Konfessionen in der Stadt irgendwie miteinander auskommen mussten, ohne dass das Gemeinwesen darunter litt, sorgte man dafür, dass allzu radikale Vertreter innerhalb des konfessionellen Konflikts, der natürlich weiterbestand, niemals lange in der Stadt bleiben konnten. Der Rat verwies durchaus ihm unliebsame radikal lutherische Geistliche, und die Stiftsherren an St. Marien und St. Severi behinderten die ihnen aus Mainz gesandten Vertreter der tridentinischen Reformen nach besten Kräften. Erst im Gefolge des Dreißigjährigen Krieges wurden die Karten neu gemischt.

Fundamental ist festzuhalten, dass es eine lutherische Reformation wahrscheinlich nie gegeben hätte, wenn Luthers Seelennot und Gewissenskonflikt im Erfurter Augustinereremiten-Konvent von seinen Beichtvätern in einer zeitgemäßen Weise hätten aufgelöst werden können. Ohne diese Erfahrungen in seinem Kloster und die vorangegangene akademische Ausbildung an der Erfurter Universität hätte es weder die Reformation noch Luthers Leben in dem Verlauf gegeben, wie wir sie heute kennen. Möglicherweise wären andere Menschen auf andere Weise in Aktion getreten. Eine »Was-wäre-wenn-Geschichtsschreibung« hat Erfurt aber nicht nötig. Denn für Erfurt gilt: im Rahmen der Biographie Luthers stellen sein Erleben dieser Stadt und sein Leben in dieser Stadt das Fundament seines Handelns dar. Von hier nahm er seinen zentralen Lebenskonflikt mit, der ihn antrieb. Von hier brachte er seine Bildung mit. Hier wurden seine grundlegenden Einstellungen zu Kirche und Gesellschaft in ihren Anfängen geformt. All diese Voraussetzungen flossen als vielfältige Impulse in sein Wirken ein. Sie bilden die spezifische Erfurter Vorgeschichte der Reformation. In der Nachgeschichte wurde die Stadt allerdings nicht zum Ort der reinen Umsetzung dieses Wirkens, sondern zum ersten Beispiel für die Macht des Faktischen, sofern man nicht die Möglichkeit hatte, alles mit Gewalt zu regeln. Diesem Beispiel wäre zu wünschen gewesen, dass es gegen die Intention Luthers und der meisten seiner Zeitgenossen nicht erst nach Jahrhunderten blutiger konfessioneller Auseinandersetzungen Schule gemacht hätte.

Schatzkammer, Wissensspeicher, Gedächtnisort

Die Bibliothek des Evangelischen Ministeriums in Erfurt

Michael Ludscheidt

Zwei Jahre, bevor mit den Unterschriften der Bevollmächtigten unter das Vertragswerk in Münster und Osnabrück die 30 Jahre andauernden gewaltsamen Auseinandersetzungen auf deutschem Boden ein Ende fanden, schlug in Erfurt die Geburtsstunde einer Institution, die sich rasch zu einer über die Grenzen der Stadt hinaus bekannten und bis heute geschätzten Einrichtung entwickelte: Die Bibliothek des Evangelischen Ministeriums.[1] Wenn in diesem Jahr auch in Erfurt an den Beginn der Reformation vor 500 Jahren erinnert wird, dann ist es angemessen, diese bemerkenswerte Büchersammlung als ein sichtbares Ergebnis der mit dem Namen Luthers verbundenen religiösen Umbrüche in der thüringischen Metropole[2] zu würdigen. An ihrem Aufstellungsort, dem aufgelassenen Augus-

1 Zur Institution des Evangelischen Ministeriums vgl. Rudolf Kohlschmidt, Das Evangelische Ministerium zu Erfurt, seine Entstehung, Entwicklung und Bedeutung, Erfurt 1941 (Mss.).

2 Rudolf Kohlschmidt, 400 Jahre evangelisch! 1525–1925. Kurze Geschichte der Einführung der Reformation in Erfurt, Erfurt 1925.

tiner-Eremiten-Kloster, in dem Bruder Martin sechs Jahre um einen gnädigen Gott rang,[3] hat(te) das protestantische Erfurt sein Zentrum – weshalb die Stätte in der Vergangenheit kurz ›das evangelische Zion‹ genannt wurde –; und in ihr selbst, der zum Nutzen der Geistlichkeit gestifteten ›Librarey‹, verdichtet sich wie an keinem anderen Ort in der Stadt die historische Überlieferung zu den urbanen, reichsweiten, ja europäischen Ereignissen jener Bewegung, die im Jahr 1517 von Wittenberg aus ihren Anfang genommen hatte. Kein Wunder aber auch, dass man auf die Bewahrung jener Zeugnisse, in denen sich die lokalen Auswirkungen der weltverändernden Vorgänge spiegeln, von Anbeginn besonderen Wert legte. Unter diesen Prämissen gewann die Ministerialbibliothek im Verlauf der Jahrhunderte ihre Gestalt, die sie als typische Schöpfung der Frühen Neuzeit ausweist, und der doch zugleich das Moment des Unverwechselbaren und Einmaligen innewohnt. Daraus erwächst der ihre Benutzer bis heute bezwingende Charme dieser ehrwürdigen Institution, die als eine der ältesten nachreformatorischen Bibliotheksgründungen in Deutschland auch im 21. Jahrhundert nichts von ihrer Bedeutung als Instrument der historischen Forschung auf vielen Gebieten eingebüßt hat.

Die Idee an sich, für die Errichtung einer Büchersammlung zu sorgen, lag nahe, seit Luther in seiner an die Ratsherren in den Städten des deutschen Reiches gerichteten bildungspolitischen Denkschrift aus dem Jahr 1524 dies nachdrücklich gefordert hatte. Ungewöhnlich hingegen waren Zeitpunkt und Begleitumstände des

3 Lothar Schmelz/Michael Ludscheidt (Hrsg.), Luthers Erfurter Kloster. Das Augustinerkloster im Spannungsfeld von monastischer Tradition und protestantischem Geist, Erfurt 2005.

Unternehmens. Erfurt, seit dem 1530 ausgehandelten Hammelburger Vertrag eine unter katholischer Mainzer Oberhoheit stehende bikonfessionelle Stadt mit evangelischer Bevölkerungsmehrheit, befand sich gegen Ende des Dreißigjährigen Krieges in schwedischer Hand und blickte bezüglich der Glaubensverhältnisse einer ungewissen Zukunft entgegen. Noch ließ sich nicht absehen, ob die rechtliche Neuordnung des Heiligen Römischen Reiches deutscher Nation, über die im fernen Westfalen entschieden wurde, die für Erfurt seit einem Jahrhundert geltenden Bestimmungen unangetastet lassen würde, zumal sich die Stadt, durch eigene Unterhändler auf dem Kongress vertreten, vehement, aber letztlich erfolglos darum bemühte, die ungeliebte Herrschaft des Erzstiftes abzuschütteln und zur Reichsstandschaft aufzusteigen.[4] Vor diesem Hintergrund die Fundation einer Bibliothek anzuvisieren, mag im Rückblick einerseits als Wagnis, andererseits als unausweichliche Konsequenz aus den geschilderten politischen und bekenntnismäßigen Konstellationen erscheinen – dürfte sie doch angesichts der skizzierten Verhältnisse nicht zuletzt auch als eine Art ›geistige Rüstkammer‹ gedacht gewesen sein.

Es darf als eine glückliche Fügung gelten, dass die Gründungsurkunde der Institution trotz aller Gefährdungen durch Kriege, Brandkatastrophen, Bestandsverlagerungen und Diebstähle die Zeitläufte unbeschadet überdauert hat. Auf authentische Weise vermittelt der *Liber fundationis*, das *Stifterbuch*,[5] Einblicke in die Entstehungsphase

4 Zum historischen Hintergrund vgl. Ulman Weiß, Von der Frühbürgerlichen Revolution bis zur völligen Unterwerfung durch Kurmainz vom Ende des 15. Jahrhunderts bis 1664, in: Willibald Gutsche (Hrsg.), Geschichte der Stadt Erfurt, Weimar 1986, 103–144.

5 Liber Fvndationis Bibliothecae Novae. A. Rev. Ministerii Lvtherani Erffvrt. […], Erfurt 1647 (Sign.: Msc 72).

der Bibliothek und ihre Schicksale in den ersten Jahrzehnten des Bestehens. Mit rotbraunem, goldgeprägtem Leder überzogene Holzdeckel umschließen den Band und verleihen ihm das Ansehen eines schreinartigen Verwahrortes, als der er sich, schlägt man ihn auf, in seinem Inneren tatsächlich erweist. In meisterhafter kalligraphischer Ausführung hat der Aktuarius des Evangelischen Ministeriums, Franz Schiller, die Nachrichten über die Einrichtung der Büchersammlung niedergeschrieben und die Buchstaben auf der Titelseite mit Blattgold geziert. Der weit in die Vergangenheit ausgreifende, über Sinn und Zweck von Bibliotheken anhand historischer Exempel belehrende und das Vorgehen der Erfurter Stifter eingehend darlegende Fundationsbericht trägt die Unterschriften jener 17 evangelischen Pfarrer, die den Gründungsakt und damit eine für die urbane Bildungslandschaft bedeutsame Weichenstellung vollzogen.

Man geht gewiss nicht fehl darin, die Einrichtung der Ministerialbibliothek in den Kontext der »Protestantisierung aller Lebensbereiche«[6] einzuordnen, die der mehrheitlich reformatorisch gesinnte Erfurter Rat einer These Erich Kleineidams zufolge beharrlich vorantrieb. Für eine solche Annahme spricht nicht zuletzt die Tatsache, dass ihre Gründung von mehr als einem halben Dutzend Ratsherren tatkräftig unterstützt wurde. Sie sorgten für die zweckmäßige Unterbringung der im Aufbau befindlichen Sammlung im Augustinerkloster, veranlassten die Ausstattung der Räume mit Schränken und Repositorien zur Aufstellung der Bücher und trugen überdies mit wertvollen Donationen zur Vermeh-

---

6 Erich Kleineidam, Universitas Studii Erffordensis. Überblick über die Geschichte der Universität Erfurt. Teil 3: Die Zeit der Reformation und Gegenreformation 1521–1632, Leipzig 1980, 92 (Erfurter Theologische Studien, 42).

rung des Anfangsbestandes bei. Mit dem 1561 entstandenen Gymnasium senatorium und den ebenfalls auf Initiative der Bürgerschaft 1566 in der Artistenfakultät angesiedelten Universitätsprofessuren für Theologie Augsburgischen Bekenntnisses und Alte Sprachen bildete die Büchersammlung des lutherischen Pfarrkonvents eine Trias unter protestantischer Aufsicht stehender gelehrter Anstalten, die es den Söhnen der ortsansässigen Familien ermöglichten, den gesamten Bildungsweg den Vorstellungen der Stadtväter entsprechend in Erfurt zu absolvieren.

Den Vorschlag, eine auf die Bedürfnisse der protestantischen Geistlichen der Stadt zugeschnittene Bibliothek zu schaffen, unterbreitete der Michaelispfarrer Sebastian Schröter (1593–1650) in einer Ministeriumssitzung am 15. Januar 1646. Er trug sein Ansinnen im Namen mehrerer Amtskollegen vor, die »zum öftern gewüntschet« hätten, »Daß man doch [...] eine algemeine gute *Bibliothecam*, sich dero, bey mancherley vorfallenden gelegenheit, [...] zubedienen, haben mogte«.[7] Weil aufseiten der »Augspurgischer *Confession* zugethanen keine Gemeine und zwar *Theologische Librarey*« existiere, sei bislang »ein ieder« darauf angewiesen, »sich mit den wenigen Bücherlein«, die er aus eigener Kraft anschaffen könne, notdürftig zu behelfen. Diesem Manko wäre, führte Schröter weiter aus, »sonder großer unkosten abzuhelfen« (35): Wenn ein jeder »nach seinem vermögen zum guten anfang etwas darbey thun wolte«, so würde

7 Kurtzer Historischer Bericht von dem Anfange und fortsetzung der Bibliothec Des Evangelischen Ministerij und Predigampts in Erffurdt [...], in: Michael Ludscheidt (Hrsg.), Die Bibliothek des Evangelischen Ministeriums zu Erfurt. Geschichte, Bestände, Forschungsbereiche, Bucha bei Jena 1998, 31–38 (Transkription: Michael Ludscheidt), hier 36. Alle weiteren Zitate aus diesem Bericht werden direkt im Text unter Angabe der Seitenzahlen nachgewiesen.

man zweifelsohne »in kurzem« über eine »wonicht alzu große[] und ansehnliche[]«, aber »dennoch nützliche[] *Bibliotec* [!]« (36) verfügen.

Die im Fundationsbericht festgehaltenen Ausführungen Schröters über die Notwendigkeit, den evangelischen Predigern in Erfurt Literatur für die täglichen Dienstaufgaben an die Hand zu geben, berühren ein seit der Reformation latent vorhandenes, am Ende des Dreißigjährigen Krieges sich nochmals verschärfendes Problem: Die miserable ökonomische Lage des Pfarrerstandes[8] hinderte die meisten der ihm Angehörenden daran, über die Befriedigung der elementarsten leiblichen Bedürfnisse hinaus in angemessenem Umfang auch geistigen Interessen nachzugehen, wie es nicht allein zur Erfüllung ihrer Berufspflichten, sondern auch zur Wahrung ihres Selbstverständnisses als akademisch Gebildete eigentlich erforderlich gewesen wäre. Kaum ein protestantischer Geistlicher verfügte im 17. Jahrhundert über eine Privatbibliothek nennenswerten Umfangs, weil die hohen Anschaffungskosten für Bücher die in den Pfarrhaushalten zur Verfügung stehenden finanziellen Mittel in der Regel bei weitem überstiegen. Daher spielen auch für die Entstehung der Erfurter Ministerialbibliothek handfeste materielle Gründe eine nicht unerhebliche Rolle.

Noch bevor der Fundationsbericht diesen nicht zu vernachlässigenden pragmatischen Aspekt des Projektes zur Sprache bringt, führt er andere gewichtige Argumente ins Feld, die erkennen lassen, dass sich die Stiftung der Büchersammlung in mehrfachem Bezug auf Martin Luther legitimiert, der als scharfsichtiger Bildungsthe-

---

8 Paul Drews, Der evangelische Geistliche in der deutschen Vergangenheit, Jena 1905, 25.

oretiker und für die Nützlichkeit von Bibliotheken mit seiner Biographie einstehender Kronzeuge aufgerufen wird. Bereits im Titel ihres *Kurtze*[n] *Historische*[n] *Bericht*[s] zitieren die Gründer mottoartig eine Passage aus der berühmten ›Ratsherrenschrift‹ – »Weil uns itzt GOTT so gnädiglich berathen hat mit aller fülle beyde der Kunst, gelehrter Leute und Bücher, So ists Zeit, daß wir erndten und einschneiden das beste, das wir können, und schätze samlen, damit wir etwas behalten auff das Zukünfftige von diesen güldenen Jharen, und nicht diese reiche Erndte versäumen« (31) – und bekennen sich damit entschieden zu Luthers Bildungskonzeption, die auch einhundert Jahre nach dem Tod des Reformators offenbar nichts an Aktualität verloren hatte. Angesichts dessen dürfte als gesichert gelten, dass der Zeitpunkt für die Errichtung der Bibliothek sich keinem Zufall verdankt, sondern seiner hohen symbolischen Bedeutung wegen bewusst gewählt wurde.

Wie angedeutet, berufen sich die Bibliotheksgründer zur Rechtfertigung ihres Vorhabens nicht zuletzt auf die Lebensumstände des Studenten und Mönchs Martin Luther in seiner Erfurter Zeit. An seinem Werdegang lasse sich ablesen, dass der eifrige Gebrauch von Büchern »nechst Göttlicher erleüchtung, das mittel gewesen« sei, »dardurch unser lieber *Lutherus* zum großen Manne und thewren Rüstzeüge GOTTES worden«. Habe er doch »in seinen Studenten Jharen nicht allein fleißig gebetet, und den öffentlichen *Lectionibus* beygewohnet, sondern auch, wenn man nicht gelesen, sich alwege in der hiesigen *Universität Liberey* aufgehalten, auch nachgehends, als Er ins *Augustiner* Closter sich begeben, und den Orden angenommen, sich, wo Ihm nur Zeit und raum worden, in des Closters *Liberey* verstecket, und zu der Lieben Bibel stets und trewlich gehalten« (35). Wenn die Lektüre der in klösterlichen, universitären oder kommunalen Bibliotheken gehüteten Schriften eine Persönlichkeit dergestalt zu formen vermag, dass von ihrem Handeln, wie im Fall Luthers, weltverändernde Wirkungen ausgehen, dann kann man den Wert solcher Einrichtungen nicht hoch genug veranschlagen, lautet – unausgesprochen – die Botschaft dieser Passage.

In der Darstellung Luthers als eines vorbildlichen Lesers, der aus seiner Lektüre den rechten Nutzen zu ziehen weiß, kulminiert die Argumentation des Gründungsberichtes, in welchem das Hohelied der Bücher und ihrer Aufbewahrungsorte, der Bibliotheken, gesungen wird. Denn was seien sie anderes, heißt es in dieser Laudatio, »als reine und unaufhörende Brunnen und Qvellen aller Weisheit, Klugheit und geschicklichkeit, dardurch die Kirche GOTTES regieret, die Seligmachende Weisheit erlernet, der Weg zum Himmel gewiesen, und des menschen ewiges Heyl und wohlfarth befördert wirdt«. Mehr noch: »Bücher und Bibliothecken sindt es, so die Policeyen und Regimenter anordnen« und »die beschaffenheit des Menschlichen Leibes [...] vor Augen stellen«; ihnen ist es zu danken, »daß wir GOTT, die Natur, und uns erkennen, die Wahrheit ergründen, viel geheimnis erforschen, Tugend und Laster unterscheiden, was in vorigen Zeiten geschehen, was izt zuthun, und künftig vorgehen werde, erfahren, innen werden, und solches auch anderen beybringen, und durch die ganze Welt ausbreiten können« (34).

Bezeugt Martin Luthers eigene Lebensgeschichte, wie die Stifter argumentieren, auf beeindruckende Weise die segensreichen Wirkungen des Bücherstudiums, so weisen die von ihm seit den 1520er Jahren publizierten Traktate über Bildungsfragen auch den rechten Weg zur zweckmäßigen Ausstattung eines nützlichen Bücherhauses. Als der in dieser Hinsicht zentrale Text ist die bereits mehrfach erwähnte »schöne[] vermahnung an die Bürgermeister und Rhatherren [...] in Teütschland« (35) anzusehen, jener an die Stadtregierungen adressierte Aufruf also, in ihrem Zuständigkeitsbereich für die Einrichtung von Schulen und Bibliotheken zu sorgen, damit der Jugend in hinreichendem Maße Wissen vermittelt werden könne. Anlass zu dieser Schrift gab Luther die in den frühen Reformationsjahren um sich greifende Verachtung des Unterrichts und der gelehrten Studien, die manchem unter den veränderten Verhältnissen überflüssig schienen. »Was [d. h. wozu] soll man lernen lassen«, so fragte nach Luther der »fleyschliche hauffe«, wenn die Kinder »nicht Pfaffen/ Münich vnd Nonnen werden sollen?«[9] Dieser Ansicht trat er vornehmlich unter zwei Gesichtspunkten energisch entgegen. Zum einen sprach er die Überzeugung aus, dass es zur Führung des weltlichen Regiments kluger, verständiger, weitblickender Männer bedürfe, denen es als auf Schulen und Universitäten gebildeten Menschen noch schwer genug falle, den Anforderungen ihres Amtes gerecht zu werden. Wie aber werde es zugehen, wenn »eyttel rülltzen vnd knebel [Grobiane und Flegel]«,[10] die nichts gelernt hätten, regieren wollten? Zum anderen galt es die Auffassung zu entkräften, wonach es unnütz sei, sich »lateynisch/ kriechisch/ vnd ebreyisch zungen vnd andere freye künste« anzueignen, da man »die Bibel vnd Gottis wort«[11] doch in deutscher Sprache lehren könne. Auch hierzu bezog Luther eine klare Position: Ohne Kenntnis der alten Sprachen, die Gott »erfür lies komen [...] vmb des Eu-

---

9 Martin Luther, An die Ratsherren aller Städte deutschen Lands, dass sie christliche Schulen aufrichten und halten sollen (1524), in: Otto Clemen (Hrsg.), Luthers Werke in Auswahl, Bd. 2, Berlin 1950, 442–464, hier 443.

10 A. a. O., 449.

11 Ebd.

angelio willen«,[12] werde man nicht allein dieses wieder verlieren, sondern unwiderruflich in die scheußliche Barbarei des voraufgegangenen Zeitalters zurücksinken. Derart warnend vorgetragene düstere Zukunftsvisionen legen in Luthers Memorandum das Fundament für die Apologie eines wohlgeordneten Bildungswesens, zu dessen wesentlichen Bestandteilen Bücher als unverzichtbare Medien des Wissenstransfers selbstverständlich dazugehören.

Mit der Bezugnahme auf diese Denkschrift verankern die protestantischen Pfarrer Erfurts ihren Bibliotheksplan ausdrücklich in den bildungspolitischen Leitvorstellungen der Reformation. Im Fundationsbericht heißt es, Luther habe »in erwegung des großen nuzes, so aus guten Büchern zunehmen, […] gar beweglich erinnert, daß man keinen fleis und kosten sparen solte, gute *Librareyen* oder Bücherhäuser […] zuverschaffen«. Erwähnung findet überdies seine Ermahnung, man solle bei der Einrichtung derselben nicht »ohne unterscheid allerley Bücher zuhauffe raffe[n]« (35). Die daran anschließende Aufzählung der für die evangelischen Prediger als notwendig erachteten Literatur erfasst mit den Bibelausgaben und zugehörigen Kommentaren jedoch nur einen Bruchteil der bei Luther genannten Wissensdisziplinen. Sein in der ›Ratsherrenschrift‹ entfaltetes Programm für die Ausstattung einer mit Gewinn zu benutzenden Bibliothek greift weiter aus. Den Editionen der Heiligen Schrift in den alten Sprachen sowie in deutscher Übersetzung samt ihren »besten ausleger[n]« an die Seite tritt der gesamte Kosmos frühneuzeitlicher humanistischer Gelehrsamkeit. Luthers Empfehlung zufolge sollten neben theologischen Werken auch Bücher angeschafft werden, »die zu den sprachen zu lernen dienen/ alls die Po-

12 A. a. O., 450 f.

eten vnd Oratores/ nicht angesehen ob sie Heyden odder Christen weren. Denn aus solchen mus man die Grammatica lernen. Darnoch sollten seyn/ die bücher von den freyen künsten/ vnd sonst von allen andern künsten. Zu letzt auch der Recht vnd Ertzeney bücher [...]. Mit den fürnemsten aber sollten seyn die Chronicken vnd Historien/ waserley sprachen man haben künde/ Denn die selben wunder nütz sind/ der wellt lauff zu erkennen vnd zu regiren/ Ja auch Gottis wunder vnd werck zu sehen«.[13] Dieser universale Ansatz der Wissensrepräsentation bestimmte fortan die inhaltliche Ausrichtung von Bücherbeständen geistlicher Institutionen Augsburgischen Bekenntnisses, und zwar sowohl in den lutherisch verfassten Territorien und Kommunen, als auch in den wenigen gemischtkonfessionellen Städten des Reiches. Ob diese verallgemeinernde Aussage auch für die Bibliothek des Predigerministeriums in Erfurt uneingeschränkte Gültigkeit besitzt, gilt es festzustellen.

Von den zwischen 1646 und 1649 der Bibliothek zum Grundstock übereigneten 40 Büchern lassen sich derzeit 19 im Bestand nachweisen. Berücksichtigt man, dass die zum Schutz der Sammlung in der Vergangenheit getroffenen Maßnahmen allenfalls ansatzweise mit den heute unternommenen Anstrengungen zu ihrer Bewahrung zu vergleichen sind, ist dies eine bemerkenswerte Zahl. Denn schon ein *Pro memoria* aus dem 18. Jahrhundert beklagt beispielsweise, dass die in den Fenstern des zwischen 1502 und 1518 erbauten Bibliotheksgebäudes stehenden Bände durch hineinfallenden Regen stark beschädigt, ja vermodert seien;[14] und Fotoauf-

---

13 A. a. O., 462 f.

14 Christoph Schellenberger, Nöthig gefundene Anmerkung, die Bibliothec und brauchbare Einrichtung derselben betreffend, Erfurt 1765 (Archiv des Evangelischen Ministeriums, Sign.: A X d 6).

nahmen der Innenräume aus den 1930er Jahren lassen erahnen, dass sich an dieser Situation auch 200 Jahre später kaum etwas geändert hatte. Das dürfte der konservatorischen Erhaltung der Sammlungen ebenso abträglich gewesen sein wie die nachkriegsbedingt erzwungene mehrwöchige Lagerung des Bestandes im Freien nach seiner Rückführung aus den Auslagerungsorten im Sommer 1945. Zu allem Überfluss dezimierte ein in den siebziger Jahren des 20. Jahrhunderts verübter, niemals restlos aufgeklärter Diebstahl großen Stils die Substanz der Bibliothek im Altbestand. Insofern gleicht es beinahe einem Wunder, dass von den anfänglich vorhandenen Bänden gegenwärtig noch knapp die Hälfte identifiziert werden kann und der Bestand an historisch wertvollen Handschriften und Drucken (womit das vor 1850 entstandene Schriftgut gemeint ist) die beachtliche Größe von immerhin 13.000 bibliographischen Einheiten – mehr als ein Fünftel der insgesamt 60.000 Titel umfassenden Sammlungen – aufweist.

Es besitzt einen eigentümlichen Reiz, die eigenhändig, *manu propria*, in die ersten Bücher eingetragenen Schenkungsvermerke der Geistlichen aus dem 17. Jahrhundert zu betrachten: In zumeist gestochenem Duktus mit schwarzer, brauner oder grüner Tinte in die Vorderspiegel oder auf die Titelblätter geschrieben, muten sie wie Fenster an, durch die man in die Barockzeit zu blicken vermag. Hinter den akkuraten Schriftzügen meint man der geistigen Physiognomien ihrer Urheber ansichtig zu werden, die davon zeugen, wie sich auch unter widrigsten äußeren Bedingungen das reformatorische Streben nach Bildung und Frömmigkeit Bahn brach. Von geringfügigen Abwandlungen abgesehen, stimmen die Einträge in ihrer Struktur, ja gelegentlich bis in den Wortlaut hinein überein. Grundsätzlich genannt werden der Name des Schenkenden, häufig auch sein akademischer Grad, seine Berufsbezeichnung und sein Wirkungsort; in aller Regel die Institution, der die Gabe zugedacht ist; mitunter der Zweck, den sie erfüllen soll; manchmal ein Stichwort zum Inhalt des Buches; in vielen Fällen, wenn auch nicht immer, das Datum der Übergabe. Diese Angaben haben die Stifter, wie seinerzeit üblich, in lateinischer Sprache, dem in der Frühen Neuzeit noch unangefochtenen Idiom der Gebildeten, festgehalten. Ein für das (bis in das 19. Jahrhundert hinein nahezu unveränderte) Erscheinungsbild solcher Einträge typisches Beispiel stellt etwa die Notiz dar, mit der Nicolaus Stenger (1609–1680) eines der acht von ihm übereigneten Bücher versah:

»Pro augenda Bibliothecae [!] Dominorum R. Ministerij Fratrum Hunc Colloq. Ratisbm. Librum cum pio felicis incrementi, voto offert M. Nicolaus Stenger pastor mercat. m. s. 29. Junij A. 1648.« (»Zur Vermehrung der Bibliothek der Herren Brüder des Ehrwürdigen Ministeriums gebe ich dieses Buch, welches das ›Regensburger Gespräch‹ behandelt, mit dem frommen Wunsch auf glücklichen Zuwachs, Magister Nicolaus Stenger, Pfarrer an der Kaufmannskirche. Eigenhändig eingetragen am 29. Juni 1648.«)

Der angesprochene analoge Aufbau der von den Pfarrern getätigten Einträge kann sinnfällig durch Hinzuziehung eines weiteren Beispiels illustriert werden, das dem einzigen von Augustinus Förster (1605–1683) gestifteten Band entnommen ist. Ihm verleiht der Schenkungsvermerk anthropomorphen Charakter, indem er den Folianten selbst zu Wort kommen und seine Herkunft sowie Zweckbestimmung erklären lässt:

»Sum ex libris Augustini Försteri. Ecclesiae Michäelitanae apud Erffurtenses Diaconi. Auget hoc libro Bibliothecam Rev. Ministerij Erffurtini die 25 Martij Anno 1649 Aug. Förster Diac.« (»Ich gehöre zu den Büchern Augustinus Försters, des Diakons an der Michaeliskirche in Erfurt. Es bereichert mit diesem Buch die Bibliothek des Ehrwürdigen Ministeriums zu Erfurt am 25. März 1649. Augustinus Förster, Diakon.«)

Auf diese oder ähnliche Weise haben sich die Gründer in das Gedächtnis der Nachwelt eingeschrieben, und ihre Nachfolger, da die Bibliotheksordnung ihnen die Ablieferung von Pflichtexemplaren zum weiteren Ausbau der Sammlungen auferlegte, taten es ihnen gleich. Ertragreicher indes als die gewiss reizvolle Wiedergabe aller im Anfangsbestand zu ermittelnden Schenkungseinträge dürfte ein Blick auf dessen inhaltliches Profil sein, das sich in der Zusammenschau der Titel abbildet, gleichviel, ob sie physisch überliefert oder nur bibliographisch im *Stifterbuch* bezeugt sind.

Durchmustert man die unter den Namen der stiftenden Geistlichen akribisch nach ihren Formaten aufgelisteten Büchertitel genauer, so widerspiegelt diese Aufstellung noch kaum die von Martin Luther geforderte Vielfalt der Wissensgebiete, die den Bestand einer Bibliothek nach seinem Dafürhalten auszeichnen und in der Folge auch für die Sammlungen des Erfurter Ministeriums charakteristisch werden sollte. Vorerst überwogen eindeutig die vom Reformator an erster Stelle für die Ausstattung eines Bücherhauses genannten Ausgaben der Heiligen Schrift in den klassischen Sprachen, die ihnen zugeordnete exegetische Literatur sowie weitere theologische und kirchengeschichtliche Werke, wobei sich das Augenmerk, wie nicht anders zu erwarten, im Besonderen auf das mit der reformatorischen Bewegung in Zusammenhang stehende Schrifttum richtete. Seine Bewahrung verlieh der Bibliothek über ihre Funktion als Wissensspeicher hinaus von Anbeginn den Charakter eines Gedächtnisortes, an dem sich die Luthermemoria respektive das Reformationsgedenken in der kurmainzischen Stadt auf gleich eindrucksvolle Weise manifestierten. Dies lässt sich mühelos an einigen prägnanten Beispielen verdeutlichen.

Als ein sprechendes Zeugnis hierfür dürfen sogleich die drei Bände gelten, die der Initiator des Unternehmens, der an St. Michaelis wirkende Pfarrer Sebastian Schröter, ein angesehener Alttestamentler, der im Entstehen begriffenen Bibliothek übereignete. Das *Stifterbuch* vermerkt, Schröter habe der Büchersammlung »Tomum primum omnium Operum R. D. Martini Lutheri. Witebergae 1545«, »Tomum 2dum Ejusdem. Witeb. 1546« sowie »Sermones des Hochgelehrten Doctoris Iohannis Thaulerii« verehrt. Es handelt sich, soweit man es anhand der körperlich vorhandenen Bücher nachvollziehen kann, um die frühesten Schenkungen überhaupt, da der Stiftende ihre Übergabe ausweislich der eigenhändigen Einträge in den Innendeckeln der Bände am Donnerstag nach Sebastiani 1646, also in den letzten Januartagen, tätigte. Die Zeiten überdauert haben nur die beiden noch zu Luthers Lebzeiten gedruckten Bände der ersten Gesamtausgabe seiner Werke, die 1539 in Wittenberg zu erscheinen begann.[15] Bis zu ihrem Abschluss vergingen 20 Jahre, da das Projekt sowohl hinsichtlich der zu bewältigenden Textmasse als auch bezüglich der Finanzierung eine gewaltige Herausforderung darstellte.[16] Wie alle Autoren in der Frühen Neuzeit hat Luther sowohl in lateinischer als auch in deutscher Sprache publiziert, ein

15 Tomvs Primvs Omnivm Opervm Reverendi Domini Martini Lutheri […], Wittenberg 1545 (Sign.: Tu VII 129. 1). Tomvs Secvndvs Omnivm Opervm Reverendi Domini Martini Lutheri […], Wittenberg 1546 (Sign.: Tu VII 129. 2).

16 Eike Wollgast/Hans Volz, Geschichte der Luther-Ausgaben vom 16. bis zum 19. Jahrhundert, in: D. Martin Luthers Werke. Kritische Gesamtausgabe Bd. 60, Weimar 1980, 464–495.

Umstand, dem die wissenschaftlichen Editionen seiner literarischen Hinterlassenschaft ausnahmslos Rechnung tragen. Die von Sebastian Schröter gestifteten Bände gehören zur lateinischen Reihe der nach ihrem Verlagsort *Wittenberger* genannten Ausgabe. Vor allem der 1545 veröffentlichte erste Band aus dieser Abteilung hat aufgrund der ihn eröffnenden Vorrede (*Praefatio*) von Martin Luther Berühmtheit erlangt. In ihr, die sich an den »geneigten Leser« (»pio lectori«) richtet, deutet der alternde Luther aus dem Abstand von fast 30 Jahren Ursache, Beginn und Fortgang der mit seinem Namen untrennbar verbundenen ›Ablasssache‹, die den Auftakt zu jenen epochalen Umwälzungen in Kirche, Politik und Gesellschaft bildete, die man rückblickend als ›Reformation‹ zu bezeichnen sich gewöhnt hat. Ist das Gedankenspiel statthaft, dass dieser Band, wie es die Reihenfolge der Einträge unter Schröters Namen im *Liber fundationis* suggeriert, in der Tat das erste der Bibliothek zugedachte Buch gewesen sei, womit deren Rolle als ein Hort reformatorischer Ideen noch unmissverständlicher hervortreten würde?

Als nicht weniger aufschlussreich mag die Überlassung des dritten, nur mehr aus der weitgehend kryptischen bibliographischen Beschreibung im *Stifterbuch* zu fassenden Bandes gelten. Ohne Nennung von Druckort, Erscheinungsjahr, Herausgeber oder ähnlichen der Identifizierung dienlichen Angaben lässt sich nicht eindeutig bestimmen, welche Ausgabe der Predigten des Johannes Tauler (gest. 1361) gemeint ist. Dies zu ermitteln, kann in dem hier hergestellten Zusammenhang ohnehin als nachrangig angesehen werden. Bedeutsam scheint vielmehr etwas Anderes: Schröter spielt mit dieser Schenkung offenbar absichtsvoll auf die den frühneuzeitlichen Reformationshistorikern durchaus bewusste Tauler-Rezeption Luthers an, die ihren publizistischen Ausdruck bekanntlich in der

Edition einer spätmittelalterlichen mystischen Schrift mit dem Titel *Theologia deutsch* (1516/1518) gefunden hatte. Auch wenn das Wissen um die Beschäftigung Luthers mit Taulers Schriften im 17. Jahrhundert kaum den heutigen Erkenntnissen über den Einfluss von dessen Theologie auf das Denken des Reformators vergleichbar sein dürfte,[17] kann die Überlassung dieses Bandes dennoch als spezifischer Hinweis auf einen der Quellgründe reformatorischer Frömmigkeit verstanden werden.

In den Kontext eines nicht allein auf theologische Unterweisung zielenden, sondern zugleich um der Stiftung reformationsgeschichtlicher Erinnerung willen angelegten Buchbestandes lassen sich weitere der zu Beginn vorhandenen Titel einordnen. Das gilt beispielsweise für die 1648 von Christoph Kicherbach (1578–1664) übergebene griechisch-lateinische Ausgabe des Neuen Testaments in der Fassung des Erasmus von Rotterdam,[18] auf deren 1519 erschienener verbesserter zweiter Edition Luthers Übertragung des Textes in die deutsche Sprache fußte.[19] Eine von Andreas Musculus (1514–1581), dem streitbaren Theologen, aus den Schriften Luthers gezogene Anthologie erbaulichen Charakters[20] steuerte der Kaufmannspfarrer Johann Christoph Alberti (1608–1683) bei. Zu den

---

17 Martin Brecht, Martin Luther. Sein Weg zur Reformation 1483–1521, Stuttgart 1981, 138–143. Volker Leppin, Die fremde Reformation. Luthers mystische Wurzeln, München 2016, 22–43.

18 Erasmus von Rotterdam, Novvm Testamentvm Graece et Latine […], Basel 1562 (Sign.: Te II g 2).

19 Heimo Reinitzer, Biblia deutsch. Luthers Bibelübersetzung und ihre Tradition, Wolfenbüttel 1983, 87 (Ausstellungskataloge der Herzog August Bibliothek, 40).

20 Andreas Musculus, Thesavrvs: Hochnutzlicher tewrer Schatz vns Gülden Kleinot […], Frankfurt/Oder 1577 (Sign.: Tu VII 144).

der Wittenberger Reformation auch durch persönliche Kontakte eng verbundenen Geistlichen zählte der literarisch überaus produktive Erasmus Sarcerius (1501–1559). Zwei seiner Schriften gelangten über den Hospitalpfarrer Christoph Floccius (?–1681) in die Ministerialbibliothek. Unter dem Datum des 23. November 1648 übereignete er die beiden in einem Band zusammengebundenen umfangreichen Traktate über die Beförderung der wahren Religion und über den Ehestand[21] für den Anfangsbestand.

Drei Werke schließlich legen Zeugnis ab von den vielfachen Versuchen im 16. und 17. Jahrhundert, die zwischen den Glaubensparteien schwelenden Konflikte auf dem Weg des friedlichen Dialogs beizulegen oder zumindest eine Annäherung der gegensätzlichen Positionen zu erreichen. In der Forschung hat sich dafür der Begriff des ›Religionsgesprächs‹ eingebürgert, das als ein »äußerst vielgestaltiges Phänomen«[22] nach Differenzierungen verlangt. Die in der Bibliothek des Evangelischen Ministeriums verwahrten gedruckten Aktensammlungen dokumentieren zum einen den Typus des innerprotestantischen, zum anderen den des gegenreformatorisch ausgerichteten Religionsgesprächs. Diesen Foren der öffentlichen theologisch-politischen Auseinandersetzung galt offenkundig das besondere Interesse des vielseitig tätigen Pfarrers, Universitätsprofessors, Bibliothekars, Schriftstellers und Seniors Nicolaus Stenger,[23] aus

21 Erasmus Sarcerius, Von mitteln vnd wegen/ die rechte vnd ware Religion [...] zu befördern vnd zu erhalten, Eisleben 1554 (Sign.: Tu VII 185), an: Ders., Ein Buch vom heiligen Ehestande [...], Leipzig 1553 (Sign.: Tu VII 185).

22 Irene Dingel, Art. Religionsgespräche IV. Altgläubig – protestantisch und innerprotestantisch, in: TRE Bd. 28, 1997, 654–681, hier 654.

23 Michael Ludscheidt (Hrsg.), Nicolaus Stenger (1609–1680). Beiträge zu Leben, Werk und Wirken, Erfurt 2011 (Schriften der Bibliothek des Evangelischen Ministeriums Erfurt, 2).

dessen Besitz im Juni 1648 zwei derartigen Kolloquien gewidmete Publikationen in das Eigentum des Predigerkollegiums übergingen. Anlass für die im März 1586 auf Schloss Mömpelgard abgehaltene Disputation war die fortschreitende Durchdringung des lutherischen württembergischen Territoriums mit calvinistischen Glaubensflüchtlingen aus Frankreich.[24] Den Anstoß für die 1601 nach Regensburg einberufene, von dem katholischen Bayernherzog Maximilian I. und seinem lutherischen Vetter, dem Pfalzgrafen Philipp Ludwig, geleitete Unterredung gab eine von jesuitischer Seite ausgehende publizistische Kontroverse.[25] Beide Veranstaltungen endeten im Übrigen ebenso ergebnislos, ja mit einer Verhärtung der jeweiligen Standpunkte, wie das in den Jahren 1568/69 stattfindende Altenburger Religionsgespräch, das eigentlich die Überwindung des fortschreitenden lehrmäßigen Auseinanderdriftens im Luthertum Sachsens kurfürstlichen und herzoglichen Anteils hätte herbeiführen sollen. Der Band, in dem das vergebliche Ringen um einen innerprotestantischen Ausgleich in den wettinischen Territorien dokumentiert ist,[26] stammt aus dem Besitz des Diakons an der Predigerkirche, Michael Hertz (1603–1672).

Neben dem Bestreben, durch Anschaffung von Texteditionen (Tauler, Erasmus), die für Luthers Schaffen Bedeutung besaßen, Gesamt- (*Wittenberger*) oder Teilausgaben (Musculus) seiner Werke, Schriften der Weggefährten und Schüler (Sarcerius) sowie

---

24 Colloqvivm Mompelgartense […], Tübingen 1587 (Sign.: Ts 254).

25 Colloqvivm de norma doctrinae, et controversiarvm religionis iudicae […], Spinae 1602 (Sign.: Ts 257).

26 Colloqvivm zu Altenburgk in Meissen/ Vom Artikel der Rechtfertigung vor Gott […], Jena 1569 (Sign.: Ts 252).

den Prozess der Konfessionsbildung widerspiegelnden Darstellungen (Religionsgesprächspublizistik) das Reformationsgedenken zu befördern, fällt in der Konstitutionsphase der Bibliothek noch eine weitere Tendenz ins Auge, die sich im weiteren zu einem Grundprinzip der Erwerbungspolitik ausformen sollte: Von Anbeginn finden sich unter den in die Sammlung aufgenommenen Büchern auch solche von Autoren nichtlutherischen Bekenntnisses. Diese Beobachtung bedürfte hinsichtlich der zahlreichen Kirchenväter- und Bibelausgaben kaum der Erwähnung, zumal sich deren Vorhandensein mitunter wohl auch auf antiquarische Interessen und bibliophile Neigungen zurückführen lässt, verdient im Blick auf nachreformatorische Werke theologischen Inhalts jedoch Beachtung. Denn im Umgang mit Dissidenten zeigte sich das streng lutherisch ausgerichtete Ministerium keineswegs duldsam, wie der Fall des nach anderthalbjähriger Dienstzeit seines Pfarramtes an der Augustinerkirche enthobenen Pietisten August Hermann Francke (1663–1727) hinlänglich belegt.[27] Aber zugleich wünschte die lutherisch-orthodoxe Geistlichkeit anscheinend, über das Glaubensverständnis und die Lehrmeinungen anderer religiöser Lager aus erster Hand unterrichtet zu sein. Das würde erklären, weshalb in den Sammlungen nicht nur mehrere Schriften des aus Erfurt vertriebenen Francke, sondern bereits im Anfangsbestand auch ein Kommentarwerk des reformierten elsässischen Predigers Wolfgang Musculus (1497–1563)[28] sowie ein Handbuch des französischen Jesuiten Valère Regnault (Valerius

27 Johannes Biereye, August Hermann Francke und Erfurt, in: Zeitschrift des Vereins für Kirchengeschichte der Provinz Sachsen 21 (1925), 31–56 u. 22 (1926), 26–51.

28 Wolfgang Musculus, In Davidis Psalterivm Sacrosanctvm Commentarij […], Basel 1573 (Sign.: Te IX 44, der einzige von dem Barfüßerdiakon Christian Heuser [1609–1682] gestiftete Band).

Reginaldus, 1545–1623)[29] vorhanden sind, denen sich in der Folgezeit weitere Bücher katholischer und calvinischer Autoren, aber auch die Schriften verfemter Spiritualisten, Rosenkreuzer und Mystiker hinzugesellten. Die je nach Blickwinkel als Ausdruck einer toleranten Haltung oder eines pragmatischen Informationsbedürfnisses zu interpretierende Offenheit bezüglich der konfessionellen Ausrichtung der Buchbestände kann als Markenzeichen der Erfurter Ministerialbibliothek gelten und ist für eine geistliche Institution ihres Zuschnitts, wenn nicht außergewöhnlich, so doch bemerkenswert.

Bis die Bibliothek des Evangelischen Ministeriums endgültig ihre unverwechselbare Gestalt als Schatzkammer bibliophiler Kostbarkeiten, historische Forschungsstätte und Gedächtnisort der Reformation gewann und sich bewahrheitete, wovon der Fundationsbericht, auf Esther 10, 3 alludierend, spricht, dass nämlich »aus kleinen Qvellen große Flüße entspringen« (37), vergingen beinahe 400 Jahre. Den Prozess ihrer Formung im Einzelnen nachzuzeichnen, die ihn bestimmenden Akteure zu porträtieren oder sich gar ausgesuchten Objekten des Buchbestandes beschreibend zuzuwenden, liegt außerhalb der Möglichkeiten dieses Beitrags. Allenfalls kursorisch in den Blick genommen werden kann abschließend die im Verlauf der zurückliegenden Jahrhunderte ausgebildete Tektonik der Sammlung, an der sich ablesen lässt, ob die Vorstellungen der Stifter von einer im Sinne Luthers »algemeine[n] gute[n] *Bibliothecam*« (36) Wirklichkeit geworden sind.

29 Valerius Reginaldus, Compendiaria Praxis Difficiliorvm Conscientiae […], Mainz 1619 (Sign.: Ts 116, gestiftet von Jeremias Alberti [1592–1660], Pfarrer an der Predigerkirche).

Dominierten den Bedürfnissen eines lutherischen Pfarrerstandes entsprechend im schmalen Anfangsbestand der Erfurter Ministerialbibliothek vorderhand die theologischen Disziplinen, so erweiterten die nebenamtlich wirkenden Bibliothekare dieses auf Predigt und Seelsorge orientierte Spektrum alsbald durch den Ankauf von Werken aus anderen Fächern, allererst von Textausgaben griechischer und römischer Autoren.[30] Vor allem jedoch die monumentale Schenkung des Fürstlich Sächsischen Obergeleitsmanns Paul Christian Birckner, der dem Evangelischen Ministerium in der ersten Hälfte des 18. Jahrhunderts 860 Bände aus seiner die verschiedensten Wissensgebiete einschließenden Privatbibliothek testierte, verhalf dem in Luthers ›Ratsherrenschrift‹ aufscheinenden Gedanken einer Universalbibliothek zum Durchbruch. Diese Entwicklung spiegelt auch der 1762 angelegte erste Bandkatalog wider, der den Bestand bereits in die folgenden 19 Sachgruppen untergliedert: ›Historia litteraria universalis‹, ›Itineraria‹, ›Geographia‹, ›Genealogia‹, ›Chronologia‹, ›Eruditio universalis‹ respektive ›Belles lettres‹, ›Philologia sacra et profana‹, ›Auctores classici‹, ›Philosophia‹, ›Disputationes, Orationes et Programma‹, ›Editiones Bibliorum‹, ›Patres ecclesiasticis‹, ›Theologia Polemica‹, ›Theologia moralis‹, ›Theologia dogmatica‹, ›Historia civilis‹, ›Historia ecclesiastica‹, ›Libri exegetici‹ und ›Jus Canonici‹.[31] Die im 20. Jahrhundert eingeführte Systematik erlaubt eine noch genauere Klassifizierung der

30 Michael Ludscheidt, Bibliothekare an der Bibliothek des Evangelischen Ministeriums in Erfurt im 17. und 18. Jahrhundert. Ein Beitrag zur Personen- und Verwaltungsgeschichte einer frühneuzeitlichen Bibliothek, in: Ders./Kathrin Paasch (Hrsg.), Bücher und Bibliotheken in Erfurt, Erfurt 2000, 123–142.

31 Catalogvs Bibliothecae Reuer. Confess. S. Erfordiens. […], Erfurt 1762 (Sign.: A X d 1).

frühneuzeitlich gewachsenen Handschriften- und Buchbestände und lässt erkennen, welche Schätze die im ehemaligen Dormitorium des Augustinerklosters aufgestellte Bibliothek birgt. Disziplinäre Weite und sprachliche Vielfalt zeichnen ihren wertvollen Altbestand aus. Dass die Theologie mit mehr als der Hälfte der Titel (etwa 7500) die bei weitem größte Sachgruppe bildet, dürfte nicht überraschen. Namentlich die von Anbeginn mit besonderer Sorgfalt gepflegte reformationsgeschichtliche Literatur hat seit 1650 durch die Anschaffung weiterer Lutherausgaben aus dem 16., 17. und 18. Jahrhundert, den Aufbau einer ca. 600 Stücke umfassenden Flugschriftensammlung und den Erwerb von autographen Briefen, darunter dem ältesten in Luthers Handschrift erhaltenen (an Georg Spalatin, 5. August 1514), bedeutende Zuwächse erfahren. Um die den Kern der Buchbestände ausmachende Gottesgelehrsamkeit gruppieren sich sodann, wie Luther es gewünscht hatte, ›alle andern künste‹: Religions-, Geschichts- und Kunstwissenschaften sind ebenso vertreten wie Bücherkunde, Germanistik, Medizin und Pädagogik, nicht anders als Musik, Astronomie, Botanik oder Ökonomie, um nur einige Abteilungen herauszuheben.[32] Wer wollte angesichts dieses wahrhaft enzyklopädischen Bücherfundus' daran zweifeln, dass Luthers Bildungsprogramm in Erfurt reiche Früchte getragen habe und auf den »schlechten [= schlichten] anfang« der Bibliothek des Evangelischen Ministeriums »ein desto beßerer fortgang« (37) erfolgt sei?

---

32 Wilhelm Velten u. a., Bibliothek des Evangelischen Ministeriums mit Bibliothek des Martinsstiftes, in: Handbuch der historischen Buchbestände in Deutschland Bd. 19, Hildesheim u. a. 1998, 206–213.

Eine »Ehrens- und Herzenssache der evangelischen Bürger Erfurts«

Das Erfurter Lutherdenkmal

Michael Friese

Einleitung

Wer heute über den Erfurter Anger spaziert, dem mag es auf den ersten Blick gar nicht gleich auffallen, im ungünstigsten Fall wird es gar ganz übersehen. Doch das am 31. Oktober 1889 feierlich eingeweihte Lutherdenkmal des Berliner Künstlers Fritz Schaper war und ist bis heute respektabel und bemerkenswert, und zwar gleich in mehrfacher Hinsicht.

Kunstgeschichtlich handelt es sich beim Erfurter Luther um ein Beispiel wilhelminischer Denkmalskunst, eingeordnet in eine Vielzahl zeitgleicher Personendenkmale des Reformators und geschaffen von einem zu seiner Zeit geschätzten Vertreter der kaiserzeitlichen Ära. Religionsgeschichtlich lässt das Erfurter Denkmal exemplarisch das Bemühen der protestantischen Kirche um Martin Luther und die Präsenz des Protestantismus in der gesellschaftlichen Öffentlichkeit zur Zeit des ausgehenden 19. Jahrhunderts erleben. Regionalgeschichtlich liegt es – zumal im Jahre des 500-jährigen Reformationsjubiläums – mehr als nur nahe, den Personen und ihren Intentionen nachzuspüren, die seinerzeit unter erheblicher Kraftanstrengung ein Denkmal initiierten und uns Nachgeborenen zur treuen Verwaltung überantworteten.

Und so sei der Leser eingeladen, im folgenden Beitrag den Spuren der Entstehungsgeschichte des Erfurter Lutherdenkmals nachzuspüren (die Quellenlage ist selten günstig), das Denkmal auf diese Weise wieder neu oder überhaupt sehen zu lernen und vielleicht sogar zusammen mit dem Autor über seinen Umgang mit ihm zu reflektieren.[1]

Lutherdenkmal Erfurt

---

1 Der folgende Beitrag ist eine gekürzte Lesefassung des Beitrages von Friese, Michael: »*Ich habe den inspirierten Luther dargestellt*«. Das Erfurter Lutherdenkmal von Fritz Schaper, in: Mitteilungen des Vereins für die Geschichte und Altertumskunde von Erfurt, 76 (2015), Seiten 220–266. Dort alle Quellenangaben und Nachweise im Detail, ebenso Abbildungen.

Die Initiatoren

»Alle diejenigen geehrten Mitbürger, welche sich für die Errichtung eines Lutherdenkmals interessieren, werden hierdurch zu einer Besprechung auf Donnerstag, 27. Oktober [sc. 1881], *abends 8 Uhr in Steinigers Salon eingeladen.«* Mit diesem Inserat in der Erfurter Lokalpresse lud eine Gruppe von insgesamt 21 Initiatoren die Bürger Erfurts dazu ein, sich für die Errichtung eines Lutherdenkmals in ihrer Heimatstadt zu interessieren. Getragen war diese Initiative von prominenten Mitgliedern aus allen Bereichen der Gesellschaft: Neben dem damaligen Pastor der Reglerkirche, Richard Bärwinkel (1840–1911), dem, wie sich zeigen wird, Spiritus rector des Erfurter Lutherdenkmals überhaupt, gleichermaßen von Mitgliedern des Erfurter Stadtrates, von Lehrern und Direktoren diverser Erfurter Schulen, von Ärzten und Anwälten sowie von renommierten Vertretern aus Wirtschaft und Militär.

Initiiert worden war dieser Aufruf während des wenige Tage vorher in Erfurt abgehaltenen 3. Verbandstages der landeskirchlichen Vereinigung, auf dem einer seiner Redner, der in Halle lehrende Theologe Willibald Beyschlag (1823–1900), in einer Gesprächsrunde die Anregung zur Errichtung eines Lutherdenkmals in der Stadt gegeben hatte. Eine Anregung, die Bärwinkel, ein Schüler Beyschlags, aufgriff und mit dem zitierten Inserat bereits wenige Tage später ins Werk zu setzen begann.

Auf der für den 27. Oktober anberaumten Besprechung versammelten sich etwa 110 Interessenten. Wesentliches Ergebnis des Abends war die einstimmige Verabschiedung einer Resolution: »Die *Versammlung erkennt es als Ehrens- und Herzenssache der evangelischen Bürger Erfurts, dem großen Reformator in Erfurt ein Denkmal zu errich-*

ten und weist die Angelegenheit einem zu wählenden Comité zu«. Dieses noch am selben Abend gewählte Komitee bestand aus 15 Mitgliedern unter dem Vorsitz des erwähnten Pastors Bärwinkel. Als Aufgaben setzte sich das Komitee neben der weiteren Werbung für die Denkmalsidee überhaupt vor allem die Vorbereitung der Gründung eines Lutherdenkmalsvereins.

Die Gründung des Denkmalsvereins selbst erfolgte am 21. Februar 1883, wiederum in Steinigers Restaurant. Zur Einstimmung diente ein ausführliches Impulsreferat Bärwinkels über Luthers Aufenthalt in Erfurt als Student und Mönch von 1501–1511 und dem daraus resultierenden Anspruch der Stadt als Lutherstätte, bis hin zu bereits recht konkreten Vorstellungen zum künstlerischen Konzept des avisierten Denkmals, das Bärwinkel aus dem Erfurter Lebensabschnitt Luthers ableitete. Ziel und Arbeitsfeld des Vereins wurden gleich im §1 seiner Statuten formuliert: *»Der Luther-Denkmal-Verein zu Erfurt stellt sich die Aufgabe, dem Reformator Dr. Luther ein würdiges Denkmal in Erfurt zu errichten, und veranstaltet zu diesem Zwecke Sammlungen im In- und Auslande.«* Zum Vorsitzenden des Vereins wurde erneut Bärwinkel gewählt, der diesem Gremium dann auch bis zur Denkmalsenthüllung ununterbrochen vorstand.

Der künstlerische Kontext

Das Lutherdenkmal, so wie es dem frisch gegründeten Verein vorschwebte, stand in einem festen Kontext anderer Denkmale bzw. Statuen des Reformators, die den Vereinsmitgliedern bekannt waren und als Orientierung dienten. Konkret waren es die Lutherdenkmäler in Wittenberg, Möhra, Worms, Eisleben und Leipzig, von denen man in Erfurt Kenntnis hatte, auf die man sich bezog und in Auseinandersetzung mit denen man seine eigenen Vorstellungen entwickelte und umsetzte.

Das Lutherdenkmal in Wittenberg, von Johann Gottfried Schadow (1764–1850) geschaffen und bereits 1821 enthüllt, zeigt Luther, wie er mit seiner Rechten ausdrücklich auf die geöffnete Bibel verweist und somit als Zeuge des Wortes Gottes fungiert. Das von Ferdinand Müller (1815–1881) in Möhra, dem Herkunftsort der Großeltern Luthers väterlicherseits, gestaltete und 1861 enthüllte Denkmal präsentiert den Reformator, wie er beide Arme samt Bibel geöffnet hält und somit den Betrachter freimütig einlädt. Das Wormser Denkmal wiederum, ein Ensemble aus 12 Großplastiken sowie etlichen Reliefs und Medaillons, das 1868 enthüllt worden war, gibt einen Luther, der mit seiner Faust auf die Bibel weist und insofern als standhafter Bekenner auftritt. Die Lutherstatue in Eisleben schließlich, geschaffen von Rudolf Siemering (1835–1905), sowie das (im 2. Weltkrieg leider zerstörte) Leipziger Denkmal, eine Bildfindung von Johannes Schilling (1828–1910), wurden beide enthüllt anlässlich der Feiern des 400jährigen Geburtstages Martin Luthers 1883. Eisleben führt den trotzigen Luther vor, der gerade die päpstliche Bannbulle zerknüllt. Und Leipzig das reformatorische Gelehrtenpaar, bestehend aus einem sitzenden Luther, der in seinem Schoß die Bibel hält, und einem Melanchthon, der neben ihm steht.

Und nicht zuletzt stand der Erfurter Verein in stetem Kontakt mit einem gleichzeitigen Lutherverein in Eisenach, der ebenfalls an einer Denkmalsgründung arbeitete. Doch während Erfurt bereits 1889 einweihen konnte, gelang die Fertigstellung der Eisenacher Statue erst 1895. Sie wurde von Adolf Donndorf (1835–1916) gefertigt und zeigt den Bekenner des Wortes Gottes, der die Bibel als Halt und Hort umklammert.

Der gesellschaftliche Hintergrund

Eingebettet sind alle diese Denkmalsgründungen wiederum in den Zusammenhang einer in der 2. Hälfte des 19. Jahrhunderts sich immer stärker herausbildenden Antagonie der beiden christlichen Konfessionen. Provoziert durch den Kulturkampf und in seinem Ergebnis hatte sich die katholische Kirche (genannt sei hier lediglich das Dogma von der Unfehlbarkeit des Papstes im Jahre 1870) gegen die sich herausbildende bürgerliche Gesellschaft zunehmend als ultramontan zentralisierte *ecclesia militans et triumphans* formiert. Eine Entwicklung, vor der die erhebliche Polarisierung der evangelischen Kirche dieser Zeit (sowohl in ihren Theologien als auch in ihren Bekenntnissen wie in ihren landeskirchlichen Strukturen) als Zersplitterung und Machtlosigkeit zunehmend schmerzlich empfunden wurde und das Verlangen nach Gleichgewichtigkeit und gleichwertiger Repräsentanz aufkommen ließ. Die Gründung des evangelischen Bundes als eines protestantischen Gegengewichtes gegen den monolithischen Katholizismus im Jahre 1886 in Erfurt jedenfalls zeigt, wie sehr der konfessionelle Antagonismus gerade auch in dieser Stadt ausgetragen wurde. Richard Bärwinkel, der Spiritus rector des Erfurter Denkmals, und Willibald Beyschlag, auf den, wie erwähnt, die Anregung dazu zurückgeht, waren Akteure der Gründung dieses Bundes und verfolgten mit ihr wie mit der Errichtung einer Lutherstatue dasselbe Ziel: eine innere Stärkung des Protestantismus und seine stärkere Präsenz in der Gesellschaft.

Der Standort

Die Frage nach einem geeigneten und würdigen Standort des geplanten Lutherdenkmals erwies sich für den Verein gleich in doppelter Hinsicht als schwierig. Denn zum einen hatte sich 1880, also bereits ein Jahr vor der Gründung des Lutherkomitees, aus Erfurter Bürgern ein anderer Verein gegründet, der seinerseits an der Errichtung eines Monumentalbrunnens arbeitete und für sein Projekt nun ebenfalls nach einem passenden Standort suchte. Und zum anderen sah sich der Lutherverein in Bezug auf einen Stellplatz in eine Abwägung hineingestellt zwischen einer biographischen Orientierung an Luthers Lebensorten in Erfurt oder der Präferenz eines möglichst öffentlichkeitswirksamen Stellplatzes. Konkret gerieten beide Vereine um denselben Platz miteinander in Konflikt: Sowohl der Monumentalbrunnen als auch das Lutherdenkmal sollten auf dem Anger zwischen Post und Kaufmännerkirche (also am heute tatsächlichen Platze des Lutherdenkmals) aufgestellt werden, und dass dort nur für ein Projekt Raum vorhanden war, war allen Beteiligten klar. Auf eine entsprechende Anfrage des Erfurter Magistrats positionierte sich der Denkmalsverein in einem Schreiben im Mai 1883 sehr deutlich. Der Verein sei sich für den Denkmalsstandort einig gewesen darin, *»daß überhaupt nur 2 Plätze ernstlich in Frage kommen könnten, nämlich der vor der Augustinerkirche und der an sich weit schönere vor der Kaufmannskirche. Dieser letztere würde nun voraussichtlich derselbe sein, den man von Seiten des wohllöblichen Magistrats für den monumentalen Brunnen in Aussicht genommen zu haben scheint. Es ist nun keine Frage, daß der vor der Augustinerkirche der historisch gegebene ist, aber es versuchten doch nur 3 Mitglieder des Vorstandes, darunter zwei Angehörige der Augustinergemeinde, ernstlich für diesen Platz einzutre-*

ten, die anderen waren alle entschieden dagegen, weil er zu abgelegen sei. Der Platz vor der Kaufmannskirche entbehrt nicht ganz des wünschenswerten historischen Hindergrundes, da Luther am 23. Oktober 1522 in der Kaufmannskirche gepredigt hat. Lage und Umgebung sind aber der Art, daß er für ein schönes Denkmal nicht passender gefunden werden könne.«

Gleich in doppelter Hinsicht macht diese Antwort die Haltung des Vereins deutlich: Man war entschieden, für den attraktiven Standort Anger mit dem Brunnenverein, ja selbst mit dem Magistrat in einen Konflikt einzutreten. Und man entschied sich für einen Aufstellungsort gegen das historisch Gegebene; nicht für das (damals vom Zentrum noch etwas abgelegene) Augustinerkloster, wo Luther immerhin von 1501–1511 gelebt und gearbeitet hatte, sondern für den (prominent gelegenen) Anger und einen Ort vor der Kaufmannskirche, in der Luther lediglich einmal gepredigt hatte.

Aus dieser Frontenbildung herauszukommen versuchte man dadurch, dass der Verein dem Magistrat die Wahl eines externen Fachberaters anbot. Der Geheime Oberbaurat Friedrich Adler (1827–1908) aus Berlin, ein reichsweit prominenter Architekt, Hochschullehrer, Gutachter und Juror in städtebaulichen Preisgerichten, solle, so der Vermittlungsvorschlag Bärwinkels, ein Gutachten über den optimalen Standort eines Lutherdenkmals in Erfurt erarbeiten. Diesem wolle man sich dann gern fügen.

Warum und auf welchem Wege der Erfurter Denkmalsverein zu diesem Personalvorschlag kam, ist aus den Quellen leider nicht mehr ersichtlich. Der Magistrat jedoch stimmte diesem Vermittlungsvorschlag zu, und nach einem Lokaltermin legte Adler zum Jahresende 1883 sein umfängliches Standortgutachten vor. In ihm diskutiert er fünf Erfurter Plätze (zwei Varianten auf dem heutigen Domplatz, den Fischmarkt, die Augustinerkirche, den Anger vor der Wigbertikirche und den Anger vor dem umstrittenen Stellplatz Post) und kommt nach gründlicher Abwägung zu dem Ergebnis: *»Ich kann meine Überzeugung … nur dahin aussprechen, daß unter allen Plätzen von Erfurt das untere Ende des Angers in der Nähe der K.[öniglichen] Post und der Kaufmannskirche der geeignetste ist, um mit einem Luther-Standbilde geschmückt zu werden.«*

Damit waren die Würfel gefallen: Der Magistrat legte als Standort für das Lutherdenkmal den (heutigen) Platz vor der Kaufmannskirche fest. Der Stellplatz für den Monumentalbrunnen dagegen wurde revidiert und ihm der (heutige) Platz vor der Wigbertikirche zugewiesen.

Der Künstler

War der Standort geklärt, konnten die Vereinsmitglieder daran gehen, die viel wichtigeren Fragen nach Künstler und künstlerischem Konzept zu bearbeiten.

Obgleich man dabei, wie allgemein üblich, zunächst an eine Ausschreibung, eine »Konkurrenz« gedacht hatte, entschied sich der Vereinsvorstand im Frühjahr 1884, wohl vor allem mit Blick auf die bei einer Konkurrenz zu zahlenden Preisgelder, anders: Auf dem Wege der Direktvergabe wandte man sich an den in Berlin arbeitenden Künstler Fritz Schaper. Im März 1884 teilte der Vorstand dem Künstler seine Entscheidung mit, ebenso dem Erfurter Magistrat und per Pressemeldung der Öffentlichkeit.

Erhalten hat sich ein auf den Februar 1884 datierter Brief Adlers, des erwähnten Standortgutachters, an Bärwinkel, in dem jener auf die ihm mitgeteilte Direktvergabe des Vereins für Schaper antwortet: »*Daß Sie den Gedanken einer Konkurrenz aufgegeben haben, bedaure ich etwas, aber ich leugne nicht, daß Geld wie Zeit erspart wird, wenn man mit einem erprobten Künstler direkt verhandelt, und füge gleich hinzu, daß ich meinen Kollegen Schaper für ein Lutherstandbild in erster Linie selbst vorgeschlagen haben würde, wenn eine solche Frage an mich gerichtet worden wäre. Können Sie ihn gewinnen, – ich fürchte, daß er etwas hohe Forderungen stellen wird, da er jetzt sehr gesucht ist – so werden Sie jedenfalls ein tüchtiges Werk erhalten, mit dem Sie Ehre eintragen, und das ist ja schließlich die Hauptsache.*«

Fritz Schaper selbst reagierte auf dieses für ihn vermutlich völlig unerwartete Ansinnen eines ihm unbekannten Vereins aus Erfurt positiv: »*Ihr* [sc. Dr. Bärwinkel] *verehrtes Schreiben vom 3. dieses Monats habe ich erhalten und beehre mich Ihnen zu erwidern, daß der einstimmig gefasste Beschluß des Vorstandes des Lutherdenkmal-Vereins, mit mir wegen Ausführung eines Denkmals in Verbindung zu treten, mich ehrt und erfreut hat.*« Und er formulierte im selben Brief auch bereits die Rahmenbedingungen für die angebotene Zusammenarbeit und stattete noch im April dem Zielort seiner unverhofft neuen Aufgabe einen ersten Besuch ab, in dem er die Initiatoren sowie den künftigen Standort des gewünschten Lutherdenkmals kennen lernte.

Die Zeit ab dem Frühjahr 1884 galt dann der gemeinsamen Erarbeitung des künstlerischen Konzeptes zwischen Verein und Schaper (dazu gleich ausführlich). Im Februar 1886 konnte man schließlich zur Unterzeichnung eines Vertrages schreiten, der im Einzelnen folgende Positionen definierte: Das gesamte Denkmal, für dessen Enthüllung der 1. September 1889 fixiert wurde, sollte 72.000 Mark kosten, von denen 40.000 Mark auf die Statue selbst, 10.000 Mark auf ihr Postament und 22.000 Mark auf die daran montierten Reliefs entfielen. Zahlbar war der Betrag in insgesamt 5 Raten: Dreimal 12.500 Mark jeweils nach Abschluss des Vertrages, nach Ablieferung des Gussmodells in der Gießerei und nach gelungenem Guss, sowie zweimal 17.250 Mark jeweils nach Vollendung der Reliefs und schließlich nach der Denkmalsenthüllung. Welch große Mühen dem Verein die Bewältigung dieser Summe bereiten würde, wird eigens darzustellen sein.

Das künstlerische Konzept

Für das künstlerische Konzept der avisierten Lutherstatue hatten ihre Initiatoren von Anfang an sehr konkrete und entschiedene Vorstellungen, die sie, wie das Denkmal im Ergebnis zeigt, im Wesentlichen auch durchsetzten. Formuliert worden waren diese durch Bärwinkel in seinem schon erwähnten Vortrag auf der Gründungssitzung eines Lutherdenkmalsvereins im Februar 1883: *»Aber wie soll das Denkmal beschaffen sein? Nun, ich denke, es muß ein des großen Mannes würdiges sein, und einen Luther kann ich mir nicht anders vorstellen, als aus Erz, auf festem Grunde stehend, womöglich auf Granit. Ob es möglich sein wird, diesen Luther für Erfurt so zu gestalten, daß dadurch an die Mönchszelle erinnert wird, deren enge Wände er durchbrochen, will ich dahingestellt sein lassen. Aber sympathischer würde es mir sein, wenn ich unseren Luther auch in Erfurt im wesentlichen so sehen könnte, wie ihn unser Volk sich denkt. Also nicht als abgemagerten Mönch in der Kutte, sondern der gewaltige Prediger und Gottesmann muß uns gezeigt werden, der das ewige Gotteswort zum Schwerte des Geistes sich erwählt und der, seiner Seligkeit im Glauben gewiß, unerschrocken den Weg betritt, den ihm Gott angewiesen hat. Ungern würde ich am Sockel Reliefs vermissen,* *welche Episoden aus der Lebensgeschichte Luthers zu Erfurt dem Beschauer ins Gedächtnis rufen können. An dergleichen ist ja durchaus kein Mangel. Man braucht ja nur an die für Luther unvergeßliche Stunde zu erinnern, da er als Student in der Universitätsbibliothek eine vollständige Bibel fand und bei der Durchsuchung der Geschichte von Samuelis und seiner Mutter Hanna von Grund seines Herzens wünschte, der getreue Gott wolle ihm dermaleinst auch ein solch eigen Buch bescheren. Oder man denke an jenen letzten Abend vor seinem Eintritt ins Kloster, den er auf seinem Zimmer mit seinen Freunden in traulichem Gespräch verlebte, sich erfreuend an der edlen Musika. Welch einen Eindruck machte es doch auf die fröhlichen Herzen, als Luther plötzlich seinen Entschluß mitteilte, ins Kloster zu gehen. Aber geeigneter ist wohl der Moment selbst, wo er anklopft an die Pforten des Augustinerklosters und sich für ihn die Tür öffnet, welche ihn von seinen Studiengenossen, von seinem Beruf, von seinen Eltern, überhaupt von der Welt trennen sollte. Auch seine Priesterweihe am 2. Mai 1507 in der Augustinerkirche, und zwar an der Stelle, wo Zacharias, der eifrigste Gegner von Huß auf dem Konzil zu Konstanz, begraben liegt, ist eine solche Episode. Wir könnten hier auch hinweisen auf Luthers Erlebnisse im Kloster, namentlich wie ihn sein Beichtvater tröstet oder wie Staupitz ihn fand. Aus dem späteren Leben Luthers ließe sich, abgesehen von dem vorhin erwähnten Einzug Luthers in Erfurt auf dem Weg nach Worms, vielleicht der Besuch erwähnen, den er der Stadt als Junker Görg [sic!] gemacht haben soll, bei dem er bald, trotz seines Bartes und seiner Ritterrüstung, erkannt worden wäre.«*

Zusammen mit der Mitteilung, als Bildhauer erwählt worden zu sein, sandte Bärwinkel seinen inzwischen publizierten Vortrag vom Februar 1883 an Schaper zur Information und Orientierung. Wofür sich der Künstler bedankte: »*Für die Übersendung des Vortrages sage ich Ihnen, sehr geehrter Herr Pastor, meinen besten Dank. Er gibt Luthers*

Verhältnis zu Erfurt so klar, daß ich darin das beste Material für die Reliefs finden werde.«

Über die zitierten Ausführungen hinaus bemerkenswert an Bärwinkels künstlerischen Vorstellungen ist, dass er vom in den 1860er Jahren geführten sogenannten »Gewandstreit« Kenntnis hatte, diesbezüglich eindeutig Position bezog und diese bei der Bildfindung des geplanten Denkmals selbstverständlich auch voraussetze. Mit dem erwähnten Lutherdenkmal in Worms, das an den Auftritt Martin Luthers auf dem Wormser Reichstag 1521 erinnern sollte, hatte Rietschel vor der Entscheidung gestanden, in welchem Gewand der Reformator zu geben sei: In der Kutte des Augustinermönchs, die Luther in Worms tatsächlich getragen hatte und die mithin historisch korrekt gewesen wäre, oder im Talar, den Luther erst lange nach Worms stets getragen hatte und der deshalb anachronistisch gewesen wäre, dafür aber der längst gefestigten Vorstellung des Reformators entsprechen würde. Rietschel sowie das Wormser Denkmalkomitee hatten sich, nach längerem Diskussionsprozess, bekanntlich für den Talar entschieden. Noch viel mehr galten diese Überlegungen für ein Lutherdenkmal in Erfurt, das sich ja historisch, wenn nicht gar auf den Studenten, so doch ganz explizit auf den Mönch des Erfurter Augustinerklosters bezog. Umso bemerkenswerter ist Bärwinkels Entscheidung für den Talar, d.h. für eine idealisierende Darstellung. Er formuliert: »*Was nun die Auffassung des Lutherstandbildes betrifft, so wird für Erfurt ebenso wenig wie für Worms ein Luther in der Mönchskutte möglich sein. Rietschel hatte bekanntlich ursprünglich den Versuch gemacht, für Worms einen Luther in der Mönchskutte zu schaffen. Der Faltenwurf erwies sich als malerisch, aber die Figur hatte etwas durchaus Fremdes. Luther im Mönchsgewand ist unserem Volke nicht sympathisch. Es ist aber auch nicht nötig, das historisch richtige Kostüm zu wählen. Das Historische hat in dieser Beziehung für die Bildhauerei nur eine relativ bindende Kraft. Die Statue hat nicht das Momentane, sondern das Bleibende, das Monumentale zu geben. Die Bildsäule muß im Kampf zugleich den Sieg zur Darstellung bringen. Das Zeichen des Sieges ist aber für Luther das weltliche Gewand, durch dessen Anlegung derselbe den Bruch mit dem Papsttum auch äußerlich bekundete.*«

Das Werden der Statue

Seine Arbeit an der Statue begann Schaper, wie angedeutet, in der zweiten Hälfte des Jahres 1884. Im Februar 1885 meldet er die Vollendung der (in den Akten nicht erhaltenen) Skizze seiner Lutherstatue, und auf Bitten Bärwinkels findet er sich sogar bereit, diese in einem Brief zu erläutern: »*Ihrem Wunsche, etwas über die Auffassung des Luthers zu erfahren, möchte ich gern nachkommen, doch fürchte ich, Ihnen doch kein Bild meiner Skizze geben zu können. Lassen Sie's sich an nachfolgendem Wenigen genügen und lassen Sie später die Skizze möglichst unmittelbar auf sich wirken. Ich bin bei der Auffassung, die wir beide als die für Erfurt richtige hielten, geblieben, d.h. ich habe den inspirierten Luther dargestellt, die geöffnete Bibel mit beiden Händen festhaltend, gleichmäßig auf beiden Beinen fest stehend, freudig verklärt aufblickend. Die Haltung ist von größter Einfachheit, ohne jedes Pathos. Ich glaube, in der Skizze einen Luther geschaffen zu haben, wie er bisher noch nicht existiert, wie zu existieren er aber die vollste Berechtigung hat, besonders wenn man die Portraits Luthers nach dem Leben, zumeist von L. Cranach, nach dem darin ausgesprochenen Charakter hin prüft. Daß in einer Skizze dieses nur angedeutet sein kann und daß besonders der Kopf erst in der Ausführung all das oben Erwähnte offenbaren kann, wissen Sie wohl.*«

Lutherdenkmal Erfurt

Bleibt man bei den Lutherstatuen, die auch aus Kenntnis des Vereins heraus für das Erfurter Denkmal den unmittelbaren Kontext abgaben, so gelingt Schaper mit dem »*inspirierten Luther*« in der Tat eine Bildfindung, die sich vom Vorhandenen abhebt und zudem das Erfurter Kolorit berücksichtigt. Wittenberg zeigte, wie erwähnt, Luther als den Zeugen des Wortes Gottes, Möhra den freimütig Einladenden, Worms den mit der Faust Bekennenden, Eisleben den Trotzigen und Leipzig gar im Bund mit Melanchthon das reformatorische Gelehrtenpaar. Schaper dagegen setzt an beim biographischen Zusammenhang Luthers mit Erfurt und schafft den gleichsam vorreformatorischen Luther, den Theologen, dem die zentrale Bedeutung von Schrift und Gnade eben erst bewusst wird, eben den »*inspirierten Luther*«.

Unmittelbar nach Abschluss des Statuenentwurfes begann Schaper auch mit der Skizzierung der gewünschten Reliefs, die er im Mai 1885 abschloss. Dabei brachte er folgendes Konzept ins Gespräch: *»Mir wäre es am liebsten, wenn nur drei Reliefs angebracht werden, da die Vorderseite durch Nichts den Beschauer von der Statue abziehen soll. Die betreffende Fläche würde eine kurze Inschrift tragen müssen. Das erste Relief könnte vielleicht Luther als Student darstellen, umgeben von Genossen, in heiterer Gemeinsamkeit Studien und Gesang pflegend. An der Hinterseite des Postaments könnte das Relief in zwei geteilt sein. Luther einsam in der Zelle, die Bibel lesend oder nach Trost ringend, und Luther von Staupitz getröstet. Das dritte Relief würde einen Einzug Luthers in Erfurt darstellen können.«*

Bis auf eine kleine Änderung kam dieses Konzept auch zur Umsetzung: Beim hinteren, geteilten Relief bleibt es zwar beim Thema: »Staupitz tröstet Luther«, statt des von Schaper aber vorgeschlagenen Motivs des einsam in der Zelle Lesenden kommt schließlich eine Darstellung zur Ausführung, die Luther beim Eintritt in das Erfurter Augustinerkloster zeigt.

Das in dieser Weise skizzierte Modell samt Sockel und Reliefs wurde dem Erfurter Publikum im Juni 1885 in einer eigenen Ausstellung vorgestellt. Und im Anschluss an diese Ausstellung hätte man auch bereits zur Ausführung des Denkmals schreiten können, wenn denn das Gesamtprojekt zu diesem Zeitpunkt bereits bezahlbar gewesen wäre. Dem aber war nicht so, und so musste das Projekt vorerst auf seine Finanzierung warten. Schaper machte zwar um der Kostenersparnis willen den Vorschlag, die Reliefs doch nicht gießen zu lassen: *»Wie wäre es nun, wenn das Komité sich entschlösse, die Reliefs am Postament ganz wegzulassen. Reliefs haben sowieso eine sehr untergeordnete Bedeutung an einem Denkmale, und ich glaube, den Luther gerade* *als den Erfurter Luther so charakterisieren zu können, daß man die Reliefs gewiß nicht entbehren soll.«* Doch der Verein hielt trotz vorerst fehlender Mittel an seinen Denkmalsvorstellungen fest, in Worms, Möhra und Eisleben fanden sich zu den Statuen ja schließlich auch Reliefs.

Die Finanzierung

*»Ich fürchte, daß er [*sc. Fritz Schaper*] etwas hohe Forderungen stellen wird …«*, mit dieser Bemerkung hatte seinerzeit bereits Friedrich Adler im zitierten Brief die finanzielle Seite eines Engagements von Schaper problematisiert. Und in der Tat stellte die Summe von insgesamt 72.000 Mark dem Erfurter Verein eine kolossale Aufgabe. Dass sie gelöst wurde, verdiente und verdient alle Achtung.

Geregelte Einnahmen flossen den Denkmalsinitiatoren zunächst aus den Mitgliedsbeiträgen des im Februar 1883 gegründeten Vereins zu. Die Statuten boten diesbezüglich eine präzise Definition: *»Ordentliches Mitglied* [sc. des Vereins] *ist jeder evangelische Christ, der jährlich einen Beitrag von mindestens einer Mark zahlt oder einen einmaligen Beitrag von mindestens zwanzig Mark entrichtet.«* Da der Verein in seinen Spitzenjahren immerhin ca. 750 Mitglieder zählte, erlangte die Denkmalskasse auf diesem Wege durchaus Zufluss.

Darüber hinaus gelang es dem Verein immer wieder, auf dem Wege besonderer Aktivitäten Einnahmen zu erzielen. Gleich im Frühjahr 1883, also bereits wenige Monate nach der Konstituierung des Denkmalskomitees, wurde ein Lutherbasar samt Lotterie zuwege gebracht. Begleitet von einer Ausstellung zu Luther und der Reformation, wurden in einer mehrtätigen Verkaufsveranstaltung sowie einer nachgeschalteten Lotterie Utensilien nahezu jedweder Art feil geboten, deren Erlös – insgesamt knapp 7300 Mark – dem Denkmalsanliegen gleich zu Anfang einen erheblichen Zufluss bereitete.

Ähnlich hoch waren die vom Verein erzielten Einnahmen anlässlich der Feierlichkeiten zum 400-jährigen Geburtstag Martin Luthers 1883. In Erfurt war dieses Jubiläum, in Erinnerung an den einstigen Empfang und Aufenthalt des Reformators in der Stadt im April 1521, durch die Veranstaltung eines pompösen Kostümumzuges begangen worden, der die Situation des einstigen Empfangs des nach Worms ziehenden Mönches nachstellte und an dem über 2000 in- und auswärtige Teilnehmer mitwirkten. Der Überschuss der aus diesem Anlass akquirierten Mittel floss *»dem Besten des Lutherdenkmals in Erfurt«* zu, immerhin 7000 Mark.

Von respektablem Erfolg gekrönt war auch die Aufführung des Singspiels von Hans Herrig (1845–1892) »Luther, ein kirchliches Festspiel« zu eigens damit veranstalteten Lutherfestspielen im Frühjahr 1886. Nach seiner Premiere 1883 in Worms und Aufführungen 1885 und 1886 in Torgau, wollte Bärwinkel, der seine Schulzeit am Torgauer Gymnasium absolviert hatte, das Stück 1886 auch nach Erfurt holen. Zufällig berührten sich hier Bärwinkels und Schapers Erfahrungshorizonte: Bärwinkel versprach sich von der Aufführung einen finanziellen Erfolg und hatte von seinem Plan entsprechend euphorisch an Schaper geschrieben. Diesem jedoch war durch seine in Torgau lebende Schwester der allerdings nur mäßige Erfolg der dortigen Aufführungen bekannt geworden, und so hatte er dem Erfurter Pastor entsprechend reserviert geantwortet: *»Was nun die Erwähnung der* [sc. von Bärwinkel für 1886 in Erfurt] *zu veranstaltenden Lutherfestspiele anbetrifft, so möchte ich Ihnen doch folgendes* *noch mitteilen. Meine Schwester, die in Torgau lebt, war in diesen Tagen hier* [sc. in Berlin, dem Wohnsitz Schapers] *und erzählte mir auch von diesen Aufführungen, führte aber als Resultat derselben an, daß dabei gar nichts herausgekommen sei. Ich glaube, wegen zu hoher Zahlung der Garderobe oder der Requisiten, doch weiß sie dies selbst wohl nicht genau. Es wird also gut sein, wenn die Mühe außer dem Genusse noch anderes bringen soll, die Kalkulation des Unternehmens vorher genau aufzustellen. Jedenfalls können Sie darüber wohl Genaueres in Torgau erfahren.«* Doch Bärwinkel sollte mit seiner Begeisterung Recht behalten: In insgesamt 14 Vorstellungen, die von allen Akteuren mit bemerkenswerter Selbstlosigkeit veranstaltet und vom Erfurter Publikum mit nahezu frenetischer Begeisterung aufgenommen wurden, konnte der Verein einen Reingewinn von ca. 5400 Mark erzielen.

Doch ein Hindernis von übergeordneter Bedeutung verbaute schließlich dem Verein alle weiteren finanziellen Zuflüsse entscheidend: der Tod Kaiser Wilhelms I. im Frühjahr 1888. Schon wenige Tage nach dem Ableben des Monarchen war, wie allenthalben im Reich, auch in Erfurt auf dem Wege eines Stadtratsbeschlusses eine Kommission zur Errichtung eines Kaiser-Wilhelm-Denkmals gebildet worden; mit dem Sommer 1888 sodann setzen, legitimiert ebenfalls durch einen Stadtratsbeschluss, die (permanenten) Spendenaufrufe des Magistrats an die Bevölkerung zur Unterstützung des geplanten und beschlossenen Kaiserdenkmals ein. Die allgemeine Stimmungslage hatte damit eine völlig neue Richtung bekommen, an weitere nennenswerte Einnahmen für ein (ledigliches) Lutherdenkmal war nun nicht mehr zu denken.

Durch die Jahresbeiträge sowie besondere Aktivitäten hatte der Verein zwar einen beträchtlichen Betrag zusammengetragen. Doch an der Gesamtsumme fehlten immer noch knapp 10.000 Mark.

Der 1. September 1889 als Enthüllungstermin, wie im Vertrag zwischen Verein und Künstler avisiert, war bei diesen Rahmenbedingungen nicht mehr zu halten. Hilfe kam hier aus Berlin. Bereits 1885 hatte der Verein sich an den für die finanzielle Förderung von Denkmalsprojekten zuständigen Berliner Kultusminister gewandt, von dem er zwar keine Mittel erlangen konnte, wohl aber die vage In-Aussicht-Stellung, dass das Ministerium nach Abschluss des Projektes eventuell bereit sei, im Zuge einer geplanten reichsweiten Sammlung das Gussmodell der Schaper-Statue aufzukaufen. An diesen Strohhalm klammerte man sich in Erfurt, und nach jahrelangem Auf und Ab in der Sache war es dann schließlich so weit: Nachdem zum Ende des Jahres 1888 die gegossene Statue in Schapers Berliner Atelier von Vertretern der Ankaufkommission besichtigt worden war und nachdem Bärwinkel sich auf dieser Grundlage ein erneutes Mal mit der Bitte um Ankauf an den Kultusminister gewandt hatte, erging im Mai 1889, nach längerem Hin und Her, endlich der verbindliche Bescheid des Ministers an den Verein: » … *betreffend die Unterstützung des Unternehmens für die Errichtung eines Lutherdenkmals in Erfurt* [sc. teile ich mit], *daß ich bereit bin, dem Vorstand des Lutherdenkmalvereins daselbst das von dem Professor Fr. Schaper hierselbst angefertigte Modell zum Preise von ›achttausend Mark‹ abzukaufen.*«

Damit war es dem Erfurter Komitee bzw. dem späteren Denkmalsverein tatsächlich gelungen, innerhalb bemerkenswert kurzer Zeit, von 1881 bis 1889, einen Betrag von immerhin 72000 Mark vollständig zusammenzutragen. Da dem Verein trotz großer Mühen die vertragskonforme und termingetreue Zahlung aller Raten dieser Summe gelang, konnte sich Schaper nach Eingang des letzten Betrages an den inzwischen Senior gewordenen Bärwinkel im

Mai 1890 erleichtert äußern: »*Hochverehrter Herr Senior! Haben Sie verbindlichsten Dank, daß Sie die Erledigung der Geldangelegenheiten nun auch so glücklich zu Ende gebracht haben. Eigentlich hatte ich nicht geglaubt, daß dies so pünktlich vor sich gehen würde, nun um so besser, daß es so ist.*«

Streit in letzter Minute

Statue und Reliefs waren gegossen, die Finanzierung samt Kaufzusage des Ministeriums vollständig gesichert, seitens der Stadt liefen bereits die Projektierungen für die bauliche Herrichtung des künftigen Denkmalsplatzes, selbst die ersten Einladungen zur Einweihungsfeier waren schon versandt – da brach, wenige Wochen vor Enthüllung, ein Streit aus um den Standort des Denkmals, und zwar zwischen dem Verein und der Erfurter Augustinergemeinde.

Als nämlich im Sommer 1889 während der konkreten Vorbereitungen zur Aufstellung eine ganze Reihe von Detailproblemen sich auftaten: es waren kleinere Grundstücksfragen zu regeln, ein am Aufstellungsort installierter kleiner Springbrunnen abzubauen, Bäume zu fällen, der Geländezugang neu zu regeln – da instrumentalisierte die Augustinergemeinde diese Detailprobleme und die damit verbundenen Kosten zu einem Plädoyer für eine Denkmalsaufstellung an anderem Platze, und zwar vor ihrer Kirche. Im August 1889 fasste der Gemeindekirchenrat den Beschluss, beim Vorstand des Lutherdenkmalsvereins sowie beim Magistrat förmlich die Aufstellung des Denkmals vor der Augustinerkirche zu beantragen: Dieser Standort habe »*zweifellos die Bedeutung für sich, welche die genannte Kirche in Luthers Leben gewonnen hat. Von den meisten Fremden um der nahen, denkwürdigen Stätte willen aufgesucht, in einer immer mehr an Bedeutung gewinnenden Stadtgegend liegend, würde dieser Platz dem Denkmal eines Mannes aus dem Volke, der auch den sozial minder gut gestellten Volkskreisen ein so eindringlicher Tröster und Mahner geworden ist, eine allgemein gebilligte Stätte darbieten. Zieht man dazu noch in Rechnung, daß die gärtnerischen Anlagen dieses Platzes nur einige unwesentliche Änderungen erfahren müssten, deren Kosten ebenso wie diejenigen der ständigen Erhaltung von der Augustinergemeinde getragen werden, und daß das Denkmal an diesem Platze, wohl sichtbar und leicht zugänglich, dennoch in würdiger Abgeschlossenheit und gutem Schutze stehen wird, so wird man das Ersuchen der Unterzeichneten, man möge das Lutherdenkmal vor der Augustinerkirche aufstellen, gewiß gerechtfertigt finden, zumal derselbe leichtlich in eine gewiß mit mehr als tausend Unterschriften versehene Petition hätte umgewandelt werden können.«*

Hintergrund dieses Antrages war das letztlich nicht wirklich gegründete Standortkonzept. Dass selbst der Verein den Standort Augustinerkirche als den »*historisch gegebene(n)*« verstand, war zitiert worden. Und angesichts der Tatsache, dass Schaper nun tatsächlich einen Erfurter Luther geschaffen hatte, wog die Entscheidung, nicht den historisch gegebenen, sondern den publikumswirksamsten als Denkmalsstandort zu wählen, noch einmal schwerer.

Dass es gleichwohl beim Standort Anger blieb, ist bekannt. Der Magistrat wie auch der Denkmalsverein lehnten den Antrag der Augustinergemeinde sofort entschieden ab. Nichtsdestotrotz aber waren die mit diesem Antrag verbundenen Irritationen buchstäblich am Vorabend der Denkmalsaufstellung bis nach Berlin gedrungen, und das Kultusministerium selbst sah sich veranlasst, sich bei Fritz Schaper nach dem endgültigen Stand der Dinge zu erkundigen: »*Die Agitation wegen des Platzes war bis in hiesige Zeitungen gedrun-*

gen und ich bekam eine Anfrage deswegen vom Ministerium. Ich habe daselbst die nötigen Erklärungen gegeben und damit war es gut. Wenn das Denkmal steht, wird man sich wohl auch in Erfurt beruhigen. Es gibt ja immer Leute, die alles besser wissen.« – mit diesen Worten schildert der Künstler wenige Tage vor Denkmalsaufstellung gegenüber Bärwinkel seine Beschwichtigungsversuche und seine Sicht der Dinge.

Die feierliche Enthüllung

Die Enthüllungsfeier des Erfurter Lutherdenkmals wurde von seinen Initiatoren zu einer mehrtägigen Demonstration protestantischer Konfession gestaltet.

Was die Vorbereitungen des Platzes anbetraf, wurde eine eigene Kommission, bestehend aus Mitgliedern des Vereins und des Magistrates, einberufen und ein Ortstermin vereinbart, an dem Fritz Schaper selbst auch teilnahm. Im Blick auf die Baukosten für die Aufstellung, beginnend bei der Fundamentierung und Einfriedung und sich erstreckend bis hin zur Neugestaltung des gesamten Areals, erklärte sich die Stadt bereit, diese zu übernehmen. Darüber hinaus ließ sich der Magistrat vom Erfurter Regierungspräsidium eine Genehmigung dafür erteilen, aus einem vorhandenen Sonderfonds auch die Kosten für die geplanten Feierlichkeiten bestreiten zu dürfen. Insgesamt wurden auf diese Weise für Aufstellung und Enthüllung respektable 10.000 Mark zur Verfügung gestellt. Die Aufstellung des Denkmals begann unter Aufsicht von Fritz Schaper selbst am 20. Oktober 1889, war auf 3 Tage kalkuliert und wurde von derselben Berliner Firma (Kessel & Röhl) ausgeführt, die auch das Postament gefertigt hatte.

Die Enthüllung selbst fand am Donnerstag, dem 31. Oktober 1889 statt und setzte ein am Vorabend mit einem einstündigen Geläut von allen evangelischen Kirchtürmen der Stadt, einem darauf folgenden Festgottesdienst in diversen Kirchen sowie einer anschließenden feierlichen Begrüßung aller auswärtigen Ehrengäste. Der Enthüllungstag selbst wurde wiederum durch einen Festgottesdienst eingeleitet, dem sich dann während des Vormittages die eigentliche Enthüllung anschloss. Diese erfolgte durch Bärwinkel selbst, die anschließende formelle Übergabe des enthüllten Denkmals aus den Händen des Vereins in den Besitz und die Obhut der Stadt durch Regierungspräsident Heinrich von Brauchitsch (1831–1916). Ein großes Festbankett am frühen Nachmittag, ein Fackelumzug am Abend und Volksfeste in insgesamt 6 Lokalitäten der Stadt beschlossen den Tag. Für seine Verdienste um das Denkmal war Bärwinkel mit dem Roten Adlerorden IV. Klasse ausgezeichnet worden, am 31. Oktober selbst war seitens des Kultusministeriums für alle evangelischen Schulen der Stadt unterrichtsfrei, flankiert wurde die Enthüllungsfeier durch die Herausgabe einer eigenen Gedenkmedaille.

Eine Bemerkung von Fritz Schaper selbst im Zusammenhang mit der Enthüllung seines Denkmals charakterisiert seine Persönlichkeit recht treffend: Da die Zahl der Gäste, die der Verein zur Enthüllung geladen hatte, größer war als der vorhandene Raum auf dem Anger, wurden im Vorfeld Platzkarten vergeben. Und da in der Familie des Künstlers erwogen wurde, dass an der Enthüllung eventuell seine Gattin Helene teilnehmen würde, die dann von Weimar her mit Schwägerin, deren Sohn und einem Neffen anreisen würde, erbat sich Fritz Schaper von Bärwinkel entsprechend 4 Platzkarten. Falls die genannten Vier aber doch nicht teilnehmen würden (man war sich offensichtlich noch unschlüssig), dann wünschte sich Schaper, der dann allein hätte teilnehmen müssen, selbst gar nicht unter den Gästen sein zu brauchen, sondern das ganze Geschehen lediglich aus einen Fenster des Hotels »Römischer Kaiser«, wo er während seiner Erfurtaufenthalte immer logiert hatte und das dem aufgestellten Denkmal ganz zunächst lag, verfolgen zu dürfen: »*Meine Schwester läßt Ihrer werten Gattin und Ihnen* [sc. Bärwinkel und dessen Frau] *besten Dank für Ihre gütige Einladung sagen, aber erstens ist sie noch nicht ganz bestimmt entschlossen, ob sie mit zu der Enthüllung kommt, und wenn sie mitkommt, dann möchte sie in Weimar bei einer Schwägerin von uns wohnen und zu der Enthüllung am 31. früh mit meiner Schwägerin, deren Sohn und einem Neffen von uns nach Erfurt kommen. Sollten Billets zum Zutritt zu dem Platze der Enthüllung ausgegeben werden, so möchte ich also um 4 Billets bitten; sollte dies nicht sein, so würde ich im Römischen Kaiser um ein Zimmer bitten, aus dessen Fenstern man die Enthüllung mit ansehen kann.*« Und als ihm dies offensichtlich (wen nimmt es Wunder?) abgeschlagen wurde, erbat sich Fritz Schaper wenige Tage vor der Enthüllung von Bärwinkel wenigstens dieses: »*Einen dringenden Wunsch habe ich noch, daß nämlich meine Person so unbeachtet wie möglich bei dem ganzen Festverlauf davon kommen möge, d.h. daß auf mich speziell weder Rede noch Toast ausgebracht werde, sondern nur die Sache zu ihrer vollen Geltung komme.*«

Das 400-jährige Reformationsjubiläum am Beispiel des »Erfurter Lutherbuch(s) 1917«

Andreas Lindner

Beim Stöbern in Erfurter Antiquariaten kann man nach wie vor ein kleines hellbraunes Bändchen mit einem Buchblock aus qualitativ sehr hochwertigem Papier finden, auf dessen Cover eines der Reliefs vom Sockel des Lutherdenkmals vor der Kaufmannskirche abgebildet ist. Es zeigt den Eintritt Luthers ins Kloster unter dem Titel »Erfurter Lutherbuch 1917«. Das 400jährige Jubiläum der Reformation stand ganz im Zeichen des 1. Weltkriegs. Die Situation war durchaus nicht ohne Hoffnung. Die Alliierten hatten in den großen Schlachten des Frühjahrs und des Sommers in Nordfrankreich und Flandern zwar örtliche Erfolge, aber keinen strategischen Durchbruch erzielt. Im August, auf den das Vorwort datiert ist, tobte die Dritte Flandernschlacht, die daran nichts ändern sollte. Im Osten war Ende Juli die letzte große russische Offensive, die sogenannte Kerenski-Offensive, gescheitert und die Mittelmächte hatten die Initiative übernommen. Aber der Schein trog, denn das Reich hatte sich nicht vom Hungerwinter 1916/17 erholt, und seit dem 6. April befand man sich offiziell im Krieg mit den USA.

Der Herausgeber Alfred Kurz, Pfarrer an der Thomaskirche, bindet das Kriegsgeschehen und das Reformationsjubiläum in seinem

Vorwort programmatisch zusammen: »Die Befürchtung teile ich nicht, daß der Völkerkrieg, der nun schon über drei Jahre die Welt in atemloser Spannung hält, die Gemüter so ausschließlich erfülle, daß für Luther und sein Werk – trotz des Jubeljahres – kein Raum mehr bleibe. Haben wir doch gerade in dieser Zeit der Not erkannt, was wir der Reformation verdanken! Sie hat uns mit unserm Gewissen, mit all unserm Denken, Wollen und Handeln unmittelbar Gott als unserm alleinigen Richter und Begnadiger gegenübergestellt, und aus dieser, das Gewissen schärfenden und doch seligen Gottesgemeinschaft ist unendlich viel Segen und Kraft unserm schwergeprüften deutschen Volke zugeflossen. Darum wäre es Undank, wenn wir der großen Gottestaten vergessen wollten, die vor 400 Jahren geschehen und bis heute in Kraft und Segen weiter wirken. Dieser Undank wäre doppelt groß für Erfurt, die Lutherstadt, wie für alle Thüringer überhaupt, die sich rühmen dürfen: er war Fleisch von unserm Fleisch und Blut von unserm Blut! Nein – die alte Liebe der Thüringer zu ihrem Luther wird sich gerade in dieser schweren und doch großen Zeit – die wieder eine Weltenwende bedeutet – von neuem bewähren. Dieses Büchlein aber sei ein äußerer Ausdruck und bleibendes Denkmal dieser Liebe.«[1]

Kurz ist auch bewusst, dass das Projekt bereits in einer Tradition steht, die mit dem »Reformations=Almanach für Luthers Verehrer auf das evang. Jubeljahr 1817«[2] begonnen und sich 1883

---

1 Alfred Kurz (Hg.): Erfurter Lutherbuch. Eine Festgabe zur vierten Jahrhundertfeier der Reformation, Erfurt 1917, S. 7f. Kurz fungierte als Herausgeber im Auftrag des Evangelischen Ministeriums; zu ihm vgl. Pfarrerbuch der Kirchenprovinz Sachsen, Bd. 5, Leipzig 2007, S. 230.

2 Friedrich Keyser: Reformations=Almanach für Luthers Verehrer auf das evangelische Jubeljahr 1817, Erfurt 1817. Friedrich Keyser war Inhaber der 1777 von Georg

zu Luthers vierhundertstem Geburtstag mit dem »Erfurter Lutherfest=Almanach«[3] fortgesetzt hatte. Der 1817er Almanach verdankte sich dem Interesse des Erfurter Verlegers und Buchhändlers Friedrich Keyser am Studium der »vaterländischen Geschichte«[4] und besonders der Reformationsgeschichte. Bemerkenswerter Weise spielen die gerade vergangenen Freiheitskriege und der deutsche politische Nationalgedanke keine Rolle. Der im preußischen Erfurt lebende Herausgeber macht aus seinem sächsischen Patriotismus keinen Hehl. Er widmet den Band dem Großherzog Carl August von Sachsen-Weimar und stellt im Text seiner Zueignung die Ernestiner als die Schirm- und Schutzherren der beginnenden Reformation wie auch als ihre treuen Bewahrer heraus. Der Inhalt gliedert sich in zwei Teile, die Keyser als »historisch« und als »dogmatisch« klassifiziert. Im historischen Teil spannt sich der Bogen von universalgeschichtlichen Interpretationen bis zu Anekdotenhaftem, wie dem Traum Friedrichs des Weisen in der Nacht vor Luthers Thesenanschlag. Im dogmatischen Teilen konzentrieren sich die Beiträge auf die gegenwärtige Verfassung des Protestantismus und die Frage nach seiner Reformbedürftigkeit. In beiden Teilen tauchen späterhin namhafte Vertreter der damaligen Geschichtsschreibung und Theologie auf, so der erste bedeutende Landeshistoriker Preußens,

---

Adam Keyser gegründeten Verlagsbuchhandlung im Haus zum schwarzen Bären, heute Marktstraße 35.

3 Ottomar Lorenz (Hg.): Erfurter Lutherfest=Almanach. Zum Besten des Lutherdenkmals zu Erfurt, Erfurt 1883. Dr. Ottomar Lorenz war seit 1882 Diakon (zweiter Pfarrer) an der Reglerkirche; vgl. Pfarrerbuch der Kirchenprovinz Sachsen, Bd. 5, Leipzig 2007, S. 428.

4 Reformations=Almanach 1817, Vorbericht, S. XII.

Johannes Voigt[5], der Gothaer Generalsuperintendent Karl Gottlob Bretschneider[6] und der Berliner Theologieprofessor Wilhelm Martin Leberecht de Wette[7]. Der Oktavband ist mit neun sehr schönen Kupferstichen und einem Buchblock in Goldschnitt ausgestattet und zeigt auf seinem Frontcover in einem spätgotischen Portal als Rahmen die beiden Erfurter Stiftskirchen St. Marien und St. Severi mit den Domstufen[8]. Keyser sah ihn als Auftaktpublikation zu einer

---

5 Johannes Voigt (1786–1863) stammte aus Bettenhausen bei Meiningen und stand 1817 gerade vor dem Wechsel von Halle als außerordentlicher Professor für Historische Hilfswissenschaften und Leiter des Preußischen Staatsarchivs nach Königsberg/Pr. Mit seinem Werk »Hildebrand als Papst Gregor VII. und seine Zeit«, Weimar 1815, steht er am Übergang einer vorkritischen hin zur historisch-kritischen Geschichtsschreibung. Bekannt blieb er vor allem durch seine neunbändige »Geschichte Preußens von den ältesten Zeiten bis zum Untergange der Herrschaft des Deutschen Ordens«, Königsberg 1827–1839.

6 Karl Gottlob Bretschneider (1776–1848) war 1816 aus dem Erzgebirge nach Gotha gewechselt und initiierte als Herausgeber von 1834 bis zu seinem Tod 1848 mit dem »Corpus Reformatorum« den Neudruck zunächst der gesammelten Werke Melanchthons; später erweitert um die Calvins und Zwinglis.

7 Wilhelm Martin Leberecht de Wette (1780–1849), Pfarrerssohn aus Ulla bei Weimar, wurde 1819 in Verbindung mit der Ermordung August Kotzebues durch den Burschenschafter Karl Ludwig Sand in Weimar deutschlandweit bekannt. Er plante eine Luther-Ausgabe, die aber nicht zur Ausführung kam, und fand ab 1822 eine neue dauerhafte Wirkungsstätte an der Universität Basel.

8 Dabei ist der Dom mit seinen drei Turmspitzen im Zustand vor dem 13. September 1717 dargestellt. An diesem Tag hatte ein Blitzschlag die Turmfassade zerstört. Diese Ansicht wurde erst im Zuge der großen Domsanierung von 1828 bis 1854 wieder hergestellt. Die Rückseite zeigt neben der noch nicht historistisch umgebauten Wartburg und der Stadt Eisenach zu ihren Füßen eine Höhle mit Altar und der Aufschrift »Ein feste Burg ist unser Gott«, über der sich ein Obelisk erhebt, an dessen Basis die Sonne aufgeht, während die Mitte ein Schwan ziert und den Abschluss drei Sterne bilden. Die Sonne steht für das aufgehende Licht des Evangeliums, der Schwan für Luther und die drei Sterne für den dreieinigen Gott.

Reihe, die er »Archiv der Reformationsgeschichte«[9] nennen wollte und die sich der andauernden und vertiefenden Erforschung der Geschichte der Reformation und des Lebens sowie aller Verhältnisse Luthers und seiner Mitstreiter widmen sollte. Es kam aber nur zu zwei Folgebänden 1819 und 1821[10]. Sehr viel schlichter, ohne Abbildungen, mit einer einzigen Zierrankenleiste auf der ersten Seite und etwas größer im Format zeigt sich der »Lutherfest=Almanach« von 1883. Er ist in vier von seinen sieben Beiträgen weitgehend auf die Zeit der Reformation und des Humanismus ausgerichtet. Hinzu kommt ein Überblick zu den vorangegangenen evangelischen Jubelfeiern in Erfurt, ein Aufsatz zu Gustav Adolf und Erfurt sowie abschließend eine Reflexion über »Das gegenseitige Verhältnis der Evangelischen und Katholischen Erfurts in Vergangenheit und Gegenwart.« Der Autor Friedrich Heinrich Winkler[11], Oberpfarrer an der Barfüßerkirche, veranschaulicht in seinem historischen Längsschnitt das bekannte Auf und Ab der Verhältnisse im bikonfessionellen Erfurt. Dabei erscheint die Zeit der Aufklärung bis hinein in die 1850er Jahre als die hohe Zeit eines toleranten Zusammenlebens, das nunmehr durch die reorganisierten Jesuiten und den Ultramontanismus nachhaltig geschädigt sei. Den Jesuiten und den Verunglimpfungen Luthers in der zeitgenössischen katholischen Geschichtsschreibung gilt sein besonderer Zorn. Seinen Trost demgegenüber schöpft er aus einem prinzipiellen historischen Überle-

9 Sein Anliegen fand unter dem fast gleichen Namen »Archiv für Reformationsgeschichte« ab 1904 Gestalt als Internationale Zeitschrift zur Erforschung der Reformation und ihrer Weltwirkungen.

10 Der im September 1817 erschienene erste Band verkaufte sich so gut, dass im Februar 1818 eine Zweitauflage erfolgte.

11 Pfarrerbuch der Kirchenprovinz Sachsen, Bd. 10, Leipzig 2009, S. 24.

genheitsgefühl des Protestantismus gegenüber dem Katholizismus. Die Verfasser des 83er Almanachs sind überwiegend Erfurter Pfarrer und Lehrer sowie die zwei Hallenser Professoren Wilhelm Schum und Alfred Kirchhoff[12].

Das Lutherbuch von 1917 versammelt fünf Beiträge von vier Autoren, wobei der Herausgeber zweimal vertreten ist. Ein sechster Beitrag des Direktors des Lyzeums, seit 1903 Königin-Luise-Gymnasium, und Mundartenforschers Dr. Otto Kürsten kam wegen dessen Kriegseinsatzes nicht zustande.

Mit der kommentierten Wiedergabe von Luthers Vorrede »Allen frommen Christen zu Erfurt« zu Justus Menius' Kampfschrift »Wider den hochberühmten Barfüßer zu Erfurt Doktor Konrad Kling« eröffnet Alfred Kurz die Beiträge. Er widmet sich in diesem Zusammenhang allen drei unmittelbaren Zuschriften Luthers an Erfurt und bietet einen kurzen Überblick zur Biographie des Menius. An diesen kämpferischen Introitus, auch was Luthers Text selbst betrifft, der die Erfurter am Beispiel Nürnbergs zu einer radikalen Entscheidung für oder gegen die Reformation auffordert: »Denn es ist ja keiner Stadt gut, daß im Volke Zwietracht gelitten werde durch öffentliche Aufrührer und Prediger. Es sollte ein Teil weichen, seien es die Evangelischen oder die Päpstlichen, wie Christus lehret (Matth. 10,14): ›In welcher Stadt sie euch nicht hören wollen, da weicht von ihnen und schüttelt den Staub eurer Schuhe

12 Wilhelm Schum (1846–1892) war 1883 außerordentlicher Professor der Geschichte und Schriftführer der Historischen Kommission der Provinz Sachsen. Der Schwerpunkt seiner Forschungen lag im Mittelalter. Unter anderem katalogisierte er die Bibliotheca Amploniana. Alfred Kirchhoff (1838–1907) war seit 1873 Professor für Geographie. Die Verbindung zu beiden resultierte wahrscheinlich aus ihrer Erfurter Abstammung. Sie waren Absolventen des Königlichen Gymnasiums.

über sie.‹ Wer uns nicht hören will, von dem sind wir leicht und bald geschieden.«[13] schließt sich eine Vorstellung der örtlichen Lutherstätten an. Diese ist, wie fast alle weiteren Beiträge des Buches, Auskoppelung aus einer längeren Arbeit, für die ihr Autor, der Direktor des Königlichen Gymnasiums und Vorsitzende des Erfurter Geschichtsvereins Johannes Biereye[14] in einem Anhang am Ende Werbung macht. Biereye nimmt den Leser in »Erfurt als Lutherstadt« in einer Art Stadtführung mit zu den Ereignis- und Wirkungsorten Luthers. Dabei pflegt er unterschwellig die Sprache einer erhabenverehrenden Erzählung. Das eigentlich Interessante daran ist seine Hinführung, in der er ein Ranking der Lutherstädte aufstellt. Er sieht 80 bis 90 Städte mit Bedeutung für Luthers Leben, von denen 12 eine besondere Bedeutung zukomme: »Wittenberg, Eisleben, Erfurt, Mansfeld, Worms, Eisenach, Augsburg, Leipzig, Magdeburg, Marburg, Schmalkalden, Möhra. Bei dieser Aufzählung sind drei Gesichtspunkte berücksichtigt worden: die Bedeutung der Stadt für Luthers äußeres Leben, für seine innere Entwicklung, für sein Lebenswerk. […] Alle werden wohl darin übereinstimmen: Wittenberg ist – als eigentliche Reformationsstadt – die wichtigste für den gewordenen Luther, für sein Lebenswerk; Eisleben ist's als Geburts= und Sterbestadt für den ins Leben tretenden und aus dem Leben scheidenden Luther; Erfurt ist als Großstadt, als Universitätsstadt, als Klosterstadt bestimmend für den werdenden Luther, für die innere Entwicklung seiner Auffassung vom staatlichen und

---

13 Lutherbuch 1917, S. 23

14 Zu Johannes Biereye (1860–1949) vgl. Rudolf Benl: Johannes Biereye (1860–1949). Ein Lebensbild. In: Mitteilungen des Vereins für Geschichte und Altertumskunde von Erfurt 60 (1999), S. 121–164.

wirtschaftlichen Leben, von der Wissenschaft, von der Religion. Anders ausgedrückt: Für den sterblichen Luther war am bedeutsamsten Eisleben, für den unsterblichen Wittenberg. In Erfurt aber wurden die Keime gepflanzt, die den sterblichen Luther zu unsterblicher Größe heranreifen ließen. Die wissenschaftliche Schulung an der Universität, [...], die religiöse Vertiefung im Kloster der Augustiner, [...], die reiche Gelegenheit zur Beobachtung von wirtschaftlichen und politischen Verhältnissen in der zu jener Zeit die schwersten Krisen bestehenden Großstadt – diese drei Dinge, die er Erfurt verdankte, gaben ihm die geistige Befähigung, ein neues Zeitalter heraufzuführen. [...] Auch bei Anwendung eines anderen Gesichtspunktes würde Erfurt an dritter Stelle für das Leben Luthers zu nennen sein: wenn man nämlich die Länge der Zeit in Betracht zieht, während welcher der Reformator in den einzelnen Orten verweilte. Da käme wieder an erster Stelle Wittenberg. Von den 621/4 Jahren seines Lebens fallen auf diese Stadt 331/2, also mehr als die Hälfte, auf Mansfeld über 13, auf Erfurt mindestens 9; [...] Erst im weiten Abstande würde Eisenach mit zusammen höchstens 4 Jahren folgen. Wollen wir schließlich die Lutherstädte danach anordnen, wie sie das Andenken des Reformators feiern, so käme wieder Erfurt in allererster Reihe. Jeder der am Martinstage zum ersten Male abends gegen 6 Uhr auf dem großen Platze vor den Domstufen in Erfurt sich einfindet, wird einen überwältigenden Eindruck erfahren, wenn er die vielen Tausende von Kindern mit ihren hellbrennenden bunten Lichtern und Laternen hin= und herwogen sieht und die einzelnen Gruppen Lutherlieder singen hört [...] und wenn dann – Schlag 6 Uhr – von den durch die beiden hochemporstrebenden dreigetürmten Dombergtempel eingerahmten Domstufen das gewaltigste aller christlichen Kirchenlieder: ›Ein feste Burg ist unser

Gott, ein gute Wehr und Waffen‹ ihm entgegenbraust.«[15] Was die Lutherstätten selbst betrifft, empfiehlt es sich tatsächlich, auf die im Anhang benannte größere Schrift zurückzugreifen, »Die Erfurter Lutherstätten nach ihrer geschichtlichen Beglaubigung«, die parallel zum Lutherbuch als Sonderabdruck aus den »Jahrbücher(n) der Königlichen Akademie gemeinnütziger Wissenschaften zu Erfurt« erschien. Sie setzte den Maßstab der damals möglichen Kenntnisse und wurde von dem großen Biographen zur Frühzeit Luthers, Otto Scheel, für sein zweibändiges Werk, das 1916/17 erschien, intensiv zu Rate gezogen.[16] Es folgt ein relativ kurzer Beitrag des Lehrers am Lyzeum Dr. phil. Theodor Neubauer über »Martin Luthers Erfurter Studentenzeit«. Da außer dem Namenseintrag Luthers in die Universitätsmatrikel 1501 personenbezogene Quellen fehlen, rekonstruiert er die Studienverhältnisse Luthers aus den damals in Erfurt allgemeingültigen Bestimmungen; ein Verfahren, dem die Geschichtsschreibung bis heute folgt. Eine Fußnote am Ende verweist auf seine Publikation »Luthers Frühzeit. Seine Universitäts- und Klosterjahre: die Grundlage seiner geistigen Entwicklung«, Erfurt 1917, eine fast 150seitige Abhandlung, die 1916 erschienen war. An Neubauer schließt der zweite Beitrag von Alfred Kurz an, der den Titel trägt »Luther als Thüringer. Seine germanische Abstammung in ihrer Bedeutung für seine Wesensart und sein Werk.« Der Aufsatz ist zweigeteilt in »Luther der Deutsche« und »Luther als Thü-

---

15 Lutherbuch 19171, S. 28–30.

16 Otto Scheel: Martin Luther Bd. 1 Auf der Schule und Universität, Tübingen 1916; Bd. 2 Im Kloster, 1. und 2. Auflage, Tübingen 1917. Biereye hatte ihm seine Ausarbeitungen vorab zur Verfügung gestellt. Scheel revanchierte sich am 3. November 1917 als Redner in der Akademie gemeinnütziger Wissenschaften zu dem Thema »Wie Luther das Evangelium fand.«

ringer«. Gegen das Votum des Anthropologen Wilhelm Henke[17], Luther sei der »Typus eines slawisch-germanischen Mischlings«[18] gewesen, verteidigt Kurz dessen rein deutsche Abstammung. Dazu begibt er sich auf das damals noch weithin unbedenklich im gesellschaftlichen Diskurs stehende Gebiet der Rassenkunde und Rassenhygiene. So erklärt er Luthers gedrungene Schädelform als Eigenart der Bevölkerung im südthüringisch-oberfränkischen Raum, aus dem seine Vorfahren stammten. Begriffe wie »Kopfindex«, »Langkopf« und »Kurzkopf« tauchen auf, und der Verfasser bemüht als Gegenautoritäten zu Henke die Schriftsteller Adolf Bartels und Houston Stewart Chamberlain[19] mit seinen »Grundlagen des Abendlands«. Letzteren zitiert er: »Wenn Luther kein Germane war, dann gibt es überhaupt keine germanische Rasse.« Als Beweismaterial müssen die Gemälde der Cranachs und selbst die nach diesen gestalteten Lutherdenkmäler des 19. Jahrhunderts herhalten. Mit dem Wissensstand der später Geborenen und inzwischen auf ein weiteres Jahrhundert Zurückblickenden können wir

---

17 Philipp Wilhelm Jakob von Henke (1834–1896) war Anatom mit beruflichen Stationen als Professor in Rostock (1864), Prag (1872) und Tübingen (1875). Kurz bezieht sich auf sein Buch »Der Typus des germanischen Menschen im deutschen Volke«, Tübingen 1895.

18 Lutherbuch 1917, S. 77.

19 Adolf Bartels (1862–1945) und Houston Stewart Chamberlain (1855–1927) gehörten zu den Wortführern einer seit der Jahrhundertwende in Deutschland anwachsenden völkisch und antisemitisch orientierten Bewegung, die eine Art Kulturkampf für das deutsche Wesen zu initiieren versuchte, damit aber nicht sonderlich erfolgreich war. Chamberlains »Grundlagen des Abendlands« von 1904 waren allerdings ein Bestseller und machten ihn bekannt. Bartels agierte seit 1909 von Weimar aus, während der mit einer Wagner-Tochter verheiratete aus England stammende und in Frankreich sozialisierte Chamberlain seinen Lebensmittelpunkt im selben Jahr in Bayreuth fand. Ihre Ideen gingen ab 1933 im Nationalsozialismus auf.

solche Texte heute nur noch mit dem Gefühl peinlicher Berührung lesen. Die Peinlichkeit führt bis ins Regionale, wenn Kurz in Teil II trotz der Überschrift »Luther als Thüringer« nachzuweisen sucht, Luther habe sich selbst ausdrücklich nicht als Thüringer, sondern als Sachse verstanden[20] und eine relativ schlechte Meinung über die Thüringer gehabt. Kurz muss deshalb die Thüringer selber aus anderen Quelle ein bisschen loben als »biederes deutsches Kernvolk«[21] und schafft es sogar, mit dem Satz abzuschließen: »Aus Thüringen kam das Licht!«[22] Luther wird generell von Kurz als Kritiker anderer Völker in Stellung gebracht, namentlich der Romanen, besonders der Italiener, weiterhin der Engländer und der Slawen[23]. Abgesehen von den Franzosen ist damit der Kreis der Kriegsgegner abgeschritten.

Den Abschluss des Bandes bildet der Aufsatz des Binderslebener Pfarrers Max Paul Bertram[24] »Doktor Johannes Lang Erfurts Kirchenreformator«. Lang war über die Jahrhunderte aus dem öffentlichen Gedächtnis selbst der Erfurter Protestanten verschwunden und wird hier in komprimierter und bis heute mit Gewinn zu lesender Form gewürdigt. Dabei zeigt auch schon dieser Text das Problem des Quellenungleichgewichts. Nach den 1520er Jahren lässt sich Langs Leben und Wirken nicht mehr so markant fassen, was natürlich auch damit zu tun hatte, dass die Sturmzeit der Reformation in- und außerhalb Erfurts 1530 vorüber war. Im Vorwort

---

20 Lutherbuch 1917, S. 97.

21 Lutherbuch 1917, S. 107f.

22 Lutherbuch 1917, S. 124.

23 Lutherbuch 1917, 78–88.

24 Vgl. Pfarrerbuch der Kirchenprovinz Sachsen, Bd. 1, Leipzig 2003, S. 328.

verweist Kurz darauf, dass eine ausführlichere Publikation Bertrams zu Lang in Aussicht stehe. Diese kam aber nie zustande.

Der Wert des Erfurter Lutherbuchs von 1917 liegt heute nicht mehr im Informationsgehalt seiner einzelnen Beiträge. Verständlicherweise repräsentieren diese nach 100 Jahren nicht mehr unseren aktuellen Wissensstand. Wertvoll sind sie als Spiegel ihrer Zeit. Es ist hier ein spannender »Autorenpool« versammelt in einer Zeit, in der bestimmte Gräben noch nicht so aufgebrochen waren, wie das dann in Folge des verlorenen Krieges der Fall war. Der Herausgeber Alfred Kurz, Pfarrer in der Thomasgemeinde, deutsch-national und völkisch eingestellt, was besonders bei seinem zweiten Beitrag »Luther als Thüringer« eine Rolle spielt, gehörte früh zu den Deutschen Christen und war begeistert vom Führer; folgerichtig Senior des Evangelischen Ministeriums von 1934 bis zu seinem Ruhestand 1938. Sein Aufsatz muss im Kontext allseitigen nationalen Furors gesehen werden, der 1917 nicht nur in Deutschland grassierte. Am 12. Januar 1917 hatten die Alliierten auf eine Friedensinitiative des amerikanischen Präsidenten Wilson vom Dezember 1916, in der dieser unter anderem die Offenlegung der Kriegsziele aller Beteiligten gefordert hatte, klargemacht, dass sie das Deutsche Reich keinesfalls in seinem Besitzstand von 1914 belassen würden. Es waren nicht nur die Deutschen, die mit national breiter Brust auftraten. Wohin Rassenkunde führen könnte, ahnte damals niemand. Houston Stewart Chamberlain zu zitieren, den wir heute als einen der Hauptideengeber Hitlers wahrnehmen, war nicht anrüchig. Sein Werk »Die Grundlagen des Abendlands« gehörte zum Normalbestand bürgerlicher Bibliotheken, gerade auch der in evangelischen Pfarrhäusern.

Der Gymnasialdirektor Johannes Biereye, mehr Preuße als

deutsch-national und auf jeden Fall nicht völkisch orientiert, war 1914 mit seinen 54 Jahren selbst noch Kriegsteilnehmer in der Militärverwaltung des besetzten Luxemburg. Später machte er mit der Weimarer Republik mehr schlecht als recht seinen Frieden. Er hatte kein Verständnis für den Nationalsozialismus, aber auch nicht sichtbar etwas gegen ihn. Nach dem Zweiten Weltkrieg galt er als politisch unbelastet, litt aber schwer daran, dass die Kommunisten »sein« Königliches Gymnasium, das ja im Dritten Reich schon zum Langemark-Gymnasium mutiert war, nach Thomas Müntzer benannten, und versuchte, das vergeblich mit schüchterner Kritik zu verhindern[25]. Theodor Neubauer, Jahrgang 1890, hatte das Königliche Gymnasium absolviert, 1913 über »Die sozialen und wirtschaftlichen Verhältnisse der Stadt Erfurt vor der Reformation« promoviert und war danach als Freiwilliger in den Krieg gezogen. 1917 war er gerade in Folge einer Gasvergiftung zurückgekehrt und als Aushilfslehrer am Königin-Luise-Gymnasium tätig. Nach dem Krieg zunächst nationalliberal orientiert, radikalisierte er sich schnell und engagierte sich in der Weimarer Republik seit 1920 als KPD-Funktionär. 1930 war er in das Zentralkomitee der KPD aufgestiegen. Von August 1933 bis September 1939 in verschiedenen KZs inhaftiert, machte er danach im Widerstand weiter. Das heißt, er hatte Persönlichkeit jenseits des bürgerlichen Normalverhaltens, denn er wusste, dass er für seine Überzeugung sein Leben riskierte. Deswegen hinterlegte er seine wissenschaftlichen Manuskripte bei Biereye, der sie treu aufbewahrte. Am 5. Februar 1945 im Zuchthaus Brandenburg-Gör-

25 Vgl. Andreas Lindner: Johannes Biereye und das Ideal einer patriotischen Pädagogik, in: Michael Friese/Karl Heinemeyer/Michael Ludscheidt (Hg.): 450 Jahre Ratsgymnasium Erfurt 1561–2011, Leipzig 2011, S. 223–247.

den hingerichtet, gehört er wie so viele andere zu den Opfern der großen Mord- und Rachewellen in der Endphase des nationalsozialistischen Regimes. Im öffentlichen Gedächtnis der DDR blieb er vor allem als Politiker und Widerstandskämpfer bekannt. Seine historische Arbeit trat demgegenüber zurück. Ihre Würdigung steht unmittelbar bevor[26].

Max Paul Bertram ist der biographisch am wenigsten Profilierte unter den Autoren. In seinen ersten Amtsjahren scheint er sich sozialdiakonisch orientiert zu haben. Er absolvierte sein Vikariat 1895–1897 mit Bitterfeld in einem klassischen Bergbau- und Industrierevier, ging im Anschluss an die neu erbaute Himmelfahrtskirche in Berlin-Wedding und engagierte sich in der Stadtmission. 1897 kehrte er in seine Geburtsstadt Erfurt zurück und amtierte bis zu seinem Ruhestand 1935 als Pfarrer in Bindersleben. Er verfasste einige historische Arbeiten zum Erfurter Landgebiet mit dem Fokus auf der unmittelbaren Vorreformationszeit. Diese weisen ihn als einen bewusst um Objektivität und Zurückhaltung in der geschichtlichen Betrachtung bemühten Autor aus. Seine Abhandlung »Das Kirchenwesen Erfurts und seines Gebiets gegen Ausgang des Mittelalters« hatte er mit einem Appell abgeschlossen, der im dritten Kriegsjahr 1917 wünschenswert, aber völlig unrealistisch geworden war: »In friedlicher Nachbarschaft stehen katholische neben evangelischen und Gotteshäusern andern Glaubensbekenntnisses. Eine in Steinen redende Mahnung, das höchste Gut, das den Frieden der Völker und Konfessionen untereinander wahrt und befestigt, zu hal-

---

26 Theodor Neubauer: Beiträge zum mittelalterlichen Erfurt. Unter Mitarbeit von Monika Waldheim aus dem Nachlaß herausgegeben und eingeleitet von Ulmann Weiß, Erfurt 2017 (Schriften der Bibliothek des Evangelischen Ministeriums 4).

ten: die Achtung und Duldung, die immer wieder engherzige Eiferer hüben und drüben verletzen.«[27]

So gesehen ist das »Erfurter Lutherbuch 1917« ein Spiegel allen Beteiligten verborgener Konstellationen, die sich 1917 noch nicht zwangsläufig in bestimmte Richtungen entwickeln mussten und sich erst im Rückblick erschließen.

27 Max Bertram: Das Kirchenwesen Erfurts und seines Gebiets gegen Ausgang des Mittelalters, Erfurt 1900, S. 25.

Die Reformation in Erfurt im Bann der Thüringer Lutherforschung?

Josef Pilvousek

Die »Bibliographie zur Thüringischen Geschichte«[1], 1965 erschienen, nennt 53 Titel unter dem Stichwort Kirchengeschichte/Reformation; keiner ist darunter zu finden, der sich ausführlich mit der Reformationsgeschichte Erfurts beschäftigt. Anders verhält es sich, wenn die Thüringer und speziell die Erfurter Lutherforschung in den Blick genommen wird. 37 Werke und Aufsätze werden in der erwähnten Bibliographie[2] angeführt, die die Bedeutung Thüringens und Erfurts für Martin Luther darstellen und behaupten. Auch der »Klassiker«, die Thüringische Kirchengeschichte von Rudolf Herrmann, handelt die Erfurter Reformation lediglich auf zwei Seiten ab.[3] Das »Mutterland der Reformation«, Thüringen, und sein Verhältnis zu Martin Luther werden in einem 1952 erschienenen Buch »Luther in Thüringen«[4] beschrieben. Die Erfurter Klosterzeit fin-

---

1 Hans Patze, Bibliographie zur Thüringischen Geschichte Bd. I/1 (= Mitteldeutsche Forschungen 32/I), Köln-Graz 1965, 800–804.

2 Hans Patze, Bibliographie zur Thüringischen Geschichte Bd. I/1 (= Mitteldeutsche Forschungen 32/I), Köln-Graz 1965, 804–807.

3 Rudolf Herrmann, Thüringische Kirchengeschichte Bd. II, Weimar 1947, 46–47.

4 Reinhold Jauernig (Hg.), Luther in Thüringen. Gabe der Thüringer Kirche an das Thüringer Volk, Berlin 1952.

det Erwähnung;[5] über die reformatorischen Ereignisse in Erfurt erfährt man nichts.

»Erfurt muß auf den Glanz verzichten, mit dem die internationale Reformationsforschung Wittenberg, Nürnberg, Zürich, Straßburg oder Genf ausgestattet hat«[6], resümierte Peter Blickle in seinem 1995 gedruckten Aufsatz anlässlich des Erfurter Stadtjubiläums. Zu Unrecht, meint der Verfasser. Indem er Reformationsprozesse im Schweizer Solothurn mit Erfurt vergleicht, kommt er zum Ergebnis: »Erfurt hat wie kein zweiter Stadtstaat im Reich theologische Angebote der Reformation verfassungstheoretisch kreativ weiterentwickelt und auf den Punkt gebracht …: auf eine repräsentative Ratsverfassung mit zwei gleichwertigen Kontrollorganen in Form bürgerlicher Gemeinde und bäuerlicher Landschaft.«[7]

Auch Bernd Moeller hebt in einem Aufsatz über »Erfurts Bedeutung als Kommunikationszentrum«[8] die Besonderheit Erfurts in den reformatorischen Prozessen hervor: in Erfurt habe es neben der Öffentlichkeit der Kanzel die Öffentlichkeit des Buches gegeben, die dazu führte, dass sich die lokale Diskussion um die Sache Luthers zu so etwas wie einem Netzwerk ausbildete, das wiederum

---

5 Rudolf Herrmann, Luther als Mönch, in: Reinhold Jauernig (Hg.), Luther in Thüringen. Gabe der Thüringer Kirche an das Thüringer Volk, Berlin 1952, 31–55.

6 Peter Blickle, Die Reformation in Stadt und Landschaft Erfurt. Ein paradigmatischer Fall, in: Ulman Weiss (Hg.) Erfurt – Geschichte und Gegenwart, Weimar 1995, 253, hier 257.

7 Peter Blickle, Die Reformation in Stadt und Landschaft Erfurt. Ein paradigmatischer Fall, in: Ulman Weiss (Hg.) Erfurt – Geschichte und Gegenwart, Weimar 1995, 253, hier 272.

8 Vgl. Bernd Moeller, Erwägungen zur Bedeutung Erfurts als Kommunikationszentrum der frühen Reformation, in: Ulman Weiss (Hg.) Erfurt – Geschichte und Gegenwart, Weimar 1995, 275–282.

Information speicherte, abrufbar machte und so zur Einprägsamkeit beitrug.

Die Aufzählungen über die Bedeutung Erfurts als paradigmatischen Fall der Reformationsgeschichtsforschung ließen sich fortsetzen.[9] Sieht man das Proprium der Reformationsforschung darin, zu erklären, warum zu Beginn des 16. Jahrhunderts das Christentum einen Sinneswandel hinsichtlich des Zentrums von Gottesdienst und Frömmigkeit vollzog, dann allerdings fallen Forschungsdesiderate auf. Sie lassen sich zusammenfassend so formulieren: Beide Konfessionen sehen in den Ereignissen dieses Zeitalters Defizite. Worin diese Ausfälle im Einzelnen bestehen, wird nur angedeutet; Ursachen, Hintergründe, frömmigkeitsgeschichtliche Darlegungen oder theologische Entwicklungen werden zumeist kursorisch abgehandelt. Die historischen Ereignisse und Abläufe der Reformation in Erfurt werden zwar benannt, eine theologische Reflexion findet jedoch kaum statt.

---

9 Erich Kleineidam, Universitas Studii Erffordensis. Überblick über die Geschichte der Universität Erfurt, Bd. II: Spätscholastik, Humanismus und Reformation 1461–1521 (=EThSt 22), Leipzig [2]1992, Bd. III: Die Zeit der Reformation und Gegenreformation 1521–1632 (=EThSt 42), Leipzig 1980; Volkmar Joestel, Konflikte um zwei Erfurter Kleriker in Ostthüringen während der Reformation, in: Ulman Weiss (Hg.), Erfurt – Geschichte und Gegenwart, Weimar 1995, 323–329; Friedhelm Jürgensmeier, Kurmainz, Anton Schindling/Walter Ziegler (Hg.), Die Territorien des Reiches im Zeitalter der Reformation und Konfessionalisierung. Land und Konfessionalisierung 1500–1659, 4 Mittleres Deutschland (=KLK 52), Münster 1992, 60–97, hier 72–73; Bob Scribner, Die Eigentümlichkeit der Erfurter Reformation, in: Ulman Weiss (Hg.), Erfurt 742–1992. Stadtgeschichte – Universitätsgeschichte, Weimar 1992, 241–254, Christian Peters, Erfurt ist Erfurt, wird's bleiben und ist's immer gewesen .... Luthers Einwirkungen auf die Erfurter Reformation, in: Ulman Weiss (Hg.), Erfurt 742–1992. Stadtgeschichte – Universitätsgeschichte, Weimar 1992, 255–275; Ernst Koch, Art. Thüringen, in: TRE 23, 497–523, hier 505–507; Ulman Weiss, Zweikonfessionalität in Erfurt im 16. Jahrhundert, in: Gerlinde Huber-Rebenich/Walter Ludwig (Hg.), Humanismus in Erfurt (=Akademie gemeinnütziger Wissenschaften zur Erfurt, Acta Academiae Scientiarum 7), Rudolstadt-Jena 2002, 241–259.

Dass die katholische Partei Erfurts hier kaum Bedarf hatte, verwundert nicht, dass aber auch die evangelische Seite die Reformationsprozesse zurückhaltend oder gar nicht kommentierte oder beschrieb, fällt auf und sucht nach einer Erklärung. Gängige Erklärungsmodelle sind die politische Abhängigkeit dieser »Semireichsstadt«[10] Erfurt vom Mainzer Erzbischof, dessen Rekatholisierungsversuche und somit Behinderung der reformatorischen Bewegung. Schließlich wird als Argument angeführt, der Erfurter Reformation sei eine eigentümliche Führungslosigkeit inhärent, die sie von anderen Stadtreformationen unterscheide.[11] Nicht zuletzt könnte die Kompliziertheit der »innenpolitischen« Gegebenheiten Erfurts als Erklärung für mangelnde oder stagnierende Reformationsprozesse ins Feld geführt werden:

- das stillschweigende Bündnis der evangelischen Partei mit dem Rat der Stadt, um die Mainzer Herrschaft zu beschränken[12]
- die Beschränkung der Privilegien des Klerus durch politische Aktionen des Rates und somit die Förderung des »Antiklerikalismus« einerseits, anderseits das Verbot des Rates für die evangelischen Prediger, mit den katholischen Gegnern einen Disput zu führen[13]

---

10 Vgl. dazu Klaus Bernward-Springer, Die deutschen Dominikaner in Widerstand und Anpassung während der Reformationszeit (=Quelle und Forschungen zur Geschichte des Dominikanerordens NF 8), Berlin 1999, 100–101.

11 Bob Scribner, Die Eigentümlichkeit der Erfurter Reformation, in: Ulman Weiß (Hg.), Erfurt 742–1992. Stadtgeschichte – Universitätsgeschichte, Weimar 1992, 254.

12 Erich Kleineidam, Universitas III, 13–19.

13 Josef Pilvousek, Martin Luther und Erfurt, in: Josef Freitag (Hg.), Luther in Erfurt und die katholische Theologie (=EThS 29), Leipzig 2001, 13–27, hier 23–24.

- das »Fehlschlagen der Reformation«, weil sie autonom, d.h. eine stadtinterne, auf die Stadt und das Land bezogene Angelegenheit blieb[14]
- die Eigentümlichkeit der Erfurter Reformation als Politik des kühnen Kalküls[15]
- der Hammelburger Vertrag von 1530 als Schlusspunkt der evangelischen Bewegung[16]

Die Frage, warum die Reformationsprozesse in Erfurt bis Ende des 20. Jahrhunderts in der Forschung nur eine unbedeutende Rolle spielen, scheint mir mit den genannten Gründen nur unzureichend beantwortet. Eine ergänzende Antwort könnte dort zu finden sein, wo der Ausgang der Erfurter Reformation zu finden ist, bei Martin Luther selbst.

---

14 Bob Scribner, Die Eigentümlichkeit der Erfurter Reformation, in: Ulman Weiß (Hg.), Erfurt 742–1992. Stadtgeschichte – Universitätsgeschichte, Weimar 1992, 253.

15 Bob Scribner, Die Eigentümlichkeit der Erfurter Reformation, in: Ulman Weiß (Hg.), Erfurt 742–1992. Stadtgeschichte – Universitätsgeschichte, Weimar 1992, 254.

16 Josef Pilvousek, Die Prälaten des Kollegiatstiftes St. Marien in Erfurt von 1400–1555 (=EThSt 55), Leipzig 1988, 19–21.

1. Erfurt und Luther.[17] Ein kursorischer Überblick

Forschungskonsens ist, dass für das Entstehen einer reformatorischen Bewegung in Erfurt der persönliche Kontakt Luthers zur Stadt von Bedeutung war. Ein erster, vorläufiger Blick auf gängige oder vermeintliche Lutherzitate im vollen Wortlaut lässt ganz vage Skepsis hinsichtlich der überragenden Bedeutung Erfurts für den älteren Luther und dessen Stellung zu Erfurt aufkommen. »Wer recht studieren wolle, gehe nach Erfurt!« Dieses Zitat wird Martin Luther zugeschrieben, lässt sich aber nicht verifizieren. Es trifft möglicherweise Luthers Meinung über die Bedeutung Erfurter Schulen, nachweisen lässt es sich nicht. Das sehr frühe Bekenntnis aus dem Jahre 1514: Die Erfurter Universität ist »Meine Mutter, der ich alles verdanke, was ich bin und habe«[18], gibt sicher seine Meinung über die Universität richtig wieder, ist aber wohl auch auf den zu dieser Zeit noch nicht behobenen Dissens hinsichtlich seiner Promotion in Wittenberg zurückzuführen.

Im Januar 1539, sieben Jahre vor seinem Tod, rühmte er die Erfurter Universität: »Die Universitet zu Erffurd war etwa in solchem Ansehen und so beruffen, das alle andere dagegen für kleine Schützenschulen angesehen worden.« Dann aber fügt er apodiktisch hin-

17 Vgl. Josef Pilvousek, Martin Luther und Erfurt, in: Josef Freitag (Hg.), Luther in Erfurt und die katholische Theologie (=EThS 29), Leipzig 2001, 13–27, Reinhard Schwarz, Martin Luther (1483–1546), in: Dietmar von der Pfordten (Hg.), Große Denker Erfurts und der Universität Erfurt, Göttingen 2002, 164–183; Josef Pilvousek, Jodocus Trutfetter (1460–1519) und der Erfurter Nominalismus, in: Dietmar von der Pfordten (Hg.), Große Denker Erfurts und der Universität Erfurt, Göttingen 2002, 96–117.

18 D. Martin Luthers Werke. Kritische Gesamtausgabe. Briefwechsel, Bd. 1–15, Weimar 1930 ff (=WA Br.), 1, 25.

zu: »Aber nu ist dieser Rhum und Maiestet dahin und ist diese Universitet gar tod.« Rückblickend erinnert er sich an die feierlichen Promotionen und schmückt sie auf dem Hintergrund seiner momentanen Bewertung der Universität aus: »Wie war es eine so grosse Maiestet und Herrligkeit, wenn man Magistros promovirte und inen Fackeln fürtrug und sie verehrte. Ich halte, das keine zeitliche weltliche Freude dergleichen gewesen sey. Also hielt man auch ein sehr gros Gepreng und Wesen, wenn man Doctores machte. Da reit man in der Stadt umbher dazu man sich sonderlich kleidete und schmückte, welchs alles dahin ist und gefallen. Aber ich wollte, das man noch hielte.« Auch den Grund für diesen Niedergang meint Luther zu kennen: »Weh dem Bischoff von Mentz, der die Universiteten zu Erffurd und Mentz lest wüste und zerstrewet werden und könnte sie doch mit einem Wort erhalten. In dieser Sünde steckt der Bischoff von Mentz und ist der schuldig, ja ist ein Pestilenz rechter Schulen und des ganzen Deutschen Landes.«[19] Resümierend muss man wohl festhalten, dass dieses Zitat in erster Linie den Niedergang der Erfurter Universität und die Ursache dafür als Inhalt hat. Und auch wenn Martin Luther die Stadt Erfurt und ihre fruchtbaren Ländereien beschreibt, klingt mehr Beanstandung der gegenwärtigen Situation als lobende Anerkennung heraus: »Erfurd liegt am besten Orte, ist eine Schmaltzgrube. Da mus eine Stadt stehen, wenn sie gleich wegbrente. Wenn Nürmberg da stünde, sie sollt das gantze Land unter sich reissen. Denn wo bose Narung ist, da sind witzige Leute. Die müssens suchen. Wo aber gnug ist, da mest man sich, wie die Sewe und bawet nicht. Erffurt ist ein sehr fruchtbar

---

19 Tischreden oder Colloquia Doct. Mart. Luthers, Eisleben 1566 (Nachdr. der Orginalausgabe der Universitätsbibliothek Leipzig, Leipzig 1981), 372r.

Bethleheem gewest. Aber man hat mit dem Weite die Ecker also verderbt, das der Segen nun in ein Fluch geraten ist. Die Taler thun den Bawrn zu wol. Gott wird inen Taler geben und das liebe Korn nemen. Als denn wird hunger und tewrung folgen.«[20]

Die Zustände früher und heute werden, so scheint es, von Martin Luther zusätzlich noch hell und dunkel getönt, so dass auch dem Letzten klar werden muss, dass sich in den dreißiger Jahren des 16. Jahrhunderts Vieles in Erfurt zum Schlechten verkehrt hat.

Was lässt sich über den Rahmen dessen hinaus über Luther und die Reformation in Erfurt sagen?

Trotz seines Studiums in Erfurt und vieler Freunde konnten sich Luthers Lehren und seine Theologie in Erfurt nicht sofort durchsetzen. Zwar hatte sich auch in Erfurt um 1517 die geistige Situation gewaltig verändert, doch mehr im Sinne des Humanismus. Luther hatte in Erfurt eine solide Bildung in der klassischen Antike erhalten, so dass er noch später ihre Autoren auswendig zitieren konnte. Aber als eigentlicher Vertreter des Humanismus kann er weder in Erfurt noch in seinen Wittenberger Jahren bezeichnet werden.[21] Jedoch fanden Luthers Ideen und Lehren über den Humanismus Zugang zur Universität; seit dem Sommersemester 1518 begann sich die humanistische Richtung an der Universität durchzusetzen. Zwei angebliche Stellungnahmen des Erasmus von Rotterdam aus den Jahren 1518 und 1519, in denen er für Luther Stellung ergriff, waren für die Verbreitung und Anerkennung von Luthers Gedanken unter den Humanisten bedeutsam.[22] Seitdem war es für einen Huma-

---

20 Tischreden, 604^{v}.

21 Bernhard Lohse, Luthers Theologie, Göttingen 1995, 37f.

22 Kleineidam, Universitas II, 245f.

nisten selbstverständlich, für Martin Luther einzutreten. Einer der ersten war sein Mitbruder Johannes Lang, der 1518 versucht hatte, Erasmus für Luther zu gewinnen. Größer und lebendiger wurde das Interesse für Martin Luther in der Öffentlichkeit, als Johannes Eck die Bannandrohungsbulle gegen Luther und seine Anhänger 1520 veröffentlichen wollte.[23] Dem Drucker, der in Erfurt die Bulle druckte, wurden die Exemplare entrissen, zerfetzt und in Wasser geworfen. Dieses Aufsehen erregende Ereignis hatte natürlich zur Folge, dass Luther nur umso stärker in der Öffentlichkeit bekannt wurde. Die akademische Jugend war ohnehin für die neue Theologie Martin Luthers eingenommen. Die Zahl der Sympathisanten auch außerhalb der Universität stieg stetig. In Erfurt war man um 1520 über Martin Luther bestens informiert, und hier hatte er schon sehr früh eine große Zahl von Anhängern. Auch Luther ließ die Verbindung zu Erfurt nicht abreißen.[24] Am 6. April 1521 wurde er – er befand sich damals auf der Reise von Wittenberg nach Worms, wohin er vor den dort zusammentretenden Reichstag geladen war – in der Nähe von Nohra von einer großen Menschenmenge begeistert empfangen und vom Rektor der Universität, Johannes Crotus Rubeanus, an der Spitze einer stattlichen Schar Hochschullehrer und Studenten feierlich begrüßt und anschließend unter dem Jubel der Bevölkerung in die Stadt begleitet. Er wohnte auch diesmal – wohl letztmalig – im Augustinerkloster, in dessen Kirche er am folgenden Tag, einem Sonntag, predigte. Als im Juni 1521 im sogenannten Pfaffenstürmen die Geistlichkeit der Stadt ausgeplündert und drangsaliert wurde, missbilligte dies Martin Luther heftigst.

---

23 Kleineidam, Universitas II, 250.

24 Kleineidam, Universitas II, 256.

Seit Mitte des Jahres 1521 traten Mönche und Nonnen aus ihren Klöstern aus und heirateten. Seit Mai desselben Jahres gab es bereits den ersten Pfarrgeistlichen, der die lutherische Lehre predigte, 1522 kamen drei weitere dazu, 1523 waren es bereits acht.

Seit 1522 vollzog sich allmählich sowohl politisch als auch kirchlich ein Wandel in Erfurt. Deutlich lassen sich zwei Tendenzen erkennen: Die Verbindung Luthers zur Stadt Erfurt und ein Hineinwirken in ihre kirchliche Situation wird sichtlich schwieriger. Das Erfurter Stadtregiment und die Universität stehen Luther und der neuen Lehre nicht mehr nur uneingeschränkt zustimmend gegenüber. Vielmehr wird man Luther für tagespolitische und apologetische Zielsetzungen instrumentalisieren wollen.

Die an alle Erfurter Christen oder den Erfurter Rat gerichteten vier Briefe bzw. Einleitungsschreiben Luthers seit 1522 lassen dies deutlich erkennen. Es handelt sich um Schreiben in die Erfurter Situation der 20er und 30er Jahre hinein. Sie setzten jeweils eine bestimmte kirchliche und politische Situation voraus, die Luther provoziert und deren Abstellung er fordert. Aber Luthers Ermahnungen entsprechen nur selten den Erwartungshaltungen der Erfurter, ja oft nicht einmal derer, die als Prädikanten in Erfurt wirken. Die Fülle und den Reichtum des Wortes Gottes dankbar anzunehmen und danach zu handeln, ist nach seinen eigenen Worten einziges Ziel. Wo nicht dies im Vordergrund steht, wird man mit ihm nicht rechnen können.

Ende März 1522 hatte Johannes Lang einen Besuch Luthers und eine Ermunterung für die Gemeinden erbeten.[25] Ende Mai stand für Luther der Inhalt fest. Es sollte das Thema »Heiligenver-

---

25 WA Br. 2, 488f.

ehrung« sein, um das in Erfurt gestritten wurde und das er zum »Einschlafen« bringen wollte, weil es zu den Gegenständen gehöre, die von den Hauptsachen ablenkten. Dabei sollte man aber um der Schwachen willen die Heiligen nicht total verwerfen.[26] »Epistel oder Unterricht von den Heiligen an die Kirche zu Erfurt« heißt dieses Schreiben vom 10. Juli 1522.[27] Paulinisch klingt es, wenn er den Brief mit folgender Einleitungsformel beginnt: »Martinus Luther, Ecclesiastes zu Wittembergk, allen Christen tzu Erffurdt sampt den predigern und dienern gnad und fridt ynn Jhesu unßerem herrnn.« Neben dem Thema Heiligenverehrung mahnt er, keinen Aufruhr zu erregen. Klage führt er zudem über »ehrgeizige Sonderlinge«, die über das eigentliche Anliegen einer Predigt hinausgingen. Deutlich ist herauszulesen, dass er nicht nur die Altgläubigen, sondern auch einige seiner Erfurter Anhänger treffen wollte.

Ein Besuch in Erfurt vom 20. bis 22. Oktober 1522, der auf eine Einladung Erfurter Freunde zurückging, lässt fühlbar die veränderte Situation erkennen. Von Weimar aus war Luther u.a. mit Melanchthon in Erfurt eingezogen, war aber eher kühl von Rat und Universität empfangen worden. In seinen drei Predigten in der Michaeliskirche am 21. Oktober und den zwei Predigten in der Kaufmännerkirche am 22. Oktober kritisierte er Zustände an der Universität und die Ereignisse des Jahres 1521.

Ein weiteres Schreiben ist aus dem Jahre 1525. Im Zusammenhang mit dem Bauernkrieg Ende April 1525 in Erfurt war es zu erneuten Übergriffen auf den katholischen Klerus und zu Plünde-

---

26 WA Br. 2; 547–548.

27 D. Martin Luthers Werke. Kritische Gesamtausgabe, Bd. 1–58, Weimar 1883 ff (=WA), 10/2, 159–168.

rungen und Zerstörungen ihrer Kirchen und Wohnungen gekommen. Der Erfurter Stadtrat hatte diese schwierige Zeit mit Glück überstanden und schickte sich kompromissbereit an, der Bürgerschaft Zugeständnisse zu machen. Augenscheinlich um Luther für den eigenen Machterhalt zu instrumentalisieren, nahm man nach der Restitution Kontakt zu ihm auf. Man lud Luther und Melanchthon zur Beratung der von der Bürgerschaft vorgelegten 28 Artikel ein, die ganz im Sinne der Bürger mehr Mitbestimmung im weltlichen und kirchlichen Bereich postulierten. Da beide nicht kommen konnten, bat der Rat im September 1525 Luther um eine Stellungnahme. Nachträglich war Luther froh, nicht nach Erfurt gereist zu sein. Der Antwortbrief »An den Rat zu Erfurt. Gutachten über die 28 Artikel der Gemeinde« stammt vom 21. September 1525.[28] Ein Begleitbrief zu den Anmerkungen der Artikel ist alles andere als höflich. »Es ist mir nun lieb, daß Gott meine Reise zu Euch nicht gestattet hat, denn es sind zum größten Teil solche ungeschickten Artikel, daß ich wenig Gutes hätte schaffen können oder die Sache vielleicht nur ärger gemacht hätte.«[29], beginnt er den Brief. Er sprach sich u.a. für eine Stärkung der Macht des Rates aus, lehnte ein Wahlrecht der Pfarreien ab, die Niederschlagung von Verfahren gegen unschuldige Bürger wegen Beteiligung am Bauernkrieg hielt er für angebracht und die geplante Unterstützung der Universität lobte er. Alles in allem ist dieser Brief eine Option für eine von oben machtvoll geführte Stadt ohne Aufruhr und Tumult. Für einen nach allen Seiten taktierenden und lavierenden Erfurter Stadtrat dürfte

28 WA 18, 531–540.

29 Kurt Aland (Hg.), Luther Deutsch. Die Werke Luthers in Auswahl, Bd. 10: Die Briefe, Göttingen 1991, 164–165.

dieses Schreiben mehr Kritik als Ratschlag gewesen sein. Aber auch einige evangelische Pfarrer dürften dieses Schriftstück mit wenig Freude zur Kenntnis genommen haben, denn ein Teil von ihnen hatte sich für einen von der Gemeinde zu kontrollierenden Stadtrat ausgesprochen.[30]

Nach dem Bauernaufstand durfte auf Veranlassung des Stadtrates nur noch durch den Franziskaner Konrad Klinge katholischer Gottesdienst in der Hospitalkirche gehalten werden.[31] Ende des Jahres 1525 war durch den Magistrat wieder in vier Pfarrkirchen katholischer Gottesdienst zugelassen worden. Erst zu Pfingsten 1526 erlaubte man katholischen Gottesdienst im Dom, wobei die Kanoniker den Frühgottesdienst halten durften und Johannes Lang um 9.00 Uhr den evangelischen Gottesdienst feierte.[32] Klinge, der bald nach Wiedereinführung des katholischen Gottesdienstes im Dom predigte, wurde zum führenden Kopf der katholischen Partei in Erfurt. Seine Predigten sparten zwar nicht mit Kritik an den Zuständen in der »alten« Kirche, dennoch versuchte er die vom Rat der Stadt eingeleitete rückläufige Bewegung für die katholische Sache zu nutzen.

Gegen Klinge veröffentlichte der evangelische Prediger von St. Thomas, Justus Menius, Anfang 1527 die Schrift: »Wider den Hochberühmten Barfüßer zu Erfurt D. Konrad Kling. Schutzred und gründliche Erklärung etlicher Hauptartikel christlicher Lehre

---

30 Theodor Eitner, Erfurt und die Baueraufstände im XVI. Jahrhundert, in: Mitteilungen des Vereins für die Geschichte und Alterthumskunde von Erfurt 24,2 (1903), 85f.

31 Hans-Christian Rickauer, Rechtfertigung und Heil (=EThSt 53), Leipzig 1986, 16.

32 Pilvousek, Prälaten, 18f.

durch Justus Menius«[33]. Luther hatte dazu die Vorrede »Allen frumen Christen zu Erffurt«[34] verfasst. Anders als zu seinen Studienzeiten sei nun Erfurt voll mit dem Reichtum des Evangeliums, aber die Hörer seien faul geworden und manche verachteten es samt den Predigern. Eher verhalten ist seine Kritik an Klinge; ihn erwähnt er nur nebenbei. Dass das eine Evangelium in seiner Glaubwürdigkeit beeinträchtig wird, ist für ihn Anlass zur Kritik. Die zwiespältige Predigt in der Stadt gibt Ärgernis, und so wäre es das Beste, dass es ähnlich wie in Nürnberg, wo eine Partei hätte weichen müssen, es auch für Erfurt würde. Dem Rat der Stadt warf er mangelnden Mut vor, nicht gegen die Zwietracht der Prediger vorzugehen. Gegen diese »Schutzrede« verfasste nun Konrad Klinge eine Flugschrift »Von den abtrünnigen Gliedern der römischen Kirche« und verteidigte darin die Messe.[35] Menius reagierte seinerseits mit einer Predigt, die unter dem Titel »Etlicher Gottlosen und widerchristlichen Lehre von der papistischen Messe Verlegung durch Justus Jonas« erschien.[36] Wieder hatte Luther ein Vorwort verfasst: »Martinus Luther allen lieben herren und freunden ynn Christo«. Angesichts der offenbaren Wahrheit des Evangeliums kann man nicht im Irrtum beharren, sonst macht man sich gegen den Heiligen Geist schuldig und das muss in die Verdammnis führen, warnt er. Aus dieser kurzen, nur theologisch argumentierenden Vorrede kann man wohl schließen, dass Luther, abgesehen von Menius, kei-

---

33 WA 23, 16 ff.

34 WA 23, 15–16

35 Martin Brecht, Martin Luther, Band II: Ordnung und Abgrenzung der Reformation 1521–1532, Stuttgart 1986, 333.

36 WA 23, 321 f.

nen direkten Einfluss mehr auf Erfurt gehabt zu haben scheint. Als er sich 1528 in Weimar aufhielt, war er enttäuscht, dass ihn die Erfurter Freunde nicht besuchten. Seine Reaktion darauf lautet: »Erfurt ist Erfurt, wird's bleiben und ist's immer gewesen …!«[37] Mit dem weiteren Erstarken der katholischen Partei wurde die Stellung von Menius in Erfurt unhaltbar, und Luther wollte ihn »aus dieser Wildnis grausamer und undankbarer Bestien«, gemeint war Erfurt, herausholen.[38]

Auf dem Rückweg von Marburg, wo er mit Zwingli verhandelt hatte, machte Luther am 11. Oktober 1529 nach langer Zeit wieder einmal in Erfurt Rast. Zwar predigte er in der Barfüßerkirche, eben jener Kirche, in der Klinge als Franziskaner gewirkt hatte. Aber es war nur eine Durchreise, kein Aufenthalt. Ob Martin Luther überhaupt in Erfurt übernachtet hat, ist nicht sicher.

Am 4. März 1530 kam es nach Vermittlung des Schwäbischen Bundes zwischen Mainz und Erfurt zum Abschluss des Hammelburger Vertrages.[39] Bezüglich der religiösen Verhältnisse wurde der status quo festgeschrieben. Beide Stiftskirchen und die Peterskirche wurden den Katholiken zurückgegeben und sollten in Zukunft dem katholischen Gottesdienst vorbehalten sein. Die Religionsparteien standen sich nun in rechtlich festgeschriebenen Positionen gegenüber und rangen um die Vorherrschaft. Dieser Zustand führte zu latenten Spannungen, die sich beispielsweise dadurch äußerten, dass Katholiken bei katholisch gesinnten Ratsmitgliedern durchzusetzen suchten, die Einkünfte der Prädikanten zu schmälern. Außer-

37 WA Br. 4, 446.

38 WA Br. 4, 469.

39 Pilvousek, Prälaten, 19f.

dem behauptete man, die Prädikanten seien nicht ordnungsgemäß von der Obrigkeit berufen, hätten sich eingedrängt und griffen so in fremde Ernten ein. Die Zustände waren dermaßen unerfreulich geworden, dass evangelische Prediger daran dachten, Erfurt zu verlassen.[40] Luther, Melanchthon und Jonas schrieben daraufhin am 30. September 1533 einen Brief an Johannes Lang, Peter Geltner und die übrigen Prediger zu Erfurt[41]. Nach Meinung der Wittenberger gab es an der rechtmäßigen Stellung der Erfurter Prediger keinen Zweifel. Sie waren von ihren Gemeinden gewählt worden. Hier in Erfurt hatten die Wittenberger Theologen angesichts der kaum zu kalkulierenden, ständig wechselnden Positionen des Stadtrates und der kirchenpolitischen Situation das Wahlrecht der Gemeinde über die Berufung durch den Rat gestellt. Im Übrigen hätte der Rat den Predigern bisher auch ihre Tätigkeit nicht verboten, argumentierte man weiter. Der Appell an die Prediger, auszuharren und die Ankündigung, den sächsischen Kurfürsten als Schutzmacht Erfurts zu bitten, sich dieser Sache anzunehmen, beschließen den Brief. Damit sollten die Erfurter Schwierigkeiten aber nicht behoben sein.[42] Luther spürte es vier Jahre später hautnah. Der in Schmalkalden erkrankte Luther wurde vom befreundeten Arzt Georg Sturz,

---

40 Martin Brecht, Martin Luther, Bd 3: Die Erhaltung der Kirche 1532–1546, Stuttgart 1987, 38f.

41 WA Br. 6, 521–524; Br. 7, 148.

42 1536 schreiben Luther und andere Wittenberger Theologen aus ähnlichem Anlass ein Gutachten über die wahre Kirche zu Erfurt, in dem sie als Kriterium für die wahre Kirche »wahres Wort« und »wahre Sakramente« nennen. Das Recht der Prediger gehe nicht auf den Rat der Stadt zurück. Ihre Legitimation gehe auf den »höchsten Magistrat« zurück, auf den heiligen Geist; WA Br. 7, 509f; vgl. Alfred Kurz, Luther als Thüringer, in: Alfred Kurz (Hg.), Erfurter Lutherbuch 1917, Erfurt 1917, 105f.

der zu Hilfe geholt worden war, nach Erfurt begleitet, wo er vom 4. bis 5. März 1537 in dessen Wohnung, hinter Allerheiligen, auf dem Gelände der Engelsburg, untergebracht und behandelt wurde. Immerhin hatte er wie der mit ihm angekommene päpstliche Legat Peter van der Vorst vom Rat die gleiche Menge Bier geschenkt bekommen,[43] am nächsten Tag aber musste er bereits nach Weimar weiterreisen, um möglichen »Unannehmlichkeiten« aus dem Weg zu gehen. Zu Erfurt hatte Luther seitdem nur noch gelegentlich Kontakt.[44] Als er auf der Hinreise nach Eisenach am 4. Juli 1540 im Gasthof zum Schlehendorn mit seinen Begleitern Station machte, wurde er wieder ehrenhalber vom Rat mit Getränken beschenkt und führte sogar eine Unterhaltung mit dem Oberratsmeister. Das Verhältnis Erfurts zu Sachsen soll Gegenstand des Gespräches gewesen sein; möglicherweise wählte man diese diplomatische Materie, die niemandem gar zu wehtat. Denkwürdig ist, dass der letzte Besuch Luthers in Erfurt am 27. Juli 1540 auf der Rückreise von Eisenach – er stieg erneut im »Schlehendorn« ab – mit einer Legende verbunden wird.[45] Luther und seine Begleiter seien beim Gang über den Anger von der Witwe des 1510 gehenkten Obervierherrn Kellner mit folgenden Worten geschmäht worden: »Seht, da bringen die lutherischen Ketzer ihren Abgott! Ei wie große Ehre werden sie mit ihm einlegen, wenn sie ihn heimbegleiten!« Der Wirt des »Schlehendorn« soll geantwortet haben: »Wir haben des Mannes größere Ehre, daß wir ihn geleiten und ihm nachfolgen, als da wir deinem Manne, dem Diebe, nachfolgten bis an den Galgen.«

---

43 Pilvousek, Prälaten, 129f; 132.

44 Brecht, Luther III, 304.

45 Johanne Biereye, Die Erfurter Lutherstätten, 104.

Fasst man die Ereignisse der Erfurter Reformation und der Erfurter Geschichte in den Jahren 1521 bis 1546 zusammen, so bleibt festzuhalten, dass Martin Luther nichts Lobenswertes mehr an seinem früheren Studienort und den dortigen Ereignissen finden konnte.

2. Die Erfurter Reformation als Appendix der Lutherforschung

In den Jahren 1555 bis 1575 war es zu einem stürmischen Aufbau des evangelischen Kirchenwesens in Erfurt gekommen.[46] Erst als 1618 mit der Stadt ein Vertrag abgeschlossen wurde, in dem nochmals die Freiheit beider Bekenntnisse festgeschrieben, aber auch der Erzbischof als Landesherr anerkannt wurde, konsolidierte sich katholisches Leben in Erfurt. Nach dem Intermezzo der Schwedischen Herrschaft 1631 bis 1635 setzte sich dieser Prozess langsam fort.

Seit 1664 hatte Mainz seine Herrschaft in Erfurt durch die sogenannte Reduktion gefestigt.[47] Wie kaum anders zu erwarten, legten die Mainzer Erzbischöfe Wert auf konfessionellen Frieden und Eintracht; die Festlegungen des Hammelburger Vertrages wurden partiell befolgt, auch wenn beide Konfessionen der Überzeugung waren, sie könnten sich nicht so entfalten, wie es notwendig sei. So wechselten Phasen der Konfrontation und Phasen des friedlichen

---

46 Vgl. Joachim Meisner, Nachreformatorische katholische Frömmigkeitsformen in Erfurt (=EThSt 26), Leipzig 1971.

47 Vgl. Günter Christ, Erzstift und Territorium Mainz, in: Friedhelm Jürgensmeier (Hg.), Handbuch der Mainzer Kirchengeschichte 2: Erzstift und Erzbistum Mainz. Territoriale und kirchliche Strukturen, Würzburg 1997, 17–444, hier 403–408.

Zusammenlebens einander ab, wobei letztere häufiger waren. Die Ereignisse der Jahre 1521 bis 1530 wurden in den Geschichtsbüchern genannt. Polemische Wertungen fehlen zumeist; die Schuld an mangelnden Reformationsprozessen oder mangelnder Rekatholisierung wird nebulös Zeitumständen oder diplomatisch politischen Gegebenheiten zugeschrieben.

Will man den Begriff der Reformationsgeschichtsschreibung verwenden, dann kann dies nur für die Zeit zutreffen, seit der es sie in den evangelischen Kirchen gab, also ungefähr seit dem 19. Jahrhundert. Den heutigen Maßstab an damalige Veröffentlichungen anzulegen wäre absurd. Eine katholische Reformationsgeschichtsschreibung für diese Zeit zu erwarten, ist ohnehin nicht möglich.

Dennoch ist die Frage erlaubt, wie man vor allem von evangelischer Seite mit den Ereignissen der Reformation in Erfurt und Thüringen seit 1803 umging, als diplomatische Rücksichten – Erfurt und weite Teile Thüringens gehörten bis dahin zum Erzstift Mainz – nicht mehr geboten waren.

Mit Beendigung der Mainzer Herrschaft in Erfurt und Thüringen 1803 waren konfessionspolitische Rücksichten obsolet geworden. Dic größte protestantische Macht in Deutschland, Preußen, löste den traditionell ranghöchsten geistlichen Reichsfürsten im Stadtregiment Mainz ab. Ein Wechsel im Mentalitätsgefüge des konfessionellen Verhältnisses war unumgänglich. Umso mehr wundert es, dass anfänglich keine konfessionellen Streitigkeiten zu verzeichnen waren.[48]

48 Vgl. Andreas Lindner, Die Situation der beiden großen Konfessionen in Erfurt am Beginn des 19. Jahrhunderts, in: Mitteilungen des Vereins für die Geschichte und Altertumskunde von Erfurt 58, Weimar 1997, 65–87.

Unser Interesse richtet sich aber vor allem auf das Thema Erfurt und die Reformation. So bietet es sich an, vor allem die periodisch zu Reformationsfesten oder Luthergedenktagen erschienenen Festschriften hinsichtlich des Themas zu untersuchen.

Der »Reformationsalmanach für Lutherverehrer auf das evangelische Jubeljahr 1817«[49], gewidmet dem Andenken Luthers in Erfurt und Thüringen, erwähnt die Ereignisse der Reformation nur nebenbei. Wichtig sind die Person Luthers und ihre Verehrung. So enthält diese Festschrift beispielsweise einen Abschnitt »Reliquien von Luther«.[50] Der Verfasser und Verleger Friedrich Keyser begründet die Aufnahme dieses Abschnittes damit, dass es dem »edlen Gefühl jedes edlen Menschen entsprechend ist, die Überreste und Verlassenschaft denkwürdiger Personen […] mit heiliger Liebe zu verehren, mit treuer Sorgfalt zu verwahren, sie mit wehmutsvoller Rührung, gewiß aber stets mit großer Theilnahme« zu betrachten.[51] Als Rechtfertigung fügt er hinzu, dass diese »heilige Scheu, die sich bei Menschen von natürlichem Gefühle zeigt«, zu achten sei. Keyser versucht sich zwar von der katholischen Reliquienverehrung abzugrenzen, nennt aber dennoch zwei Beispiele wundertätiger Lutherreliquien. 1707 sei davon berichtet worden, dass in Oberrossla bei Weimar ein Lutherbild dreimal »stark geschwitzt« habe, als der dortige Pfarrer über den schlechten Zustand der Schulen und Kir-

49 Friedrich Keyser (Hg.), Reformationsalmanach für Lutherverehrer auf das evangelische Jubeljahr 1817, Erfurt ²1820.

50 Friedrich Keyser, Reliquien von Luther, in: Friedrich Keyser (Hg.), Reformationsalmanach für Lutherverehrer auf das evangelische Jubeljahr 1817, Erfurt ²1820. LXXV–LXXX. Als Reliquien nennt er: Luthers Verlobungsring und sein Trauring; Luthers Schatz- und Schreibkästchen.

51 Ebd. LXXV–LXXVI.

chen sprach.[52] In Artern sei trotz eines Feuers ein Lutherbild unversehrt geblieben, obwohl die Tür, an der es hing, völlig verbrannt sei.[53] Nicht ganz frei von Skepsis über solche wundersamen Ereignisse nennt der Verfasser als Absender solchen Glaubens die Neumystiker.

1878 erschien das Buch von Wilhelm Schum »Cardinal Albrecht von Mainz und die Erfurter Kirchenreformation«[54]. Ein Ende des Kulturkampfes war beim Erscheinen des Buches noch nicht in Sicht. Schum, der Wert darauf legt, »die Unparteilichkeit des Verfassers für den confessionellen Standpunkt desselben anzuerkennen«, nennt zwar die Schuldigen in den »Zeiten des Kampfes«, die zur »Befreiung einer so lange zurückgehaltenen Entwickelung« führten: Albrecht von Mainz und die Altgläubigen.[55] Er kann aber nicht umhin, die Kritik Luthers an der Erfurter Reformation aufzunehmen und zu beantworten: »Von Seiten der Häupter der deutschen Kirchenreformation ist in der That manch tadelnde Wort über die von ihren Gesinnungsgenossen in Erfurt ergriffenen Maßnahmen gefallen; man war eben in Erfurt in vielen Punkten des Bruches mit der alten Kirche Wittenberg zeitlich voraus und verfuhr schärfer und radicaler als es dort für notwendig und heilsam angesehen wurde«[56]. Schum sollte für lange Zeit der Einzige bleiben, der die Kritik Luthers an der Erfurter Reformation thematisiert hatte. In

52 Ebd. LXXVI.

53 Ebd. LXXVI.

54 Wilhelm Schum, Cardinal Albrecht von Mainz und die Erfurter Kirchenreformation (1514–1533) (=Neujahrsblätter 2), Halle 1878.

55 Ebd. 16.

56 Ebd. 16.

der Folge wird man sich wieder verstärkt dem »Thüringer« und »Erfurter« Martin Luther zuwenden.

1883, der Kulturkampf neigte sich dem Ende zu und die Gründung des evangelischen Bundes in Erfurt stand kurz bevor, werden die Ereignisse der Erfurter Reformation und deren partielles Scheitern wieder in einen anderen Kontext gestellt. In einem Beitrag zum Erfurter Lutherfest-Almanach 1883 »Die Bedeutung Erfurts für Luther und die Reformation in Erfurt«[57] hatte der spätere Erfurter Superintendent Richard Bärwinkel die Gründe für das Scheitern Erfurts als »Vorort der Evangelischen in Mitteldeutschland« dargelegt. Dem katholischen Argument, Erfurt sei durch die Reformation von seiner geistigen Höhe herabgestürzt worden, setzte er entgegen: Die Herrschaft des Krummstabs, also Mainz' sei dafür verantwortlich, und vor allem habe die Universität, indem sie sich nicht zu einer freien Universität in Luthers und Melanchthons Geist entwickelte, zur Marginalisierung Erfurts beigetragen.[58] Er beschließt diesen Rückblick auf die Erfurter Reformation: »doch kehren wir von diesen Träumen und unerfüllt gebliebenen Wünschen zur Wirklichkeit zurück. Gott gebe, daß die diesjährige Jubelfeier die evangelischen und geistigen Interessen in unserer Stadt stärke und Erfurt zu einer wahren Lutherstadt mache.«[59] Ein weiterer Beitrag in diesem Almanach beschäftigt sich mit den Erfurter Lutherstätten.[60]

---

57 Richard Bärwinkel, Die Bedeutung Erfurts für Luther und die Reformation in Erfurt, in: Ottomar Lorenz (Hg.), Erfurter Lutherfest-Almanach. Zum Besten des Luther-Denkmals zu Erfurt, Erfurt 1883, 43–78.

58 Ebd. 62.

59 Ebd. 63.

60 Richard Scheibe, Die Lutherstätten in Erfurt, in: Ottomar Lorenz (Hg.), Erfurter Lutherfest-Almanach. Zum Besten des Luther-Denkmals zu Erfurt, Erfurt 1883, 79–102.

1917, es ist die Zeit des ersten Weltkrieges, in der patriotische Gesinnung über konfessionellen Grenzen stand, erschien das »Erfurter Lutherbuch«[61]. In der Einleitung begründet der Verfasser Pfarrer Alfred Kurz das Erscheinen des Buches folgendermaßen: »Denn es wäre Undank, wenn wir der großen Gottestaten vergessen würden, die vor 400 Jahren geschehen und bis heute in Kraft und Segen weiter wirken. Undank wäre es, wenn wir in diesem Erinnerungsjahre nicht Martin Luthers, des gottgesandten Reformators, in Verehrung und Liebe gedenken wollten. Dieser Undank wäre doppelt groß für Erfurt, die Lutherstadt, wie für alle Thüringer überhaupt, die sich rühmen dürfen: er war Fleisch von unserem Fleisch und Blut von unserem Blut. Nein – die alte Liebe der Thüringer zu ihrem Luther wird sich gerade in dieser schweren und doch großen Zeit von neuem bewähren. Dies Büchlein aber sei ein äußerer Ausdruck und bleibendes Gedächtnis.«[62] Übrigens enthält auch dieses Buch keine Reformationsgeschichte, sondern bindet die Erfurter Reformation an den Erfurter Reformator Johannes Lang an.[63]

Im gleichen Jahr, 1917, stellt Johannes Biereye, einer der bedeutenden Erfurter »Ortsgeschichtler«, Überlegungen über das Format Erfurts als Lutherstadt an.[64] Aus den 80 bis 90 Städten, die als

---

61 Alfred Kurz (Hg.), Erfurter Lutherbuch 1917. Eine Festgabe zur vierten Jahrhundertfeier der Reformation, Erfurt 1917.

62 Ebd. 8.

63 Max Paul Bertram, Doktor Johann Lang, Erfurts Kirchenreformator, in: Alfred Kurz (Hg.), Erfurter Lutherbuch 1917. Eine Festgabe zur vierten Jahrhundertfeier der Reformation, Erfurt, 1917, 127–176.

64 Johannes Biereye, Erfurt als Lutherstadt, in: Alfred Kurz (Hg.), Erfurter Lutherbuch 1917, Eine Festgabe zur vierten Jahrhundertfeier der Reformation, Erfurt 1917, 27–58, vgl. auch Johannes Biereye, Die Erfurter Lutherstätten nach ihrer geschichtlichen Beglaubigung, Erfurt 1917.

Aufenthaltsorte Luthers in Frage kommen, konstruierte er Triaden der wichtigsten: Wittenberg, Eisleben, Erfurt – Mansfeld, Worms, Eisenach – Marburg, Schmalkalden, Möhra. An dritter Stelle nennt er Erfurt, begründet dies damit, dass hier die Keime gepflanzt wurden, »die den sterblichen Luther zu unsterblicher Größe heranreifen ließen«, und zieht die Aufenthaltszeit von mindestens neun Jahren als weiteres Indiz hinzu, um die dritte Stelle einnehmen zu können.[65] Vor allem sind es die vielen Lutherstätten, die ihn faszinieren und die er beschreibt. Die neun Anwesenheiten Luthers und die Aufenthaltsorte in Erfurt nach 1512 spielen dabei eine herausragende Rolle. Noch 1996 wurde ein Heft herausgegeben, das sich an die Arbeit Biereyes anlehnt und die Erfurtaufenthalte und die Lutherstätten behandelt.[66]

Am »Martinstag« des Jahres 1940 hielt der damalige Vorsitzende des neugegründeten Erfurt Luthervereins Dr. Hans Tümmler die Ansprache zur öffentlichen Jahresversammlung. Als Thema hatte er gewählt: »Luthers geistige Wandlung im Erfurter Augustinerkloster«[67]. Resümierend beschließt er den Vortrag: »Dies ist die weltgeschichtliche Bedeutung von Luthers äußerlich so schlichten und unbedeutenden Erfurter Klosterzeit: ohne das Mönchskloster keine feste Burg lutherischer Glaubensgewißheit, ohne den Seelenkampf des einsamen Gottsuchers kein »Hier stehe ich, ich kann nicht anders«, ohne Erfurt kein Wittenberg und

65 Johannes Biereye, Erfurt als Lutherstadt, 28.

66 In Anlehnung an die älteren Arbeiten erschien 1996 das Heft: Martin Luther bei uns in Erfurt. Erfurter Lutherstätten und Altstadtplan, Erfurt 1996.

67 Hans Tümmler, Luthers geistige Wandlung im Erfurter Augustinerkloster. Ansprache zur öffentlichen Jahresversammlung am 10. November 1940, in: Erfurter Lutherverein, Jahresheft 1940, Erfurt o.J., 12–19.

Worms, aber auch kein Weimar und kein Potsdam!«[68] Hintersinnig verknüpft Tümmler Luther mit der deutschen Geschichte, indem er die »schlichte und unbedeutende« Klosterzeit zum eigentlichen Erfurter Part für Luthers Erfurter Zeit macht. Er spricht nicht von der Lutherstadt Erfurt, nennt nur eine Erfurter Lutherstätte, das Kloster, und versucht keine anderen theologischen oder geistigen Grundlegungen der Erfurter Zeit zu konstruieren. Seine Sicht beruht offenbar auf der genauen Kenntnis der Erfurter Reformationsgeschichte und der Kritik Luthers an ihr; diese aber beabsichtigte er offenbar bei der Gründung des Luthervereins nicht darzustellen. Im Bildband »Luther und Erfurt«[69], den Hans Tümmler 1943 herausgab, griff er die älteren Deutungen von der Lutherstadt Erfurt auf, relativierte sie aber dadurch, dass er Erfurt neben Wittenberg nur eine weniger bedeutende Rolle zuwies und vor allem den Lutherstätten und ihrer Beschreibung seine Aufmerksamkeit schenkte.

Resümee

Man kann sich des Eindrucks nicht erwehren, dass die Erfurter Reformationsprozesse seit dem 17. Jahrhundert auf einem »Nebenschauplatz« mitbehandelt wurden, weil beide Konfessionen ihre Ergebnisse als defizitär betrachteten. Häufig wird die besondere kirchliche und politische Situation in Erfurt – seit 1530 war beiden

68 Hans Tümmler, Luthers geistige Wandlung im Erfurter Augustinerkloster. Ansprache zur öffentlichen Jahresversammlung am 10. November 1940, in: Erfurter Lutherverein, Jahresheft 1940, Erfurt o.J., 19.

69 Hans Tümmler (Hg.), Luther und Erfurt, Erfurt 1943.

Konfessionen durch den Hammelburger Vertrag ein modus vivendi vorgeschrieben – als Ursache dieses Desiderates genannt. Ohne diese Gründe ganz ausschließen zu können, gilt es festzuhalten: Die Erfurter Reformationsgeschichte ist vom Missfallen Martin Luthers begleitet, und bis heute ist es dabei geblieben. »Erfurt ist Erfurt, wird's bleiben und ist's immer gewesen …!«[70], kommentierte Martin Luther 1528 in Weimar die Zustände in Erfurt. Dieses Verdikt des Reformators scheint neben kirchenpolitischen und konfessionellen Gründen bis heute Nachwirkungen zu zeitigen. Während die reformatorischen und gegenreformatorischen Abläufe in Erfurt nahezu ausschließlich chronologisch und faktenreich dargestellt werden und nur selten eine theologische Kommentierung erfahren, nehmen die Erfurter und Thüringer Lutherforschung seit Beginn des 19. Jahrhunderts einen enormen Aufschwung, der nicht nur mit einer Lutherrenaissance zu erklären ist. Als ob man sich schuldbewusst das Einvernehmen mit dem Reformator nachträglich sichern wollte, werden sein Leben und sein Herkunft, seine Aufenthalte in Erfurt und die entsprechenden Stätten verehrt. Oft schien es, als würden die Lutherstätten ähnlich Wallfahrtsorten zu Postulaten konfessioneller Identität gemacht.

Erst 1972 wird mit der Dissertation von Bob Scribner, Reformation, Society and Humanism in Erfurt, c. 1450–1530[71], ein neues Kapitel in der Erforschung der Geschichte der Reformation in Erfurt aufgeschlagen, das durch die Dissertation von Ulman Weiss, Die frommen Bürger von Erfurt. Die Stadt und ihre Kirche im Spät-

---

70 WA Br. 4,446.

71 Robert W. Scibner, Reformation, Society and Humanism in Erfurt, c. 1450–1530, Ph. D. Thesis, London 1972.

mittelalter und in der Reformation[72], vervollständigt wird. Beide Dissertationen schildern aus unterschiedlichen Blickwinkeln und für unterschiedliche Zeiten die historischen Ereignisse der Reformationszeit in Erfurt, ohne die Kritikpunkte Luthers an den Erfurter Geschehnissen auszulassen und das komplexe politische, soziale und kirchenpolitische Verflochtensein der Ereignisse zu umgehen.

Einen theologiegeschichtlichen und einen kirchengeschichtlichen Ansatz haben beide Autoren aber nicht und intendieren ihn auch nicht. Eine solche Abhandlung über die Reformation in Erfurt gibt es, sieht man von einigen Ansätzen ab, bis heute nicht, während die Erfurter Lutherstätten z. T. eine Renaissance erleben.

---

72 Ulman Weiss, Die frommen Bürger zu Erfurt. Die Stadt und ihre Kirchen im Spätmittelalter und in der Reformationszeit, Weimar 1988.

Vom Erfurter Motettenchor zu den Thüringer Sängerknaben

Die Geschichte einer singenden Gemeinschaft von 1923–1950

Wolfgang Roschka

»Mit diesen Knaben eine so verwickelte Polyfonie zum Klingen zu bringen, erscheint uns wie ein Wunder.« Excelsior, Paris 18.04.1931

»In seiner Einstellung und seinem Verhalten biete W. das Schulbeispiel des Gewohnheitsverbrechers, der durch die Häufung seiner Verbrechen und den inneren Hang zu ihnen auch eine Gefahr für die Allgemeinheit darstelle.« Thüringer Allgemeine Zeitung, 27. Juli 1940

Die Idee, mit dieser Geschichte ein Kapitel dieses Buches zu gestalten, reifte auf der Konzertreise der Augustinerkantorei in Japan.

Es ist die Geschichte einer kleinen Erfurter Singgemeinschaft, welche es durch die Kreativität und das Charisma ihres Gründers schaffte, ohne über den historischen Hintergrund und das finanzielle Budget zu verfügen, innerhalb von wenigen Jahren einen Knabenchor auf dem Niveau des Leipziger Thomanerchores und des Dresdner Kreuzchores zu bilden. Und nicht nur das. Es ist die Geschichte einer Gemeinschaft, die ohne institutionellen Zwang, sondern durch persönliches Engagement ihrer Mitglieder unter schwierigsten Bedingungen durch wirre Zeiten deutscher Geschichte hindurch zusammenhielt und bis heute hält. Damit gab und gibt sie Jahr für Jahr jungen Menschen die Möglichkeit, durch Disziplin und Ausdauer, durch gemeinsame Ziele und Erlebnisse zu Persönlichkeiten heranzureifen. Die Liebe zur Musik Bachs und Mozarts verbindet sie ein Leben lang.

Die beiden Zitate bilden den Spannungsbogen, auf den ich während meiner Recherchen stieß. Es wird Zeit, dass diese Geschichte ihren würdigen Platz in der Erfurter Musik- und Stadtgeschichte findet.

1. Der Erfurter Motettenchor in der Weimarer Republik

Herbert Weitemeyer hatte eine Vision. 15 Jahre nach der Gründung der Chorgemeinschaft, im Jahre 1923, war aus seiner Vision Wirklichkeit geworden. Er beschrieb sie in einem Werbeheft so:

Thüringen, das grüne Herz Deutschlands, die Heimat Bachs und Luthers – das Land, dessen Boden so reich ist an musikalischer Tradition – das Land, in dessen Städten noch heute die Kurrende (Knabensänger) singend durch die Straßen ziehen, dessen Knaben schon im Mittelalter überall begehrt waren als die tüchtigsten Chorsänger – dieses liebliche Land zwischen stolzen Bergen und grünen Tälern ist auch die Heimat der Thüringer Sängerknaben. Aus Erfurt kommen sie, der zwölfhundertjährigen Stadt der »Gotik und Blumen«. Hier, auf dem Boden einer sich immer neu gebärenden Tradition, stand die Wiege dieses berühmten Chores. Aus dieser Stadt – in der bis ins vorige Jahrhundert die Stadtmusikanten »Bache«

genannt wurden, weil sie sich fast restlos aus Mitgliedern der zahlreichen Bach`schen Familien zusammensetzten – aus dieser Stadt, aus der Luther und Meister Eckehart hinausgingen – deren Namen wunderbare Blumen hinaustragen – aus dieser Stadt kommen auch die Thüringer Sängerknaben und tragen Namen und Geist des gesegneten Landes Thüringen und seiner alten Domstadt Erfurt hinaus in die Welt.

Das alles war das Ergebnis eines entbehrungsreichen Prozesses, der 1923 begann.

Im Jahr der ersten großen Weltwirtschaftskrise versammelte der Student Herbert Weitemeyer ein Dutzend Erfurter Schüler, um durch mehrstimmigen Gesang die Feierlichkeiten seines Schülerbundes auszugestalten.

Ein Gerichtsreporter wird Jahre später schreiben[1], dass Weitemeyer in den Revolutionsjahren nach dem 1. Weltkrieg zwei Schülerbünde »zur Aufrechterhaltung der Zucht und Ordnung und Abwehr der roten Gefahr« gegründet habe. Einer davon habe eine »weite Verbreitung« gefunden; damit können nur die Sängerknaben gemeint sein.

Was bewegte diesen jungen Mann, zusätzlich zu den traditionellen Chören und Musikvereinigungen in Erfurt einen weiteren Chor, einen Knabenchor zu gründen?

Herbert Weitemeyer suchte ab 1925 in Zeitungsannoncen[2] »stimmbegabte Knaben« für einen »Chor für Kirchenmusik« bzw. für »Erfurter Chorknaben«. Er erwartete gute, entwicklungsfähige Stimmen, unbedingte Pünktlichkeit zu zwei wöchentlichen Sing-

---

1 Thüringer Gauzeitung, 27. Juli 1940.

2 Archiv Thüringer Sängerknaben, Zeitungsausschnitt 1925.

stunden und ausdauernde Bereitschaft, bis zum Stimmwechsel mitzusingen[3]. Dafür bot er kostenlosen Unterricht in Stimmbildung, Gehörbildung, Musiktheorie auch an einem Instrument (Klavier oder Geige) sowie Zeltlager und Konzertreisen ins Ausland.

Interessenten konnten sich in der Lossiusstraße 2, einer stattlichen Villa am Luisenpark, melden. Es war das Elternhaus Weitemeyers. Er wurde am 30. März 1901 geboren. Sein Vater, Dr. Max Weitemeyer, war ein erfolgreicher Augenarzt, Gründer der Firma »Concordia-Medica«, Mitglied der Preußischen Akademie der Wissenschaften und im Vorstand des Alldeutschen Verbandes. Herbert Weitemeyer hatte 1921 das Abitur am Staatlichen Humanistischen Gymnasium Erfurt in der Schillerstraße bestanden. Schon in seiner Schulzeit erhielt er am *»Musikkonservatorium Walter Hansmann«* eine musikalische Ausbildung, u.a. bei Richard Wetz.

Nach dem Abitur studierte er von 1921–1924 einige Semester Philologie und Theologie in Jena. Von April 1926 bis Juli 1928 war Weitemeyer als Student an der Musikhochschule in Weimar für Musik, im Hauptfach Violine, eingeschrieben. Einen Abschluss machte er nie.

Ab 1923 konzentrierte sich Weitemeyer auf den Aufbau des Knabenchores. Nach mehrjähriger Probenzeit fand am 2. Januar 1926 das erste Konzert in der Reglerkirche statt. »Frisch und innig ließen die hellen Knabenstimmen alte geistliche Gesänge erklingen«, fand die Thüringer Allgemeine Zeitung.[4]

---

3 Thüringer Allgemeine Zeitung, 4. August 1926.

4 Thüringer Allgemeine Zeitung, 7. Januar 1926.

Herbert Weitemeyer, ca. 1945
(Privatarchiv Friedhold Wiehle)

Dem jungen Musikerzieher ging es von Beginn an nicht allein um die Chormusik. Sein Ziel war es, eine lebendige Gemeinschaft zu formen. Dazu übernahm er für den Chor einige Merkmale bündischer Jugendbewegungen. Dabei bediente er sich beim »Wandervogel« und dem Jungdeutschen Orden.

Von den mittelalterlichen Ritterorden übernahm Weitemeyer die Rangordnung Wildling, Novize, Knappe und Ritter. Jeder Junge bekam nach einer Bewährungszeit von einem Jahr einen Chornamen, z.B. Alba, Hasso, Sizzo und Winfried. Die Namen wurden nach dem Ausscheiden erneut vergeben, sodass mit der Zeit Namensfamilien entstanden. Meinen Chornamen, Gero (der Speerträger), gibt es beispielsweise in der 8. Generation. Für die Konzerte gab es eine einheitliche Chorkleidung: zuerst Schillerhemden, dann Matrosenanzüge. Ein weiteres Merkmal war die Selbstverwaltung der Gemeinschaft. In sogenannten »Thing-Versammlungen« wurden Angelegenheiten der Gemeinschaft besprochen und entschieden, Mitglieder aufgenommen und entlassen. Ältere Mitglieder verantworteten wichtige Ämter wie Notenwart, Kassenwart und Reisewart.

Hinzu kam das Logo »TS«, welches am Ärmel der Chorkleidung aufgenäht war, und ein Erkennungspfiff. Der Erkennungspfiff entstammte aus einem eigens vom Erfurter Musikschriftsteller Herbert Barth für die Sängerknaben komponierten Singspiel »Der Überfall«, welches im Pfadfindermilieu spielte.

Ein in diesen Jahren viel gelesener Autor und Protagonist der Jugendbewegung war Hans Blüher. Blüher deutete den »Wandervogel« als erotisches Phänomen. Erwachsene Wandervogelführer von besonderem Charisma banden ihre jungen Lieblinge durch »Freundeserotik« an sich. Einige Autoren sprechen von einer »rechten Homosexuellenbewegung« oder »kultivierten Pädosexualität« wie im antiken Griechenland[5].

Dieser Exkurs ist wichtig, um die weitere Entwicklung des Chores unter Weitemeyer zu verstehen. Denn der junge Chorführer war homosexuell, und er hatte, was ihm später zum Verhängnis wurde, seine »Lieblinge« im Chor.

Weitemeyer verband also jugendbündische Traditionen und moderne Musikpädagogik mit dem Ziel, einen angesehenen Knabenchor zu schaffen. Eine Kombination, die neu und einmalig in dieser Form war. Und obwohl das Repertoire vorwiegend geistliche Chormusik beinhaltete, war es kein Kirchenchor.

---

5 Frankfurter Allgemeine Sonntagszeitung, 27. Februar 2017, Robert Pausch.

Dies erklärt, warum der Chor keiner städtischen Kirchgemeinde angehörte und heute dort in keiner Chronik vermerkt ist. Die Kinder kamen aus allen gesellschaftlichen Schichten. Sie waren evangelisch, katholisch oder konfessionslos.

Weitemeyer gab dem Chor den Namen »Erfurter Motettenchor«. Er wollte zwar an die Jahrhunderte alte Kirchenmusiktradition der Erfurter »Bache« anknüpfen, jedoch zunächst nicht in Konkurrenz zu den großen Knabenchören in Dresden oder Leipzig treten. Ihm ging es hauptsächlich um die Pflege und Förderung zeitgenössischer Kirchenmusik und eine unverwechselbare Aufführungspraxis.

Es handelte sich um einen reinen Knabenchor mit Sopran und Altstimmen. Selbst betonte Weitemeyer die absolute »Werktreue« und Formung der Knabenstimmen zu Klarheit und Reinheit. Dass ihm dies gelang, bezeugen bereits in den ersten Jahren zahlreiche Pressekritiken aus dem In- und Ausland. Die *»Daily Mail«* schrieb aus London: »Der Erfurter Motettenchor erreicht eine hohe Stufe künstlerischer Ausdrucksfähigkeit und muss zu den besten dieser Art gezählt werden.«[6]

Zu Weitemeyers Konzept gehörte es, mit den Jungen auf Reisen ins Ausland zu fahren. Dies stärkte den Zusammenhalt des Chores und das Selbstbewusstsein der jungen Sänger. Da der Massentourismus, wie wir ihn heute kennen, noch nicht existierte, waren die Reisen, die zunächst mit der Bahn durchgeführt wurden, ein großes Abenteuer. Oftmals war bis zum Konzerttag nicht klar, wo die Jungen übernachten würden. Wenn sich nicht genügend Privatquartiere in den gastgebenden Gemeinden fanden, übernachteten sie in Hotels. Weitemeyer finanzierte alle Ausgaben zunächst aus seinem

---

6 Archiv der Thüringer Sängerknaben, Sammlung Pressekritiken, undatiert.

ererbten Privatvermögen und den Einnahmen aus den Konzerten. Die erste Reise führte die Chorknaben 1927 nach Danzig, Königsberg und Stockholm.

Die Qualität und Bekanntheit des Chores steigerte sich in den Folgejahren rasant. Reisen führten durch ganz Deutschland, nach Frankreich, in die Schweiz, nach Österreich, Holland und Dänemark. Konzerte wurden von 16 Radiosendern übertragen. Mit der Firma *»Tri-Ergon Photo-Electro-Records«* wurden drei Schallplatten produziert. Dabei handelte es sich um eine Tochterfirma der Schweizer *»Tri-Ergon AG«*, einer Gesellschaft, die das Patent für das Tonfilmverfahren innehatte. Sogar eine Konzertreise nach Amerika war geplant.

Mit dem Erfolg wurde der organisatorische Aufwand immer umfangreicher. Damit wuchs auch das finanzielle Risiko des kleinen »Unternehmens«. Die Konzertplakate waren regelmäßig mit Spendenaufrufen versehen. Die Eltern der Sänger verpflichteten sich in einem Chorvertrag zu regelmäßigen Beiträgen und Reisekostenzuschüssen. Mit den Reiseerlösen wurde die Chorarbeit des Folgejahres finanziert. Weitemeyer beauftragte Konzertagenturen mit der Konzeption von Werbematerial, Plakaten und Imagebroschüren.

Trotz allen Engagements und des sicht- und hörbaren Erfolges kam es immer wieder zu Rückschlägen, die die Ersparnisse Weitemeyers schnell aufzehrten. 1929 wandte er sich erstmals an die Stadt Erfurt und bat um einen Zuschuss für die Chorarbeit.

Mit Stolz berichtete er von den Erfolgen im In- und Ausland. Der Antrag wurde vom Oberbürgermeister Bruno Mann an den Kulturausschuss verwiesen. Dort wurde er abgelehnt.

Die finanziellen Engpässe konnte Weitemeyer zunächst noch mit Stundungen, Bürgschaften und Darlehen von Freunden verkraften. Was ihn fast die Existenz gekostet hätte, waren die unerwarteten Behinderungen durch öffentlichen Stellen.

So wurde Weitemeyer z. B. 1931 vom Auswärtigen Amt in Berlin eine bereits vertraglich vereinbarte Tournee nach Schweden und Dänemark quasi verboten. Der Grund wurde darin gesehen, dass der Thomanerchor zeitgleich eine Reise in diese Länder geplant hatte und eine Konkurrenz deutscher Chöre nicht erwünscht war. Der berühmte Erfurter Komponist und Musikprofessor Richard Wetz wurde um eine Einschätzung gebeten und kam zu dem Ergebnis, dass durch die unterschiedliche Struktur der Chöre (des reinen Knabenchores aus Erfurt und des gemischten Thomanerchores mit Männerstimmen aus Leipzig) und des Repertoires überhaupt kein Vergleich und schon gar keine Konkurrenz gegeben sei. Diese Einschätzung half jedoch nichts; Weitemeyer musste die Reise absagen. Ihm entgingen zugesagte Honorare, die für die Aufrechterhaltung der Chorarbeit dringend benötigt wurden.

Es nützte auch nichts, darauf hinzuweisen, dass es dem »Unternehmer« in der Kürze der Zeit nicht möglich sei, eine gleichwertige Ersatzreise zu organisieren. Weitemeyer bereitete die Reisen regelmäßig durch persönliche Besuche in den Konzertstädten vor. Auch diese Kosten mussten wieder eingesungen werden.

Ihm gelang es dennoch, mit Hilfe einer Konzertagentur eine Reise in die Tschechoslowakei, Österreich und Südtirol zu organisieren. An der Grenze nach Südtirol wurde den Sängerknaben, nachdem die ersten Konzerte in Prag, Villach und Klagenfurt gesungen waren, ohne Begründung die Einreise verweigert. Man stelle sich vor, in Zeiten ohne Internet und Smartphone sitzen 40 Jungs mit ihren Koffern am Bahnhof fest, weil ihnen von staatlichen Stellen die Weiterfahrt verboten wurde. Mit der Bitte um ein

Darlehen wandte sich Weitemeyer an den deutschen Gesandten in Klagenfurt, da er sonst die Übernachtung und vorzeitige Rückreise nicht hätte bezahlen können. Die Einnahmeverluste der Konzerte in Bozen, Meran und Brixen machten die Herbstreise endgültig zu einem Verlustgeschäft. Mussolini habe Angst vor Kindern – so lauteten damals die Schlagzeilen selbst in überregionalen Zeitungen, so z. B. in der Berliner Abendzeitung »Tempo«[7] und im Wochenblatt »Grüne Post«,[8] beide vom Ullstein Verlag.

Ein weiteres Mal richtete Weitemeyer ein Gesuch an den Erfurter Oberbürgermeister, und wieder wurde er vertröstet. Versprechungen wurden gemacht und dann nicht eingehalten. Die Chormitglieder versuchten u. a. durch eine staatlich genehmigte Lotterie zusätzliche Einnahmen zu erzielen. Herbert Barth, der Komponist des Singspiels, der den Chor unterstützte, initiierte im Juli 1931 in Probstzella in Thüringen und auf der Burg Lauenstein in Franken einen Kongress mitteldeutscher Konzertveranstalter und Interpreten[9], der sich mit dem Thema »Chorfinanzierung« befasste. Weitemeyer übernahm mit dem Motettenchor die musikalische Ausgestaltung.

Weitemeyer gab nicht auf. Die Chorarbeit war sein Lebenswerk. Mehrfach drohte in dieser Zeit der Bankrott. Die Reisen bildeten noch die zuverlässigste Einnahmequelle. So wurden diese auch fortgesetzt. In Erfurt wurden wegen der Mietschulden mehrfach die Probenräume gekündigt.

Weitemeyer strebte eine Stelle als Musiklehrer am privaten Musikkonservatorium *»Hansmann & Prox«* an. Walter Hansmann

---

7 »Tempo«, 16. Oktober 1931.

8 »Grüne Post«, 1. November 1931.

9 Ludwigstädter Correspondent, 2. Juli 1931.

lobte Weitemeyer als »den Idealtypen des modernen Jugendmusikerziehers«. Mit ihm wollte er sein Konservatorium zum »Thüringer Konservatorium« ausbauen und ihm die Leitung der Abteilung Jugendmusik übertragen.

In einem Aktenvermerk der Stadt ist verzeichnet, dass Weitemeyer zusätzlich eine »Singschule« nach dem »Augsburger Muster« Arthur Greiners gegründet hatte. Greiner hatte in Augsburg das Modell und die Methode für das singen Lernen in Volksschulen entwickelt. Mädchen und Knaben der Singschule unterstützten den Motettenchor manchmal bei Konzerten.

Rückblickend erscheint es so, als ob Weitemeyer den Chor Anfang der dreißiger Jahre neu erfand. Dazu gehörte auch ein neuer Name. Getragen vom Wunsch des Publikums nannte sich der Chor nun Thüringer Sängerknaben. Außerdem fügte er dem Knabenchor Männerstimmen (Tenor und Bass) hinzu.

Die Thüringer Sängerknaben, ca. 1931 (Privatarchiv Wolfgang Roschka)

2. Die Thüringer Sängerknaben im Nationalsozialismus

Anfang der dreißiger Jahre kamen die politischen Veränderungen in Deutschland hinzu. Während im Freistaat Thüringen schon 1931 die NSDAP an der Regierung beteiligt war, dauerte es in Preußen noch bis 1933. Mit dem Machtwechsel in Berlin bekam auch Erfurt im April 1933 einen neuen Bürgermeister – Theodor Pichier von der NSDAP. Viele Historiker haben die Aufbruchsstimmung dieser Zeit beschrieben. Die Euphorie wirkte in großen Teilen der Jugendbewegung noch stärker als in der Bevölkerung. Dies galt auch für die Thüringer Sängerknaben.

1933 trat Weitemeyer mit den Sängerknaben freiwillig und geschlossen in die Hitlerjugend ein.

Die Mitgliedschaft verbesserte die Situation des Chores. Weitemeyer und seine Sänger bekamen erstmals die öffentliche Anerkennung, die ihnen in Erfurt bis dahin verwehrt wurde. Auch die großen Knabenchöre Thomanerchor und Kreuzchor wurden alle in die Hitlerjugend integriert. Hitler mochte Knabenchöre; sein Lieblingschor waren die Regensburger Domspatzen.

Die Probenarbeit und Konzerte wurden als HJ-Dienst anerkannt. Das hatte für Weitemeyer und die Knaben den Vorteil, dass sie etwas weniger militärische Übungen ausführen mussten und im Prinzip ihr Werk fortsetzen konnten. Anfangs kümmerte sich auch noch niemand um die Komponisten der Werke, die einstudiert wurden, obwohl diese oft jüdisch waren.

Als »singende Gefolgschaft« traten die Sängerknaben nun bei staatlichen Veranstaltungen, wie z. B. der Reichslehrertagung oder den Gauleitertreffen in Erfurt und Weimar, auf. Diese Auftritte wurden zu einer Herausforderung für die Stimmen, denn der Unterschied, in einem Zelt vor 10.000 Lehrerinnen und Lehrern oder in der Predigerkirche zu singen, war erheblich. Oft wehrte Weitemeyer Auftritte unter freiem Himmel zur Schonung der Stimmen ab.

In Staatsrat Dr. Severus Ziegler, dem neu ernannten Intendanten des Weimarer Staatstheaters und engen Vertrauten Adolf Hitlers, hatten die Thüringer Sängerknaben einen Bewunderer und Förderer. Er bezog den Chor in Theaterinszenierungen am Deutschen Nationaltheater in Weimar und Auftritte bei politischen Veranstaltungen des Gau Thüringen ein.

Begegnungen mit dem Kultur- und Propagandaminister Joseph Goebbels, Adolf Hitler und Gauleiter Fritz Sauckel in Weimar folgten. Nun bekam der Chor ideelle und finanzielle Unterstützung von »ganz oben«. Die Zuwendungen des Reichskulturministeriums waren an die Kofinanzierung durch die Stadt Erfurt gekoppelt. Damit brachte Weitemeyer die Kulturverwaltung Erfurts unter Zugzwang. Walter Kießling, der neue Oberbürgermeister, knüpfte die Förderung an hervorragende Qualität, den Nachweis einer transparenten Buchführung sowie einer einwandfreien nationalsozialistischen Gesinnung. Die Qualität dokumentierte Weitemeyer mit einer Übersicht über sämtliche Auftritte im In- und Ausland. Für die Geschäftsführung bestellte Weitemeyer ab 1937 den ehemaligen Sängerknaben Herbert Melle. Die nationalsozialistische Gesinnung begründete er mit dem frühen Beitritt in die Hitlerjugend.

Auch in Erfurt sollten die Sängerknaben häufiger zu hören sein. So führte Weitemeyer 1936 die Tradition der Abendmotetten in der Predigerkirche ein. Die Sängerknaben sangen nun jede Woche für die Erfurter Musikliebhaber. Dafür studierten sie allein im ersten Jahr 140 Stücke ein, 40 davon von zeitgenössischen Komponisten.

Ebenfalls 1936, am zweiten Weihnachtsfeiertag, waren die Sängerknaben in Amerika zu hören. Die Reichsrundfunkgesellschaft hatte die Thüringer Sängerknaben und den Dresdner Kreuzchor verpflichtet, Weihnachtslieder für die Hörer in Nordamerika zu singen. Die Liveschaltung erfolgte aus der Predigerkirche in Erfurt und der Kreuzkirche in Dresden.

In allen Schulferien, Frühjahr, Sommer, Herbst und Winter, fuhr der Chor auf Reisen. In der Erfurter Presse wurde von den Reisen berichtet. Der Chor wurde vom Bürgermeister und den Erfurter Bürgern feierlich auf dem Bahnhofsvorplatz verabschiedet. In den Konzertorten wurden die Sängerknaben oftmals auf den Marktplätzen stürmisch empfangen.

Der Grund für die hohe Qualität und Leistungsfähigkeit lag in der harten und disziplinierten Arbeit. Weitemeyer sah das ganz realistisch. Um nicht hinter die anderen berühmten Knabenchöre zurückzufallen, die in ihren Internaten täglich proben konnten, probten die Sängerknaben dreimal wöchentlich von 18–20 Uhr. Mittwochs probten sie eineinhalb Stunden für die Abendmotette, und an den Wochenenden reisten sie zu Konzerten in die Nachbarstädte.

Weitemeyer hätte gern mehr und bereits am Nachmittag geprobt. Dies verhinderten jedoch die Stundenpläne der Schüler. Einige Lehrer sahen in der Chorarbeit eine Ablenkung und zu hohe Beanspruchung der Kinder. Von der Reichsjugendführung hatte er bereits eine Anerkennung der Chorarbeit erhalten, so dass die Knaben bei Bedarf von den konkurrierenden HJ-Diensten befreit waren.

Weitemeyer wurde unterstellt, dass das intensive Probenpensum und die vielen Auftritte die schulischen Leistungen der Sängerknaben beeinträchtigen könnten. Er wandte sich an den Preußischen

Regierungspräsidenten Dr. Weber mit der Bitte um Unterstützung gegenüber der Schulverwaltung.

In einem umfangreichen Brief fasste Weitemeyer die positiven Effekte, welche die Chorarbeit auf die Jungen habe, zusammen. Trotz der zahlreichen Auftritte und Proben käme es nie zu ernsthaften krankheitsbedingten Ausfällen der Knaben, selbst auf den Winter- und Herbstreisen nicht. Weitemeyer erklärte dies mit der – heute unbestrittenen – heilsamen Wirkung des Singens auf Körper und Seele. Er verwies weiter auf die einzigartigen sozialen und kognitiven Fähigkeiten, die die Knaben durch das intensive Üben, in strenger Disziplin und Ausdauer, auf den Reisen und durch die Begegnungen mit vielen Gastgebern erwürben. Chorsingen fördere die Teamfähigkeit, Reisen die Entschlussfähigkeit, und der Umgang zwischen den Generationen der Kinder und Jugendlichen die Anpassungsfähigkeit und Führungsfähigkeiten.

1937 bezog der Chor die Waidhäuser des renovierten Martinsstifts im Augustinerkloster als neues Heim. Die neuen Probenräume verbesserten die Arbeitsbedingungen. Der Chor wurde in diesen Jahren noch aktiver. Allein 1937 sangen die Knaben 100 Konzerte.

Auch im Jahr 1938 gingen sie auf Winterreise, Osterreise, eine 5-wöchige Sommerreise und eine Herbstreise. Konzerte fanden auch an den dramatischen Novembertagen des Jahres 1938 statt.

Am Mittwoch, dem 9. November 1938, der in der Nazizeit dem Gedenken an den Hitlerputsch 1923 gewidmet war, sangen die Sängerknaben wie immer um 18.30 Uhr die 83. Abendmotette in der Predigerkirche. In der Nacht brannte auch in Erfurt die jüdische Synagoge. Am Tag darauf, dem 10. November 1938, erklang als »Festmotette« zum feierlichen Abschluss des Erfurter Martinstages die Bachkantate »Ein feste Burg ist unser Gott« (BWV 80).

Mit der Stadt Erfurt hatte sich inzwischen eine gute Zusammenarbeit entwickelt. Der Chor reichte seinen »Haushaltsplan« für die Ausgaben des Folgejahres im ersten Halbjahr bei der Stadt ein, damit dies in die Haushaltsplanung aufgenommen werden konnte. So wurde auch das Jahr 1939 geplant. Die Sommerreise führte vom 6. Juli bis 6. August 1939 durch Süddeutschland. Mit Schuljahresbeginn wurden die Abendmotetten fortgesetzt. Der 2. Weltkrieg begann an einem Donnerstag. Am Mittwoch dem 31. August 1939, sangen die Sängerknaben ihre letzte Abendmotette zu Friedenszeiten. Der Krieg durchkreuzte alle weiteren Pläne. Der Geschäftsführer Herbert Melle wurde zur Wehrmacht eingezogen. Damit fehlte Weitemeyer eine wichtige Stütze für die wirtschaftliche Verwaltung des Chores.

Die Singfähigkeit des Chores wurde zusätzlich durch Einberufung vieler Männerstimmen zum Militär stark beeinträchtigt. Die Abendmotetten wurden wegen der Verdunklungspflicht auf Sonntagmittag verlegt. Herbert Weitemeyer wurde nun sogar als Ersatzlehrer für Musik an Erfurter Gymnasien eingesetzt. Die dafür erforderliche Zuverlässigkeit bekam er noch 1939 von der Schulverwaltung bescheinigt.

Ehemalige Sängerknaben, die Herbert Weitemeyer persönlich kannten, schätzten ihn nicht als Nationalsozialisten ein. Er war nicht in der NSDAP. Manche sahen in ihm sogar einen Gegner des Systems. Durch seine Homosexualität war er jederzeit der Willkür im nationalsozialistischen Machtgefüge ausgesetzt. In Dr. Severus Ziegler, dem Staatsminister für Kultur in Weimar, gegen den selbst wegen Homosexualität ermittelt wurde, hatte er lange Zeit einen Förderer und einen wichtigen Fürsprecher auf oberster Ebene.

Offenbar reichte dieser Schutz 1940 nicht mehr aus, denn Herbert Weitemeyer wurde am 29. April 1940 verhaftet. Bei der damit verbundenen Hausdurchsuchung wurden auch seine Tagebücher gefunden, in denen er sich abfällig über das Regime geäußert hatte. Ihm wurde schwerer sexueller Missbrauch Schutzbefohlener gem. §§ 174 und 175a StGB vorgeworfen. Trotz dieser schweren Vorwürfe setzten sich einige Eltern von Sängerknaben für Herbert Weitemeyer ein. Er wurde angeklagt, war geständig und wurde wegen schweren sexuellen Missbrauchs gegenüber Schutzbefohlenen und Minderjährigen zu 8 Jahren Zuchthaus verurteilt. Die Haftzeit verbrachte Weitemeyer in der Justizvollzugsanstalt »Roter Ochse« in Halle.

Möglicherweise rettete die Haft ihm das Leben. Nach dem Krieg sagte er gegenüber Vertrauten rückblickend, dass er damals aufgrund seiner Homosexualität nur die Perspektive zwischen Zuchthaus und Konzentrationslager gehabt habe. Schließlich konnte die Geheime Staatspolizei jederzeit homosexuelle Männer in »Schutzhaft« nehmen, welche meistens in einem Konzentrationslager endete.

An dieser Stelle enden meist bisherige Veröffentlichungen über die Thüringer Sängerknaben. Es ist jedoch nicht richtig, dass die Thüringer Sängerknaben von den Nazis verboten wurden. Vielleicht erleichterte die Legende des Verbots durch die Nazis die Chorarbeit in der DDR. Es gibt allerdings keinen Nachweis für ein solches Verbot.

In der Berichterstattung über den Prozess gegen Herbert Weitemeyer in der »Thüringer Allgemeinen Zeitung« vom 27. Juli 1940 und in der Mitteldeutschen Zeitung vom gleichen Tage wurde der Chor ebenso wenig namentlich erwähnt wie die Tatsache, dass Weitemeyer ein Gefolgschaftsführer einer HJ-Gefolgschaft war. In den

Zeitungen wurde noch einen Monat vor der Verhaftung die Aufführung der C-Dur Messe von Mozart rezensiert und gelobt (Thüringer Gauzeitung, 16. April 1940). Die Fortsetzung der Abendmotetten wurde noch am 24. April 1940 angekündigt (Thüringer Gauzeitung, 24. April 1940).

Mit Herbert Weitemeyer, der verhaftet, und Herbert Melle, der bei der Wehrmacht war, fehlte den Thüringer Sängerknaben die Führung. Trotz der organisatorischen Eingliederung in die Hitler-Jugend war die Organisation und Finanzierung Weitemeyers Angelegenheit. Die Stadt hatte bereits mit Schreiben vom 8. April 1940 auf den Nachweis der gewährten Sonderzuschüsse für die Monate Februar und März 1940 gedrungen. Der Rechnungsabschluss für 1939 war noch offen. Er blieb es auch. Wie es mit dem Chor weiterging, lässt sich indirekt aus dem Rechnungsprüfungsbericht der Stadt Erfurt vom 17. September 1940 entnehmen. Seit Dezember 1939 wurden keine Monatsabschlüsse mehr angefertigt. Den errechneten Schulden in Höhe von 5.000 RM stand ein Sachvermögen (Einrichtung und Noten) von ca. 3.000 RM gegenüber. Letzterem wurde ein reeller Wert jedoch nur bei Fortsetzung der Chorarbeit beigemessen.

Dass die Chorarbeit fortgesetzt wurde, ergibt sich aus der in Teilen erhaltenen Mitgliederdatei. Beispielsweise wurden im Herbst 1940 neue Sänger in den Chor aufgenommen.

1941 richtete der Oberbürgermeister der Stadt Erfurt ein Schreiben an den Leiter der »Erfurter Sängerknaben«, Herrn Walter Görk. Aus den Personalakten von Anwärtern für Gymnasien ergibt sich, dass Walter Görk ein Musiklehrer und überzeugter Nationalsozialist war. Ihn hatte Weitemeyer zeitweise als Ersatzlehrer vertreten. Über die musikalischen Aktivitäten in dieser Zeit geben einige

Programme Auskunft. Dabei handelte es sich um Chorabende der »Standortspielschar«, die im Festsaal der »Himmelspforte« durch den Sängerknaben Wolfgang Schönstedt, Sohn des Sparkassendirektors, geleitet wurden. Auf dem Programm standen Volks- und Abendlieder von Beethoven, Brahms und Mozart.

Die Gemeinschaft hielt zusammen. Für die an die Front eingezogenen Ehemaligen wurde eine Zeitschrift verfasst, in der diese über die Aktivitäten des Chores informiert wurden. Es wurden die Standorte der Soldaten für Post veröffentlicht und die ersten Gefallenen betrauert. Mitglieder erinnerten in Erzählungen an die Zeiten der großen Erfolge.

1942 informierte solch ein »Frontbrief« die Ehemaligen voller Stolz, dass die Chorarbeit endlich in alter Form mit einem neuen Chorleiter fortgesetzt werden sollte. Der neue Chorleiter wurde Heinrich Bergzog, und er wandte sich persönlich an die Ehemaligen. Er versicherte unter Verweis auf seine eigene Vergangenheit als Chorpräfekt des Dresdner Kreuzchores, die Sängerknaben zu ihrer alten Qualität führen zu wollen. Die Entwicklung wurde möglich, weil die Stadt Erfurt die beiden vormals privaten Musikinstitute *»Hansmann & Prox«* und *»Venediger«* zu einer städtischen Musikschule, dem *»Meister-Eckehart-Werk«*, zusammengefasst hatte. Die Leitung der Abteilung für Chormusik wurde dem bis dahin als Kapellmeister der Städtischen Bühnen und Kreischorleiter amtierenden Heinrich Bergzog übertragen. Allerdings hatte diese Änderung auch ihren Preis. Der Name Thüringer Sängerknaben durfte nicht weiterverwendet werden.

Im Meister-Eckehart-Werk wurde neben dem Knabenchor auch ein sogenannter »Mädelchor« und verschiedene Theatergruppen aufgebaut. Als junger und begabter Musiker hob sich der Sängerknabe Walter Schönheit, Jahrgang 1927, hervor. Bereits mit 15 Jahren schrieb er eine Märchenoper: *»Die Zauberfeder«*. Diese Oper wurde mehrfach im Reichshallentheater, u. a. vor dem Reichsjugendführer Arthur Axmann, aufgeführt. Walter Schönheit war nicht nur ein begabter Musiker, sondern auch ein engagierter Organisator und begeisterter Sängerknabe. Er war Chorpräfekt, verwaltete die Mitgliederkartei, in der nach wie vor die Chornamen und Ränge eingetragen wurden, dokumentierte die Chronik der Thüringer Sängerknaben im Meister-Eckehart-Werk und übte sich in Vertretung des Chorleiters in ersten Dirigaten.

Heinrich Bergzog wurde im Herbst 1944 an die Front und Walter Schönheit zum Reichsarbeitsdienst eingezogen. Infolge des »totalen Krieges« wurden jegliche kulturellen Aktivitäten untersagt. Am 25. Februar 1945 wurden bei der Bombardierung Erfurts auch die Probenräume in den Waidhäusern des Augustinerklosters zerstört. Dadurch verlor der Chor sein gesamtes Chor- und Notenarchiv. Sängerknaben, die aus den Trümmern Gegenstände retten wollten, kamen nicht dazu, denn Priorität hatte der Versuch, Menschen aus der zerbombten Bibliothek zu bergen. Aber auch in dieser dunkelsten Phase der deutschen Geschichte fanden sich die in Erfurt verbliebenen oder auf Besuch weilenden Sängerknaben zu Proben zusammen.

Einen Monat nach der Besetzung Erfurts durch die 5. US-Armee unter General Patton und zwei Wochen nach Kriegsende organisierten Walter Schönheit, Ronald Wiesel und andere Sängerknaben die erste Abendmotette nach dem Krieg in der Predigerkirche. Der alte Name konnte vorläufig noch nicht verwendet werden. Deshalb wählte Walter Schönheit »Erfurter Sängerknaben« als Namen.

3.000 Menschen hörten in und vor der Kirche am 23. Mai 1945 die Erfurter Sängerknaben und den Erfurter Madrigalchor. Es erklangen unter anderem Werke von Bach, Mozart und Schubert. Es waren vor allem Lieder, die sich mit Tod und Auferstehung auseinandersetzten.

Walter Schönheit, 17-jährig, hatte ambitionierte Pläne. Er lud offiziell zur Eröffnung des »Erfurter Chorwerkes« ein. Die Probenarbeit und das erste Konzert dokumentierte er in einem Chortagebuch. An Erfurter Schulen wurden wieder Mädchen und Jungen für das Singen in den beiden Chören geworben.

Thüringer Sängerknaben vor dem Augustinerkloster ca. 1938
(Archiv Friedhold Wiehle)

3. Die Thüringer Sängerknaben in der Sowjetischen Besatzungszone

Im Juni 1945 wurde Herbert Weitemeyer nach 5 Jahren aus der Haft entlassen. Dies war möglich, weil für die Übergangszeit in der Sowjetischen Besatzungszone das Strafrecht der Weimarer Republik wiederauflebte. Bis 1933 betrug das Strafmaß für § 175 StGB höchstens 5 Jahre und war damit verbüßt.

In Erfurt hatte die am 3. Juli 1945 eingerückte Rote Armee den parteilosen Oberbürgermeister Gerber abgesetzt und den aus dem KZ Buchenwald zurückgekehrten Kommunisten Hermann Jahn als Oberbürgermeister eingesetzt.

Weitemeyer kam nur für eine Woche nach Erfurt zurück, um seine persönlichen Angelegenheiten zu klären. Er wurde von einem Sängerknaben beherbergt. Da er die Auflage hatte, Halle nicht zu verlassen, gründete er in Halle eine Konzertagentur und vermittelte für die Thüringer Sängerknaben bereits für den August/September 1945 Konzerte in Köthen, Halle und Weißenfels.

In Halle kam es zur letzten Begegnung der Thüringer Sängerknaben mit ihrem Gründer Herbert Weitemeyer. Nach dem Konzert wurde in einem Chorkonvent mit den Männerchoristen und Herbert Weitemeyer über die Zukunft des Chores entschieden. Weitemeyer war es aufgrund seiner persönlichen Lage nicht möglich, die Leitung fortzusetzen. Walter Schönheit, der ebenfalls noch ohne Existenzgrundlage lebte, wollte anstelle Weitemeyers das Werk weiterleben lassen. Weitemeyer gestattete Walter Schönheit die Verwendung des alten Namens.

So kamen die Erfurter Sängerknaben als Thüringer Sängerknaben von der ersten Nachkriegschorreise zurück. Walter Schönheit war von den Knaben und Männerchoristen als Präfekt anerkannt. Manche kannten die früheren Chorleiter Weitemeyer und Bergzog nicht. Deshalb führte die Rückkehr Heinrich Berzogs aus der Gefangenschaft zu einer kurzen Phase der Unsicherheit, wer den Chor weiterführen sollte. Die feierliche »Festmotette« zum Abschluss des Erfurter Martinstages am 10. November 1945 mit der Kantate »Ein feste Burg ist unser Gott« BWV 80 wurde noch einmal von Heinrich Bergzog geleitet. Walter Schönheit schrieb in seinem Chortagebuch, dass Bergzog sein Amt Anfang Dezember zur Verfügung stellte, weil er »keine Fühlung« zum Chor aufbauen konnte. Ehemalige Sängerknaben, die damals bereits im Männerchor waren, berichteten mir, dass der Männerchor auf Bestreben Walter Schönheits Herrn Bergzog das Vertrauen entzogen hatte. Die Weihnachtskonzerte dirigierte Walter Schönheit. Die Sängerknaben sangen u.a. zur Weihnachtsfeier bei Landespräsident Rudolf Paul im Stadtschloss zu Weimar. Heinrich Bergzog wurde später Musikerzieher an der 1946 gegründeten Spezialschule *»Erfurter Singschule«*.

Unter dem Oberbürgermeister Hermann Jahn wurde die Chorarbeit geduldet. Um dauerhaft bestehen zu können, war die Einbindung in eine größere Organisation erforderlich. Walter Schönheit sondierte die Zusammenarbeit mit der evangelischen Predigergemeinde und mit der Freien Deutschen Jugend (FDJ). Der Weg führte in die FDJ.

1946 trat der Chor als »Knabenchor der FDJ, ehemals Thüringer Sängerknaben« noch einmal für ein Jahr in Erfurt und Umgebung in Erscheinung. Im Sommer gab es sogar noch eine Chorreise innerhalb Thüringens.

Walter Schönheit hatte seine Schullaufbahn am Thüringer Landeskonservatorium beendet und bekam 1947 einen Studienplatz an der Musikhochschule in Weimar. Seine neue Aufgabe ließ auch im Hinblick auf eine künftige Existenz des Chores eine parallele Chorarbeit in Erfurt nicht zu. Ohne Walter Schönheit fehlte den Sängerknaben der Chorleiter, so dass die Arbeit in Erfurt nicht aufrechterhalten werden konnte.

Walter Schönheit absolvierte das Studium der Kirchenmusik in drei Jahren. 1950 bewarb er sich auf die Stelle des Kantors an der Johannes-Kirche in Saalfeld. In Saalfeld gab es traditionell gute Kirchenmusik mit namhaften Kantoren. Dort gründete Walter Schönheit drei Chöre: einen Knabenchor, einen Mädelchor und einen Oratorienchor. Für den Knabenchor verwendete er den Namen und die Traditionen der Thüringer Sängerknaben. Durch die Erfahrungen in Erfurt geprägt, stellte er den Chor in den Dienst der Evangelischen Landeskirche Thüringens und wählte das Bach'sche »Soli Deo Gloria – Allein Gott die Ehre« als Wahlspruch.

Nie wieder sollte der Chor zum Instrument staatlicher Stellen werden. Deshalb vermied Walter Schönheit auch jede engere Zusammenarbeit mit dem SED-Regime. Dies führte dazu, dass der Chor, obwohl er nach wenigen Jahren erneut ein hohes musikalisches Niveau erreichte und Einladungen aus dem Ausland bekam, nach der Grenzschließung 1952 nicht wieder ins Ausland reisen durfte.

1952 sangen die Thüringer Sängerknaben das erste Mal wieder in der Erfurter Predigerkirche. Walter Schönheit beauftragte Pfarrer Schäfer, die Plakate und Programme von der Druckerei Germanus, die einem ehemaligen Sängerknaben gehörte, drucken zu lassen. Er lud alle in Erfurt verbliebenen Sängerknaben und Madrigalchoristinnen zum Konzert ein. Im Herbst 1952 trafen sich erstmals ehemalige Erfurter Sängerknaben in Saalfeld. Walter Schönheit blieb auch über die geschlossene Grenze hinweg mit Herbert Weitemeyer und ehemaligen Erfurter Sängerknaben in Kontakt.

Herbert Weitemeyer baute sich 1949 als Sekretär des Instituts für Neue Musik von Hagnau/Bodensee aus eine neue Existenz auf. Er heiratete und wurde zweifacher Vater. Aus dem Schriftverkehr mit seinem Rechtsanwalt und dem Landgericht Erfurt geht hervor, dass Weitemeyer bereits seit 1949 rehabilitiert war.

2004 fasste der ehemalige Sängerknabe Friedhold Wiehle den Entschluss, seine Erinnerungen an die Zeit bei den Thüringer Sängerknaben von 1933 bis 1939 aufzuschreiben und eine Chronologie von der Gründung bis zur Auflösung in Erfurt zu verfassen. Er suchte und fand 20 ehemalige Erfurter Sängerknaben und lud sie nach Erfurt zu einem Wiedersehen ein. 2008 wurde das Richtfest der im Krieg zerstörten Waidhäuser gefeiert. Zum Festkonzert sangen die Sängerknaben aus Saalfeld. An das 90-jährige Bestehen dieses Chores erinnerten wir 2013 mit einem Konzert im Augustinerkloster. Ich ging seinen Spuren durch die Thüringer Archive noch einmal nach. Mein Dank gilt dem Archiv der Stadt Erfurt, dem Staatsarchiv Gotha, den Archiven der Universität Jena und der Musikhochschule in Weimar, dem Archiv der Predigergemeinde und dem Archiv der Thüringer Sängerknaben in Saalfeld.

Der ehemalige Sängerknabe Andreas Marquardt leitet heute als Kantor an der Johannes-Kirche in Saalfeld die Geschicke des traditionsreichen Chores. Verglichen mit der Gründerzeit hat der Chor heute in Saalfeld ideale Bedingungen. Neben dem Förderverein und der Evangelischen Kirche Mitteldeutschlands unterstützen zahlreiche Institutionen der Stadt und des Landkreises Saalfeld-Rudolstadt die Chorarbeit. In der Evangelischen Johannes-Grundschule mit dem Schwerpunkt Musik und an allen Schulen in und um Saalfeld werden Sänger geworben. Vor zwei Jahren wurde eine Stiftung zur Förderung der Chöre an der Johannes-Kirche gegründet. Vergleicht man die Umstände der Zeiten, war die Existenz des Chores nie besser abgesichert als heute. Es ist zu wünschen, dass in einer Zeit, in der Reisen günstig ist wie nie, der Chor sich seiner ursprünglichen Neugier und Abenteuerlust erinnert und für Saalfeld, Thüringen und damit auch Erfurt wieder in die Welt fährt und die Menschen mit der bewegenden Kirchenmusik begeistert.

Thüringer Sängerknaben vor dem Dom 1945
(Archiv Dr. Werner Keyling)

Haken am Kreuz? Nationalsozialistische Begeisterung und religiöser Eigensinn

Der Evangelische Kirchenkreis Erfurt im Dritten Reich – zwei Werkstattberichte

Martin Borowsky/Sebastian Nickel

Erfurt gehörte zur Evangelischen Kirche der Altpreußischen Union, weil es ab 1802 dem preußischen Territorium zugerechnet wurde. Die nächst niedrigere Verwaltungseinheit oder »Provinzialkirche« war die Kirchenprovinz Sachsen mit Sitz in Magdeburg und einem eigenen Generalsuperintendenten, ab 1933 Bischof genannt, an der Spitze. Zu den 72 Kirchenkreisen der Kirchenprovinz zählte auch Erfurt.

Während die benachbarte Thüringische Landeskirche mit Bischofssitz in Eisenach – als »zerstörte Kirche« – fest in der Hand nationalsozialistischer und völkischer deutsch-christlicher Theologen und Kirchenführer war, bot die Kirchenprovinz Sachsen ein vielfältigeres Bild. Sowohl die dem Nationalsozialismus nahestehenden Deutschen Christen als auch – auf der Gegenseite – die Anhänger der Bekennenden Kirche stellten überschaubare Minderheiten dar, in der gesamten Kirchenprovinz wie auch in Erfurt, wo sich lediglich eine Handvoll Pfarrer und die Regler-Gemeinde der Bekennenden Kirche anschlossen. Die große Mehrheit situierte sich kirchenpolitisch und scheinbar »neutral« in der »kirchlichen Mitte«.

Im Unterschied zur Thüringer Landeskirche ist die Geschichte der Kirchenprovinz Sachsen im Dritten Reich wissenschaftlich kaum erforscht, obwohl diese Kirche im Kernland der Reformation lag und mit damals über 80 Prozent Protestanten in der Bevölkerung maßgeblich Einfluss auf Politik und Gesellschaft zu nehmen vermochte.[1] Öffentliches Beschweigen, Verdrängen, Vergessen und privates Umdeuten der Vergangenheit dominierten nach dem Krieg.

Vorstöße des Kirchenkreises Erfurt in der Landessynode, die Geschichte der gesamten Kirchenprovinz oder wenigstens einzelner Kirchenkreise fachkundig erforschen zu lassen, blieben bisher fruchtlos.[2]

Dies empfanden engagierte Protestanten in Erfurt als unbefriedigend, zumal die Auseinandersetzung mit der eigenen Geschichte zur innerkirchlichen Selbstvergewisserung gehört. Der Auftakt fiel in eine Phase intensiver innerkirchlicher Selbstverständigung der soeben fusionierten Evangelischen Kirche in Mitteldeutschland

---

1 Soweit ersichtlich, befasst sich nur eine Monografie mit Teilaspekten, nämlich die bereits zu DDR-Zeiten vorgelegte Dissertation des Kirchenhistorikers Martin Onnasch, die erst vor kurzem publiziert wurde: Um kirchliche Macht und geistliche Vollmacht. Ein Beitrag zur Geschichte des Kirchenkampfes in der Kirchenprovinz Sachsen 1932–1945, Frankfurt 2010. S. weiter Großbölting, Thomas, Evangelische Christen im Nationalsozialismus und in der frühen DDR. Die Kirchenprovinz Sachsen, in: Gailus, Manfred/Krogel, Wolfgang, Von der babylonischen Gefangenschaft der Kirche im Nationalen, Berlin 2006, S. 197–221.

2 Dies Desiderat bleibt. Zum einen sollte die Geschichte der Kirchenprovinz Sachsen im Dritten Reich umfassend erforscht und publiziert werden, zum anderen bedarf insbesondere das Verhältnis zum Judentum und – getauften wie nichtgetauften – Juden der Aufarbeitung. Ein Vorbild könnte hier die Wanderausstellung der Nordelbischen Kirche »Kirche, Christen, Juden in Nordelbien 1933–1945« sein: www.kirche-christen-juden.org.

(EKM). Die jeweiligen historischen Wurzeln und Schattenseiten sollten stärker in den Blick genommen werden.

Nach dem Leitsatz »Grabe, wo Du stehst« wollten die Initiatoren die Erforschung der Geschichte ihres Kirchenkreises in die eigene Hand nehmen und mit dem Ergebnis weitere Kirchenkreise oder auch Gemeinden zu eigener Erkundung anregen. Dies gelang im Falle der Predigerkirche in Erfurt, die in der Folge mit einem eigenen Arbeitskreis eine Ausstellung zur Predigergemeinde im Dritten Reich erarbeitete.

Das gemeinsame Grundmotiv besteht darin, selbständig recherchierend zur Aufarbeitung dieser weithin im Dunkel liegenden jüngsten Geschichte vor Ort beizutragen und die Ergebnisse in effektiver Weise ins kirchliche und städtische Bewusstsein – auf die »mental map« der Erfurter – zu bringen. Die Zielstellung war deshalb von Anfang an auf eine Wanderausstellung gerichtet, möglichst ergänzt durch begleitende Medien und Publikationen, um so reihum nach innen wie außen zur Auseinandersetzung anzuregen.

Im Folgenden werden zunächst die Genese und der Aufbau der Ausstellung des Kirchenkreises in Grundzügen und anhand von zwei ausgewählten Themengebieten kursorisch nachgezeichnet, bevor anschließend die darauf rekurrierende Ausstellung über die Erfurter Predigergemeinde eine kurze organisatorische und inhaltliche Beschreibung erfährt.

Haken am Kreuz?
Evangelische Kirche in Erfurt 1933–1945

(Martin Borowsky)

Der Auftakt: Die Gründung des Arbeitskreises »Haken am Kreuz?«

Auf Initiative von Dr. Aribert Rothe und Dr. Martin Borowsky fand sich am 10. März 2009 im Evangelischen Augustinerkloster zu Erfurt eine Reihe von Interessierten zusammen, um den Arbeitskreis »HAKEN AM KREUZ? – Die Evangelische Kirche in Erfurt 1933–1945« zu gründen, ein offener Kreis, der bis heute besteht.[3]

Zur Mitarbeit eingeladen waren Personen, die sich beruflich oder ehrenamtlich mit der Kirchengeschichte bereits beschäftigten oder künftig befassen wollten und zum Teil einschlägige kirchliche oder zivilgesellschaftliche Arbeitsfelder und Kompetenzen vertraten. So beteiligten sich an der Gründung unter anderem Emeriti wie der frühere Propst, der ehemalige Vizepräsident des Bundesarbeitsgerichts, weiter ein aktiver Richter als engagiertes Mitglied der Kreissynode sowie der Deutsch-Israelischen Gesellschaft, zudem Vertreter des Förderkreises »Erinnerungsort Topf & Söhne – Die Ofenbauer von Auschwitz« sowie der Projektgruppe »Erfurt im Nationalsozialismus«. Im weiteren Verlauf des aufwändigen und

3 Die Verfasser danken Dr. Aribert Rothe für seine wertvolle Zuarbeit zur Geschichte des Arbeitskreises »Haken am Kreuz?«.

langwierigen Findungs- und Arbeitsprozesses zogen sich einige Personen wieder zurück, neue Mitarbeitende kamen hinzu.

Ausgewiesene zeitgeschichtliche Fachkompetenz konnten die aus Erfurt stammende Kirchenhistorikerin Pfarrerin Dr. Susanne Böhm[4] und der Doktorand am Forschungskolleg der Universität Erfurt, Henning Bühmann einbringen. Die drei weiteren festen Mitglieder sind der Richter Dr. Martin Borowsky, Erwachsenenbildner Pfarrer Dr. Aribert Rothe und der Pädagoge Gerhard Wien. Außerdem wurde der Kirchenhistoriker Prof. Dr. Martin Onnasch konsultiert, der den Kirchenkampf in der Evangelischen Kirchenprovinz Sachsen beschrieben hat.[5] Schließlich konnte die Historikerin Dr. Andrea Herz dafür gewonnen werden, ehrenamtlich die eruierten Texte und Materialien mit einem ihr vertrauten speziellen Grafik-Computer-Programm in anschaulich gestaltete Tafeln umzusetzen.

Die eingehende und zeitintensive Beschäftigung mit den zwölf problematischen Jahren der facettenreichen Vergangenheit der eigenen Kirche führte für die Mitglieder des Arbeitskreises selbst zu einem inneren Gewinn. Dabei wechselten die Eindrücke und Empfindungen von Verwundern und Erschrecken zu Nachdenklichkeit, Respekt und Demut.

Beim näheren Hinsehen und der Betrachtung von Einzelfällen zeigt sich, dass im Spektrum des kirchlichen Lebens nicht nur ein böser Zeitgeist sein Unheil anrichten (vgl. Ps. 106, 37), sondern auch ein anderer Geist wirksam werden kann; »wo aber der Geist

---

4 Vgl. Böhm, Susanne, Deutsche Christen in der Thüringer evangelischen Kirche (1927–1945), Leipzig 2008.

5 Vgl. Onnasch, Um kirchliche Macht und geistliche Vollmacht (s. Anm. 1).

des Herrn ist, da ist Freiheit« (2. Kor. 3,17b). Dies eröffnet die angstfreie Aufarbeitung der Vergangenheit, ohne die eine gute Zukunft nicht möglich ist.

Beauftragung, Vernetzung und Verfahrensweise

Der Arbeitskreis »Haken am Kreuz?« war im Auftrag des Kreiskirchenrates und mit Billigung der Kreissynode tätig. Die Kirchengemeinden wurden um praktische Unterstützung bei den Recherchen gebeten, die in der Regel auch gegeben war. Auch konnte das Archiv des Kirchenkreises unter Mithilfe des Archivars Dr. Michael Ludscheidt genutzt werden.

Zudem war von vornherein der inhaltliche und teilweise personelle Zusammenhang mit dem parallel arbeitenden kommunalen Arbeitskreis »Erfurter GeDenken 1933–1945«, der durch spezifische Erinnerungszeichen – »DenkNadeln«[6] – öffentlich auf die Verfolgungsgeschichte Erfurter Bürger(innen) jüdischer Herkunft aufmerksam macht, durch drei Aktive gegeben.

Großer Wert wurde auf Transparenz gelegt: Der Kirchenkreis – institutionell vertreten durch den Evangelischen Kreiskirchenrat und das Evangelische Ministerium Erfurt – erhielt zeitnah sämtliche Protokolle. Es gab zudem gelegentliche mündliche Berichte und Informationen in diesen Gremien und auch für die Kreissynode sowie Beiträge in den Erfurter Blättern[7], um die (kirchliche) Öf-

---

6 S. www. juedisches-leben.erfurt.de/jl/de/heute/erfurter_gedenken/denknadel/

7 Wien, Gerhard, Die evangelische Luthergemeinde in Erfurt von 1933 bis 1945, in: Erfurter Blätter 2011, Bd. 115, S. 16–17 und Bd. 116, S. 24–25.

fentlichkeit zu informieren. Für die interessierte Stadtöffentlichkeit erschien ein Beitrag in der Zeitschrift »Stadt und Geschichte«[8]. Darüber hinaus wurden auch die Gemeindekirchenräte einiger betroffener Gemeinden, etwa in Gispersleben oder Martini-Luther, durch Mitglieder des Arbeitskreises über den jeweiligen Arbeitsstand informiert.

Der Zeitaufwand war erheblich. Während es im Gründungsjahr lediglich drei dokumentierte Zusammenkünfte gab, hat sich der Arbeitskreis in den darauffolgenden Jahren zunächst sechs Mal und im Weiteren – bis 2013 – acht bis zehn Mal jährlich zu Arbeitssitzungen und Werkstattberichten getroffen.

Die finanzielle Seite erwies sich als unproblematisch, wobei ein erheblicher Teil der Kosten naturgemäß unsichtbar blieb. Organisation und Logistik trug vor allem die Evangelische Erwachsenenbildung Thüringen, während der überwiegende Arbeitsaufwand ehrenamtlich geschah und bisweilen immer noch geschieht. Für die Realisierung der Ausstellung stellte der Kirchenkreis – nach Antrag an die Kreissynode und durch Übertragungsbeschluss des Kreiskirchenrates für das Haushaltjahr 2014 – Projektmittel in Höhe von 5.500 Euro zur Verfügung.

Das Ergebnis: Die Wanderausstellung

In der ersten Phase der Einarbeitung überwogen gegenseitige Information und thematische Annäherung. Danach folgten schwer-

8 Böhm, Susanne, Dr. Siegfried Hötzel – der letzte evangelische Garnisonspfarrer in Erfurt, in: Stadt und Geschichte 11 (2011), S. 28f.

punktmäßig Recherchen und Materialsichtung, und schließlich ging es vor allem um eine reduzierte und auf das Wesentliche beschränkte Auswahl aus der Fülle. Denn die Wanderausstellung soll jungen und älteren Betrachtern einen angemessenen Überblick gewähren – didaktisch fasslich durch die Konzentration auf Exemplarisches und inhaltlich verständlich durch eine kritische Darstellung, die zugleich den Vorfahren und ihrer Kirchlichkeit gerecht werden will.

Die Wanderausstellung »Haken am Kreuz? Evangelische Kirche in Erfurt 1933–1945« besteht aus 16 handlichen Text-Bild-Tafeln (Roll Up System mit Ausleuchtung) und zwei Mappen.[9] Reflexionen, Zitate und Bilder verbinden ausschnittweise die folgenden grundsätzlichen und exemplarischen Informationen, um in die zeitgeschichtliche Situation einzuführen[10]:

- Tafel 1 »Haken am Kreuz? Evangelische Kirche in Erfurt 1933–1945 Ausstellung des Kirchenkreises Erfurt«
- Tafel 2 »Evangelische Kirche und ›nationaler Aufbruch‹«
- Tafel 3 »Das Erfurter Seniorat«
- Tafel 4 »Evangelische Gemeinden und ihre Pfarrer«
- Tafel 5 »Spannungsfelder«
- Tafel 6 »›Arier‹-Nachweise«
- Tafel 7 »Evangelische Kleinpublizistik«
- Tafel 8 »Evangelischer Bund in Erfurt«

9 »Aber sonst war diese Zeit wunderbar.« Anna-Luise Reichardt (Jg. 1921), eine der ersten Katechetinnen Erfurts, im Gespräch mit Aribert Rothe (autorisierte Wiedergabe eines narrativen Interviews) und »Gerhard Wien, Die evangelische Luthergemeinde in Erfurt von 1933 bis 1945«.

10 Die Mitglieder des Arbeitskreises stehen im Übrigen auch weiterhin auf Anfrage für Veranstaltungen und Führungen zur Verfügung.

- Tafel 9 »Kirchenmusik und Gesangsvereine«
- Tafel 10 »Aus der Gisperslebener Gemeindearbeit um 1939«
- Tafel 11 »Im Blick der Gestapo«
- Tafel 12 »Pfarrer mit Redeverbot: Dr. Gerhard Gloege«
- Tafel 13 »Soldatenseelsorger Dr. Siegfried Hötzel«
- Tafel 14 »Kirche an der Heimatfront«
- Tafel 15 »Möbisburger ›Kameradschaftsbriefe‹«
- Tafel 16 »Wehrdienstverweigerer Richard Felix Kaszemeik«.

Zur öffentlichen Wahrnehmung

Erster repräsentativer Ausstellungsort war das Collegium Maius, d.h. das Landeskirchenamt der Evangelischen Kirche Mitteldeutschlands (EKM). Städtisch zentral gelegen, konnte hier am 5. Mai 2014 die Ausstellung der Öffentlichkeit übergeben werden. Dank einer breit gestreuten Öffentlichkeitsarbeit herrschte eine außerordentliche mediale Aufmerksamkeit vor allem im nichtkirchlichen Bereich.

Die damalige EKM-Pressemitteilung stellte den aktuellen Bezug her: »›Haken am Kreuz? – Evangelische Kirche in Erfurt 1933–1945‹ ist das Thema einer Ausstellung, die am kommenden Montag […] im Landeskirchenamt der Evangelischen Kirche in Mitteldeutschland (EKM) in Erfurt zum ersten Mal gezeigt und eröffnet wird. […] Vier Jahre lang hat eine Arbeitsgruppe im Auftrag des evangelischen Kirchenkreises erkundet, wie die Nazi-Diktatur in die evangelische Kirche hinein gewirkt hat. Dabei ist die Gruppe insbesondere den Fragen nachgegangen, wie intensiv die völkisch-nationalistische Ideologie in das Leben der Kirchengemeinden eingedrungen ist, ob es Protest der Kirchengemeinden gegen die Deportation der jüdischen Mitbürger gab und wie sie auf Krieg reagiert hat. Die Ergebnisse sind auf 16 großformatigen Tafeln mit Texten und Bildern dokumentiert. […] ›Indem wir das Versagen und den Widerstand der evangelischen Kirche auf lokaler Ebene dokumentieren, wollen wir auch andere Kirchengemeinden anregen, ihrer eigenen Geschichte nachzugehen und ihr Verhalten in der Nazizeit aufzuarbeiten‹, so Aribert Rothe, Mitglied der Arbeitsgruppe ›Haken am Kreuz‹. ›Auch treibt uns die Frage um, was durch den Blick auf jenen historischen Abschnitt für heute und morgen, nicht zuletzt wegen der neonazistischen Umtriebe, zu lernen ist?‹«

Der Mitteldeutsche Rundfunk schickte seine Redaktion Aktuelles/ARD Aktuell TAGESSCHAU/TAGESTHEMEN, die nicht nur die Vernissage nachrichtlich vermeldete, sondern auch ein Interview mit der Zeitzeugin Anna-Luise Reichardt im dritten Programm brachte und in die Mediathek stellte. Auch das Kulturradio des MDR »Figaro« und die privaten Landessender brachten ausführliche Interviews mit Mitgliedern des Arbeitskreises, und Tageszeitungen und Mitteldeutsche Kirchenzeitung »Glaube + Heimat« berichteten.

Anschließend kam die Ausstellung in die Erfurter Thomaskirche und in weitere Gemeinden in Magdeburg und Erfurt. Es steht zu hoffen, dass sie in Obhut des Kirchenkreises Erfurt[11] erfolgreich auf weitere Wanderschaft geht und spiegelbildlich zur Befassung mit der eigenen Gemeindegeschichte – wie in der Erfurter Predigergemeinde – anregt.

---

11 Verleih: www.kirchenkreis-erfurt.de.

Die Erfurter Pfarrerschaft und der »Ariernachweis«

Das Verhältnis der Evangelischen Kirche in Erfurt zur jüdischen Gemeinde und den verfolgten Erfurter »Glaubensjuden« ist bisher nicht erforscht. Nur wenig ist hierzu bekannt.[12] Dies gilt auch für das Schicksal der sogenannten »Judenchristen«, d.h. Menschen jüdischer Herkunft, die sich selbst oder – häufiger – deren Vorfahren sich hatten taufen lassen, das »Entre Billet zur Europäischen Kultur«, wie sich Heinrich Heine ausdrückte.

Ein Schlaglicht – mit viel Schatten, aber auch Licht – wirft der »Ariernachweis« der Erfurter Pfarrerschaft, ein Vorgang aus dem Jahre 1936, mit dem sich eine Schautafel der Ausstellung befasst.

Die Deutschen Christen waren sich von Anfang an und bei aller Zersplitterung in dem Ziel einig, den für Beamte geltenden Arierparagrafen auch in der Kirche einzuführen. Ebenso einhellig verwahrte sich die Bekennende Kirche hiergegen.

Aufgrund des Widerstandes in großen Teilen der verfassten Kirche gegen einen kircheneigenen Arierparagrafen legte man das Projekt zunächst auf Eis. Umso erstaunlicher ist es, dass der zur Beendigung des »Kirchenstreits« eingesetzte Reichskirchenausschuss am 8. Mai 1936 alle obersten Behörden der deutschen evangelischen Landeskirchen dazu aufforderte, »festzustellen, wie viele Pfarrer in den einzelnen Landeskirchen nicht arisch im Sinne der Beamtengesetze sind.« Angeblich wollte man so »zuverlässige Unterlagen […] schaffen, um irrige Meinungen und Behauptungen, die hier und da auftreten, richtig zu stellen.«

---

12 S. zur Situation in Deutschland die umfassende Darstellung und Dokumentation von Röhm, Eberhard/Thierfelder, Jörg, Juden-Christen-Deutsche 1933-1945, Calw 2007.

Die Bekennende Kirche stellte sich gegen dieses Ansinnen. Ein führender Vertreter schrieb: »Wir sehen keinen kirchlichen Grund zur Beantwortung einer Anfrage betreffend Rassezugehörigkeit der kirchlichen Amtsträger, deren Amt allein auf der Taufe und auf dem Auftrag der Gemeinde beruht.« Ein Bekenntnispfarrer warnte hellsichtig, dass es niemand in der Hand habe, was mit den beantworteten Fragebogen eines Tages einmal gemacht werden wird.

Nach Ende der – aufgrund des Boykotts seitens der Bekennenden Kirche unvollständigen – Erhebung stellte sich heraus, dass sich unter den rund 17.000 Pfarrern im Deutschen Reich nur rund 50 »nichtarische« Kollegen befanden. Für viele von ihnen hatte dies später tödliche Folgen. Aus Erfurt ist kein solches Verfolgungsschicksal bekannt.

Die Reaktionen in Erfurt sind aufschlussreich und wohl auch repräsentativ für die Lage in vielen Kirchenkreisen. Es ist ein glücklicher Zufall, dass der Aktenvorgang ausnahmsweise nahezu vollständig erhalten ist und keiner nachträglichen »Archivsäuberung« zum Opfer fiel.

Der Großteil der Erfurter Pfarrer kam der Aufforderung nach, manche ersichtlich zurückhaltend, manche offenkundig bereitwillig. Viele Pfarrer sahen die Anfrage wohl als »bürokratischen Akt« an und teilten nur knapp mit, dass sie »arisch im Sinne der Beamtengesetze« seien. Einige erfüllten die Anfrage überobligatorisch und gaben – unaufgefordert – zusätzlich an, dass auch ihre Ehefrau arischer Herkunft sei. Manche zeigten gar Begeisterung, ihren arischen Charakter bezeugen zu können, in dem stolzen Gefühl, einer nahezu »judenreinen« deutschen Pfarrerschaft anzugehören.

Einige Pfarrer, die der Bekennenden Kirche angehörten, verweigerten sich.

Dabei zeigte sich eine geradezu denunziatorische Praxis des damals amtierenden Seniors und Superintendenten Alfred Kurz.

Der deutsch-christlich orientierte Pfarrer Alfred Kurz (1870 bis 1958) folgte dem aus dem Amt gedrängten, liberal ausgerichteten Senior Dr. Gerhard Fischer nach. Kurz, der als Pfarrer an der Thomasgemeinde wirkte, amtierte von 1934 bis 1938 als Senior. Er hatte sich als populärer Luther-Schriftsteller einen Namen gemacht. So gab er – zum 400jährigen Reformationsjubiläum – ein »Erfurter Lutherbuch 1917« heraus. Seine deutsch-völkische Gesinnung zeigte er bereits damals in seinem Beitrag »Luther als Thüringer. Seine germanisch-thüringische Abstammung in ihrer Bedeutung für seine Persönlichkeit und sein Werk«. Darin suchte er zu erweisen, dass Luther »Vollblut-Deutscher« und nicht etwa slawischer Abstammung und »Blutmischung« gewesen war. 1934 wurde Kurz auf Vorschlag der Stadt Erfurt durch den von Hitler persönlich eingesetzten Reichsbischof Müller – in dessen Funktion als Landesbischof Preußens – zum Senior des Evangelischen Ministeriums Erfurt und Superintendenten in Erfurt ernannt. Im Sinne des Führerprinzips leitete er fortan die Geschicke des Kirchenkreises, bis ihn 1938 der bekenntnis-kirchlich orientierte Pfarrer Otto Breithaupt ablöste.

Kirchenpolitisch war Kurz bereits seit der Weimarer Republik den Deutschen Christen eng verbunden. Zunächst Mitglied der Glaubensbewegung Deutsche Christen, trat er 1936 zur radikalen Kirchenbewegung Deutsche Christen über, die eine überkonfessionelle Kirche aller Deutschen anstrebte. Er folgte der kirchenpolitisch erwünschten Linie: »Insbesondere wenden wir uns an den braven Mann! Unser Führer will, dass die evangelische Kirche als Volkskirche dem neuen Staat sich freudig und dienstwillig eingliedert.« In seinem von deutschchristlichem Geist durchdrungenen »Bericht über die kirchlichen und sittlichen Zustände«, den er der Kreissynode Erfurt am 28. Juni 1934 erstattete, führte er etwa aus: »Gott aber wollte und will unser Heil! Er hat uns in Adolf Hitler den Steuermann gegeben, der das deutsche Schiff in der letzten Stunde herumgerissen hat. [...] Unvergesslich wird mir der Tag bleiben, an dem Hitler das erste Mal in der Erfurter Kampfbahn zu einer begeisterten Menschenmenge sprach. [...] Jene Stunde im Stadion wurde mir zu einem starken Erlebnis. Damals schaute ich das erste Mal wieder seit dem Kriegsende voll Zuversicht in die Zukunft Deutschlands. Aber in jener Stunde tauchte auch das erste Mal in mir der Gedanke auf, dass die Zeit immer näher herankomme, in der unsere Evangelische Kirche vor die Entscheidung gestellt sein würde: mit Hitler oder gegen Hitler? Inhaltlich ist diese Frage gleichbedeutend mit der anderen: Mit dem Volk oder gegen das Volk? Die Kirche ohne Volk ist keine Kirche, die Kirche gegen das Volk ist undenkbar.«

Zurück zum Ariernachweis: Kurz hatte auf die Anforderung aus Magdeburg hin mit Schreiben vom 20. Juni 1936 mitgeteilt, dass mit Ausnahme von fünf Pfarrern, die keine Antwort gegeben hätten, von sämtlichen Geistlichen mitgeteilt worden sei, dass sie arischer Abstammung im Sinne der Beamtengesetze seien. Die Kirchenleitung in Magdeburg reagierte postwendend mit Schreiben vom 24. Juni 1936, Kurz möge Namen und Pfarramt mitteilen. Dies tat er bereits am 27. Juni 1936: Es handele sich um die Pfarrer Jentzsch, Reglergemeinde, Stolzenbach in Gispersleben, Müller in Kühnhausen, Richter in Sömmerda und Dietrich in Zimmernsupra. Er fügte abschließend hinzu: »Die fünf Pfarrer gehören sämtlich der Bekenntnisfront an«.

Die Kirche verstrickte sich mit solchen Vorgängen – hier exemplarisch dem Ariernachweis – in den Prozess der Aussonderung von Juden, auf deren Leidensweg von Ausgrenzung, Diskriminierung, Entrechtung, Vertreibung, Massenmord und Shoah. Noch gravierender und folgenschwerer war die kirchliche Amtshilfe bei der Erfassung von Menschen jüdischer Herkunft.[13] Weithin unbekannt und verdrängt ist die Tatsache, dass es in Erfurt ein eigenes »Sippenamt« oder Kirchenbuchamt gab, dem die meisten Kirchengemeinden ihre Kirchenbücher zur Verfügung stellten, für die geforderten Ariernachweise, für Sippenforschung, in der Konsequenz für die Verfolgung.

Für Erfurt gilt wohl, dass nur wenige Pfarrer sich als dezidiert Deutsche Christen verstanden, aber auch nur eine Handvoll Pfarrer sich der Bekennenden Kirche anschloss oder gar Akte des Widerstands zeigte. Die große Mehrheit bewegte sich im kirchenpolitisch »neutralen« Mittelfeld.

Die Kirche hat auch in Erfurt Schuld auf sich geladen, indem sie sich an dem historisch einmaligen Rassenwahnprojekt der Nationalsozialisten beteiligte. Umso wichtiger ist es, dass wenigstens einige couragierte Geistliche ein Zeichen christlichen Glaubens und der Mitmenschlichkeit gesetzt haben.

---

13 S. hierzu Gailus, Manfred, Kirchliche Amtshilfe. Die Kirche und die Judenverfolgung im »Dritten Reich«, Göttingen 2008.

Die Vorstadtgemeinde Gispersleben als Wirkungsstätte Deutscher Christen – ein exemplarischer Fall

Dezidiert deutsch-christlich orientierte Gemeinden gab es nur wenige in Erfurt. Mancherorts – wie an der Thomaskirche oder bei Martini Luther – gab es eine Spaltung, d.h. sowohl deutsch-christlich orientierte Pfarrer als auch Geistliche, die der Bekennenden Kirche angehörten.

Gispersleben allerdings, ein Vorort von Erfurt, dem sich eine weitere Tafel der Ausstellung widmet, war jedenfalls seit 1938 fest in deutsch-christlicher Hand, sowohl von den Gemeindekirchenräten von Kiliani und Viti als auch den Pfarrern her. So wirkten hier der überzeugte Nationalsozialist Dr. Hans-Joachim Goldemann in den Jahren 1938 und 1939 bis zu seiner Einberufung, sodann hilfsweise der bereits im Ruhestand befindliche Pfarrer Schlegel und schließlich Otto Falcke, der wie seine Frau Mitglied der radikalen »Nationalkirchlichen Einung Deutsche Christen« war.

Zu den für die Deutschen Christen typischen »Gottesfeiern«, die ohne feste Liturgie an die Stelle der Gottesdienste traten, trugen sie den vorgeschriebenen Einheitsanzug, eine Art Uniform. Die Kirchenbücher bis 1930 lieferten sie bereitwillig an das Erfurter Sippenamt ab. Ihre Predigten und die Liturgie waren durchdrungen von völkischen Versatzstücken.

Pfarrer Goldemann verbarg seinen tief wurzelnden Antisemitismus nicht. In einer Einladung zu einer »Saatbittgottesfeier« im März 1939 schreibt er: »Deutsche Männer und Frauen! Mit dem Monat März ist die Zeit der Aussaat gekommen. Sie alle wissen, dass der von der nationalsozialistischen Staatsführung mit einzigartiger Tapferkeit geführte Gottgewollte Kampf gegen das internationale Weltjudentum in seinem Erfolg entscheidend gefördert wird durch ein gesegnetes Wachstum der Feld- und Gartenfrüchte.«

Zudem versuchte sich Goldemann an einem eigenen, das »Blut« betonenden Glaubensbekenntnis: »Ich glaube an den einen, einzigen Gott, den allmächtigen Schöpfer aller Himmel und Erden, aus dessen heiligem Willen und Rat auch mein Blut und Volk geworden, welches beides zu achten und zu ehren er mir geboten hat. [...] Ich glaube an den Heiligen Geist, der alle, die guten Willens sind, zur festen Gemeinschaft der Liebe und der helfenden Tat verbindet, der auch mir die Kraft verleiht, in rechter Ritterschaft zu kämpfen für das Evangelium wie für meines Volkes Gut, Ehre und Freiheit. Dies ist mein Glaube, in dem ich meinem Volke dienen und meinem Gott gehorsam sein [...] will bis an mein Ende.«

Als Pfarrer Goldemann bei einem Truppentransport 1941 tödlich verunglückte, setzte der Gemeindekirchenrat eine Traueranzeige, die keinerlei christliches Symbol aufwies, in die Zeitung: »Nur wenige Jahre konnte er in jugendlicher Frische und Begeisterung seine Kräfte den Gemeinden widmen, denen er sich in Treue verpflichtet fühlte, auch als er das Ehrenkleid des Soldaten trug. Mit der gleichen Treue stand er als echter Nationalsozialist hinter Führer und Volk, ein überzeugter Christ und wahrhaft deutscher Mann, den wir ungern vermissen.«

Besonders aufschlussreich ist die nach einer Interimszeit folgende Wahl von Otto Falcke zum Pfarrer, da sich hierzu im Aktenbestand zahlreiche Schriftstücke finden, Belege dafür, wie die Deutschen Christen in Querverbindung zu der von dieser Richtung dominierten Thüringer Landeskirche Einfluss auf Erfurt zu nehmen suchten. In einem ersten Brief vom 21. Juni 1941 wendet sich Pfarrer Falcke an seinen Kollegen Schlegel mit den Worten: »Offenbar steht die Gemeinde auf dem Boden unserer Bewegung, der ich seit 1934 als Mitglied […] angehöre, und wird infolgedessen an der Wiederbesetzung der Vakanz durch einen D.-C.-Pfarrer interessiert sein.«

In einem Brief vom 28. Juli 1942 gibt Pfarrer i.R. Schlegel seinem »Kameraden« Falcke Empfehlungen für die bevorstehende Gottesfeier, die zu dessen Wahl führen sollte, unter anderem zur Gestaltung, dies mit den Worten: »Halleluja, Hosianna, Amen u.s.w. sind vermieden.«

In einer dienstlichen Beurteilung vom 25. November 1942 heißt es über Falcke: »Falcke steht ganz auf dem Boden des nationalsozialistischen Staates und bejaht seine Führung und Einrichtungen vollständig. Er hat sich vor einer Reihe von Jahren der nationalkirchlichen Einung Deutsche Christen angeschlossen und hält in ihr treue Kameradschaft.«

Sobald die Amerikaner Gispersleben nach harten und blutigen Straßenkämpfen erobert hatten, kündigte Falcke keine Gottesfeier mehr an, sondern den traditionellen Gottesdienst. Ein Jahr später wurde ein Disziplinarverfahren gegen ihn durchgeführt, das zu seiner einstweiligen Amtsenthebung führte. Für Erfurt gab es nur wenige solcher Fälle, mit denen man den am meisten belasteten Personen im kirchlichen Dienst beikommen wollte. So gab es noch ein Verfahren gegen den in Martini wirkenden DC-Pfarrer Friedrich Klaproth. Nach einer überschaubaren theologischen Fortbildung und »Läuterung« durfte Pfarrer Falcke schließlich an eine Klinik und Gemeinde in Nordthüringen wechseln.

Pfarrer Falcke halfen seine Anpassung und Andienung in der Zeit des Dritten Reichs nichts. Unter seiner Amtsführung kam das kirchliche Leben in Gispersleben nahezu zum Erliegen. Zu den Gottesdiensten erschienen oft nur wenige Menschen. Die Jugend missachtete Kirche und Pfarrer offen. Einem in den Akten befindlichen Bericht zufolge drangen Jugendliche in die Kirche ein, schossen mit einem Luftgewehr auf das Kreuz und verrichteten ihre Notdurft, wohl angestiftet von einem Lehrer.

In den Akten finden sich schließlich Rechtfertigungsversuche. In einem Schreiben vom 12. Juni 1946 an den zuständigen Säuberungsausschuss – »Ausschuss zur Wiederherstellung eines an Schrift und Bekenntnis gebundenen Pfarrerstandes« – führt Falcke aus, dass er ausdrücklich erkläre, »dass ich seit 1934 der Nationalkirchlichen Einung Deutsche Christen sowie der Deutschen Pfarrergemeinde zwar bis zum Zusammenbruch unseres Volkes angehört, jedoch meinen christlichen Glauben und meinen festen Standpunkt auf dem Boden der gesamten heiligen Schrift Alten und Neuen Testaments in meiner Amtsführung, meiner persönlichen Überzeugung entsprechend, seit dem Tage meiner Ordination niemals verlassen oder verleugnet habe.«

Die Ausstellung »Haken am Kreuz? Die evangelische Predigergemeinde Erfurt 1933–1945« im Sommer 2016 in der Predigergemeinde Erfurt

(Sebastian Nickel)

Anfänge

In den Jahren 2009–2013 wurde vom Evangelischen Kirchenkreis Erfurt die Wanderausstellung »Haken am Kreuz?« entwickelt, die sich mit Versagen und Bewährung evangelischer Kirchengemeinden im Nationalsozialismus angesichts des völkischen Gedankenguts, das sich in der Glaubensströmung der Deutschen Christen niederschlug, beschäftigte.[14] Die Vernissage fand am 5. Mai 2014 im Landeskirchenamt der Evangelischen Kirche in Mitteldeutschland statt.[15] Ein Ziel dieser Arbeit war es auch, »andere Kirchengemeinden an[zu]regen, ihrer eigenen Geschichte nachzugehen und ihr Verhalten in der Nazizeit aufzuarbeiten«, so Pfarrer und Mitglied der Arbeitsgruppe Dr. Aribert Rothe.[16] In der Erfurter Predigergemeinde stieß dieser Wunsch auf fruchtbaren Boden. Der Gemeindekirchenrat beschloss, die vorhandene Ausstellung um weitere Zeugnisse aus der eigenen Gemeinde zu ergänzen. Initiiert durch das Ge-

14 Siehe als ein Beispiel dazu oben, S. 170–173.

15 Siehe dazu http://www.kirchenkreis-erfurt.de/kirchengemeinden/kirchenkreis/aktuelles/22592.html.

16 Ebd.

meindekirchenratsmitglied Annelie Hollmann bildete sich – unterstützt durch Aufrufe in den Wochenblättern der Predigergemeinde – im September 2014 ein Arbeitskreis gleichen Namens »Haken am Kreuz?«. Dieser setzte es sich zum Ziel, die NS-Geschichte der eigenen Gemeinde zu erforschen. Ihm gehörten sieben Personen an: die Mitglieder des Gemeindekirchenrates Annelie Hollmann (Leitung) und Kerstin Schulte-Körne, der Lehrer i.R. Gerhard Wien, der ehemalige Pfarrer der Predigergemeinde Johannes Staemmler, der Architekt Mathias Heller, der Historiker Dr. Sebastian Nickel und die Kirchenführerin der Predigergemeinde Sylke Rupprecht.

Fragestellungen, Themengebiete und Quellen

Nach anfänglichen Überlegungen, auch die Barfüßer- und Augustinergemeinde in die Forschungen zu integrieren, wurde der Fokus bald allein auf die Predigergemeinde gerichtet. Im Rahmen des Auftrags des Gemeindekirchenrates sollten Bewährung und Versagen der Gemeinde und ihrer Mitarbeiter im genannten Zeitraum anhand des zugänglichen Quellenmaterials erkundet werden. Wichtige Fragen waren: Wie intensiv konnte die völkisch-nationalistische Ideologie in die Wortverkündung und in das Leben der Gemeinde eindringen? Wie wurde beides möglicherweise verhindert oder zurückgewiesen? Welchen Einfluss konnte die deutschchristliche Glaubensströmung in der Gemeinde gewinnen und wie wurde ihr möglicherweise entschieden begegnet?

Nach ersten Rechercheergebnissen bildeten sich Arbeitsteams, die folgende, sich bald herauskristallisierende Themenfelder bearbeiteten:

- Pfarrer der Predigergemeinde
- Arbeit mit Kindern und Jugendlichen
- staatliche Pläne für eine Meister-Eckart-Gedenkstätte im Predigerkloster
- Verbot der Erfurter Evangelischen Woche im Januar 1937
- Umgang mit holländischen Zwangsarbeitern zwischen 1943 und 1945

Aufgrund des großen zeitlichen Abstands zur Thematik konnte die Arbeitsgruppe kaum auf Zeitzeugen zurückgreifen. Wichtigste Quellen waren die Gemeindekirchenratsprotokolle aus der Zeit von 1933–1945, die 1937 verbotenen gemeinsamen Gemeindeblätter der Prediger- und Barfüßergemeinde, die Berichte des holländischen Zwangsarbeiters Gijsbert Kooijman sowie die Aufzeichnungen sowohl des Pfarrers Gustav Kletschke als auch die von Henning Gloege, dem Sohn von Pfarrer Dr. Gerhard Gloege.

Anliegen

Während der Arbeit an der Ausstellung sind durch die Flüchtlingskrise und deren Auswirkungen starke Gegenwartsbezüge deutlich geworden. Die Verfolgung von Menschen wegen ihres Glaubens, ihrer Nationalität oder ihrer Unangepasstheit sowie der Umgang mit Menschen aus anderen Kulturkreisen rückten von der Vergangenheit in die Gegenwart. Parallelen zur Zeit der Nachforschungen für dieses Projekt drängten sich auf. Welche Folgen diktatorisches Regieren hat, zeigte sich unter anderem auch an der Geschichte des Kirchenkampfes, die in dieser Ausstellung und in der Publikation exemplarisch gezeigt wird. Vor diesem Hintergrund ist es wichtig, die demokratischen Werte zu schätzen und gerade in Zeiten des Umbruchs hochzuhalten.

Die Geschichte lebendig zu halten als Spiegel, in den wir immer wieder schauen sollten, besonders aber in den Zeiten großer Umbrüche und notwendiger gesellschaftlicher Veränderungen, war den Ausstellungsmachern ein Hauptanliegen. Dazu gehört die Auseinandersetzung mit der Geschichte, zu der wir die heute lebenden Generationen anregen möchten. Die Ausstellung sollte jungen und älteren Betrachtern einen angemessenen Überblick ermöglichen, didaktisch aufbereitet sein durch die Konzentration auf Exemplarisches und in kritischer Darstellung der Gemeinde damals gerecht werden.

Umsetzung

Nachdem sich die kleinen Arbeitsgruppen zu den fünf Hauptthemen konstituiert hatten, wurde ein Zeitplan erstellt, der die Präsentation der Forschungsergebnisse in einer öffentlichen Ausstellung zum Ziel hatte. Schon bald kamen die Mitglieder der Arbeitsgruppe überein, die Wanderausstellung über den Erfurter Kirchenkreis zusammen mit der eigenen Ausstellung in der Predigergemeinde zu präsentieren. So sollten die eigenen Forschungsergebnisse besser in den allgemeinen Kontext des Kirchenkreises eingebettet werden. Dem stimmte der Gemeindekirchenrat der Predigergemeinde am 5. Oktober 2015 zu. Die grafische Ausgestaltung der insgesamt 11 Ausstellungstafeln übernahm die Erfurter Architektin und Grafikerin Beate Cornelia Meusel.

Da die Tafeln nur einen bestimmten Teil der Forschungsergebnisse darstellen konnten, wurde die Erarbeitung einer Begleitbroschüre ins Auge gefasst. Die Chefredaktion hierfür übernahm Mathias Heller. Die Erlöse für den Kauf der Broschüre gingen zum Teil an die ezra (Mobile Beratung für Opfer rechter, rassistischer und antisemitischer Gewalt). Zur Ausstellung gehörten zusätzlich noch eine Audiostation, vier Glasvitrinen sowie Möglichkeiten für die Rückmeldungen der Besucher (Gästebuch, Zettelstrauch). Während die Audiodateien wesentliche Erinnerungen des ehemaligen holländischen Zwangsarbeiters Kooijman sowie die bedeutende Predigt Dr. Gloeges kurz nach Kriegsende beinhalteten, zeigten die Vitrinen wichtige Dokumente, wie bspw. das originale Protokollbuch des Gemeindekirchenrates der Predigergemeinde, Briefe des Zwangsarbeiters Kooijman an den ehemaligen Predigerpfarrer Jochen Schulz sowie einen Ausschnitt aus den Erinnerungen von Pfarrer Kletschke.

Nach vorbereitenden Pressemeldungen und -gesprächen sowie der Verteilung von Flyern und Plakaten fand am Samstag, den 4. Juni 2016 in der Predigerkirche die Vernissage der Doppel-Ausstellung »Haken am Kreuz?« über die Geschichte des Kirchenkreises im Allgemeinen und die der Predigerkirche im Besonderen statt. Etwa 70 Personen kamen dazu. Daran schloss sich bis zum 31. Juli die Möglichkeit für die Besichtigung zu den Zeiten der Offenen Kirche an. Auf Anfrage führten Mitglieder des Arbeitskreises auch kleinere Gruppen durch die Ausstellung. Um die Ausstellung Interessierten über den Ausstellungszeitraum hinaus zugänglich zu machen, wurde eine Subdomain der Gemeinde-Homepage der Predigergemeinde mit den Ausstellungstafeln, Audios und der Publikation freigeschaltet.[17]

17 Siehe dazu http://www.haken-am-kreuz.predigerkirche.de.

Nachlese und Ausblick

Die Arbeitsgruppe »Haken am Kreuz?« der Predigergemeinde konnte mit der Aufnahme der Ausstellung sehr zufrieden sein. Aufgrund des großen Interesses wurde die Ausstellungsdauer vom 10. auf den 31. Juli 2016 verlängert. Im Juni kamen 4.372, im Juli 4.471 Besucher in die Predigerkirche und besichtigten die Ausstellung. Zusammen mit den Besuchern der Vernissage ergibt das etwa 8.900 Besucher insgesamt. Hinzu kommen Besucher, die die Ausstellung im Rahmen von Gottesdiensten oder Konzerten ansahen. Die Begleitbroschüre, die 100mal gedruckt wurde, war bald vergriffen, worin das große Interesse an der Thematik zusätzlich seinen Ausdruck fand. Aufgrund der weiter bestehenden Nachfrage und einer weiteren Präsentation der Ausstellung im Rahmen des Kirchentages auf dem Wege Ende Mai 2017 in Erfurt entschloss sich die Arbeitsgruppe zum Druck von weiteren 100 Exemplaren.

Die Ausstellungsmitarbeiter erachten folgende Themenfelder für eine fortsetzende Arbeit als sinnvoll: die Rolle der Kirchenmusik, die Arbeit der Gemeindekreise im Spannungsfeld Staat – Kirche, die Maßnahmen der Nationalsozialistischen Volkswohlfahrt (NSV) bei der Indienstnahme kirchlicher Mitarbeiter für die nationalsozialistische Erziehung sowie die Zeit nach dem Ende der Nazi-Diktatur (Entnazifizierung und Neuaufbau kirchlicher Strukturen). Auch hofft die Arbeitsgruppe dazu beizutragen, dass andere (Erfurter) Gemeinden angeregt werden, die eigene Geschichte in der NS-Zeit zu erforschen. Dass diese Thematik lohnenswert und immer noch von Interesse ist, hat das Interesse an dieser Ausstellung eindrücklich gezeigt.

Zusammenfassung der Forschungsergebnisse

Wer sich über die Tafeln hinaus einen tieferen Einblick in die Forschungsergebnisse der Arbeitsgruppe »Haken am Kreuz« verschaffen wollte, konnte die Begleitbroschüre zur Hand nehmen. Im Folgenden sollen diese kurz dargestellt werden.

Titelblatt der Begleitbroschüre

Die Pfarrer der Predigergemeinde

Prägende Figuren mit Auswirkungen auf die Positionierung der Gemeinden in der innerkirchlichen Auseinandersetzung sowie der mit staatlichen Institutionen waren die jeweiligen Pfarrer. In der behandelten Zeit traten hier vor allem Gustav Kletschke und Dr.

Gerhard Gloege als Angehörige der Bekennenden Kirche (BK) hervor.

Gustav Kletschke war von 1912 bis zu seinem Eintritt in den Ruhestand 1943 Pfarrer der Predigergemeinde. Vor allem in der Zeit des Dritten Reiches setzte er sich für die Aufrechterhaltung des Religionsunterrichts und die christliche Unterweisung ein. Aus seinen Tagebuchaufzeichnungen geht eindeutig hervor, dass Kletschke und seine Familie dem NS-Regime kritisch gegenüberstanden. So verurteilte er die ersten Gleichschaltungsmaßnahmen innerhalb der evangelischen Kirche und wurde Mitglied der BK. Weil er sich Anfang 1935 geweigert hatte, nicht auf die Verlesung einer Erklärung der Leitung der BK im Gottesdienst zu verzichten, wurde er für eine Nacht auf dem Petersberg gefangen gehalten. Als er dann doch nachgab, wurde er am folgenden Tag wieder freigelassen. Des Weiteren hatte Kletschke als Seelsorger Kontakt zu Juden und »nichtarischen Gemeindemitgliedern«. Nach der Pogromnacht 1938 besuchte er viele »Nichtarier« im KZ Buchenwald für seelsorgerliche Gespräche.

Pfarrer Dr. Gerhard Gloege war von 1938 bis 1945 Pfarrer der Predigerkirche. Nach kurzem Intermezzo bei den Deutschen Christen (DC) wurde er ein bedeutendes Mitglied der Bekennenden Kirche, für die er das schlesische Predigerseminar in Naumburg am Queis – am Ende illegal – leitete. Im Jahr 1937 bekam Dr. Gloege Reichsredeverbot, drei Jahre später auch Publikationsverbot. Um wieder als Pfarrer arbeiten zu können, unterschrieb er gegenüber der DC-Kirchenleitung in Magdeburg eine Selbstverpflichtung, sich kirchenpolitisch nicht öffentlich zu äußern. Nur so konnte Dr. Gloege die Stelle in Erfurt antreten. Dass die Wahl der Predigergemeinde trotzdem auf ihn fiel, stellt ein mehr als deutliches Zeichen dafür dar, wo sich diese Erfurter Stadtgemeinde kirchenpolitisch verortete. Da Dr. Gloege mit Rede- und Schreibverbot belegt war, verblieben ihm nur die Predigt und die Seelsorge als Möglichkeiten, sich theologisch und kirchenpolitisch zu engagieren. Diese Felder nutzte er aber umso mehr. In den durch seinen Sohn überlieferten Predigten ging Dr. Gloege unter anderem auf den Krieg und Einflussnahmen seitens des NS-Staates ein. So verurteilte er den Krieg als »unser größtes Übel« und Handeln gegen den Willen Gottes. Auch kritisierte er die Absicht, das Predigerkloster zu einer nationalsozialistischen Weihe- und Gedenkstätte für den von der NS-Ideologie vereinnahmten bedeutenden Theologen und Mystiker Meister Eckart (um 1260–1328) zu machen. Seelsorgerlich unterstützte Dr. Gloege vor allem die durch den Krieg betroffenen Menschen. Darunter waren auch Regimegegner wie der junge Pazifist und Wehrdienstverweigerer Felix Richard Kaszemeik (1914–1944). Zusammen mit dessen Mutter besuchte er ihn im Wehrmachtsgefängnis Berlin-Tegel und setzte sich für ihn ein. Wie sein Pfarr-Kollege Kletschke kümmerte sich auch Dr. Gloege um jüdische Mitbürger und »nichtarische« Gemeindemitglieder. Hervorzuheben ist hierbei der intensive Kontakt zum jüdischen Arzt Dr. Lebram, der später ins KZ Theresienstadt kam, den Krieg aber überlebte und dem Predigerpfarrer für seine Unterstützung dankte. Kurz nach dem Krieg hielt Dr. Gloege in der vollbesetzten Predigerkirche am Pfingstmontag, den 21. Mai 1945 einen Dankgottesdienst. Darin thematisierte er die Kirche in der Zeit des Nationalsozialismus und erwähnt dabei besonders Martin Niemöller sowie auch einige Erfurter BK-Kollegen wie Kletschke und Martin Jentzsch (Reglerkirche).

Das Verbot der Evangelischen Woche 1937

Die Evangelischen Wochen waren volksmissionarische Veranstaltungen, die sich in erster Linie an Akademiker richteten und der Zurüstung theologischer Laien dienen sollte. Aus ihnen gingen nach dem Krieg der Deutsche Evangelische Kirchentag und die Evangelische Akademiearbeit hervor. Die erste derartige Veranstaltung fand im August 1935 in Hannover statt. Die Organisation lag in den Händen des »Reichsausschusses der Evangelischen Wochen« in Berlin – eine eigenständige Organisation, die der Bekennenden Kirche nahestand. Somit erklärt sich die Tatsache, dass die Polizeibehörden ein besonderes Augenmerk auf diese Veranstaltung richteten.

Vom 2. bis zum 6. Januar 1937 sollte eine Evangelische Woche in Erfurt stattfinden. Unter den Gastrednern waren bekannte, der BK zugehörige oder nahestehende Personen wie die Landesbischöfe zweier »intakter Landeskirchen« Dr. Hans Meiser (Bayern) und Theophil Wurm (Stuttgart), der Generalsuperintendent Dr. Otto Dibelius (Brandenburg) und der Pfarrer Ernst Otto (Eisenach), der die BK in Thüringen bis 1938 leitete. Beim Abendgottesdienst des ersten Tages kam es zum Eklat in der Predigerkirche. Nach dem Bericht Gustav Kletschkes erschien der Erfurter Regierungspräsident Dr. Otto Weber mit seinem Stab in der Kirche und setzte das Verbot der Evangelischen Woche, welches einige Stunden zuvor von der Gestapo mit Einverständnis des Reichskirchenministers ausgesprochen wurde, durch. Auf den Abendgottesdienst wollte man aber nicht verzichten, was die Staatsgewalt auf den Plan rief. Die Predigt fand zwar nach längerer und intensiver Diskussion nicht statt, Pfarrer Kletschke verlas jedoch eine Erklärung der Erfurter Pfarrer, die gegen das Verbot protestierten, was im Großteil der Gemeinde auf große Zustimmung stieß.

Verantwortung für die Kinder und Jugendlichen

Für den nationalsozialistischen Staat war der unmittelbare Einfluss auf Kinder und Jugendliche von eminent wichtiger Bedeutung. Daher wurde von Anfang an versucht, auf die Erziehung der Heranwachsenden Einfluss zu nehmen – sowohl innerschulisch (Kampf um den Religionsunterricht) als auch im Freizeitbereich, wo vor allem die Hitlerjugend (HJ) bzw. der Bund deutscher Mädel (BDM) eine wichtige Rolle spielten. Gerade hier lag ein großes Konfliktpotential zwischen Staat und Kirche begründet, bspw. wenn die Veranstaltungen am Sonntag stattfanden. Des Öfteren findet man in den GKR-Protokollen in diesem Zusammenhang Klagen über ausbleibenden Gottesdienstbesuch von Kindern und Jugendlichen (Konfirmanden) sowie die Störung desselben durch Straßenumzüge.

In der Art der Erziehung lagen Staat und Kirche nicht weit auseinander. Im Gemeindeblatt der Predigergemeinde finden sich dafür einige Belege. Dort kommt zum Ausdruck, dass die Erziehung zeittypisch auf unbedingten Gehorsam ohne Widerspruch und Entwicklung eines eigenen Willens ausgelegt sein sollte. Auf beiden Seiten wurden die Soldaten des 1. Weltkrieges als Helden verehrt, die wahre »germanische Männlichkeit« auszeichnete. Diese nationalprotestantische Ausrichtung hat dem NS-Erziehungssystem so durchaus in die Hände gespielt. Während also der NS-Staat mit seinem Erziehungsanspruch nicht grundsätzlich infrage gestellt wurde, grenzte man sich hingegen offen gegen neuheidnische Einflüsse wie die der Glaubensbewegung der Gottgläubigen im Gemeindeblatt ab. Auch versuchte die Gemeinde, mit der Einstellung einer Katechetin auf die religiöse Bildung der Kinder Einfluss zu nehmen.

Der Totalitätsanspruch des NS-Staates bei der Erziehung der Kinder setzte schon im frühen Kindesalter ein. So wurden auch die Kindergärten nach und nach unter dem Dach der NSV gleichgeschaltet. Davon blieb auch der 1925 gegründete Prediger-Kindergarten nicht verschont. Trotz starker Widerstände musste die konfessionelle Kindertagesstätte 1941 der NSV als neuem Träger übergeben werden.

Das Predigerkloster im Visier der Staatsmacht

Das Predigerkloster der Stadt Erfurt ist auch als Wirkungsstätte des bedeutenden mittelalterlichen Theologen und Mystikers Meister Eckart bekannt. Dieser wurde von den Nationalsozialisten um den Chefideologen Alfred Rosenberg als bedeutender germanischer Denker und – nach Pfarrer Kletschke – als erster Deutscher Christ ideologisch vereinnahmt. Konnte der Einbau eines Luftschutzkellers im Predigerkeller nicht verhindert werden, so wehrte sich die Predigergemeinde erfolgreich gegen die Säkularisierung des Predigerklosters und die Umwandlung in eine nationalsozialistische Weihestätte. Während Kletschke versuchte, den Erfurtern den Theologen und Mystiker Meister Eckhart unideologisch nahezubringen und eine kirchliche Erinnerungsstätte im Hintergrund einzurichten, artikulierte Dr. Gloege öffentlich in Predigten und Verhandlungen mit der Stadt seinen Widerstand gegen den Verkauf bzw. die Entweihung.

Holländische Zwangsarbeiter und die Predigergemeinde

Im Zuge fehlender Arbeitskräfte durch den 2. Weltkrieg kamen von 1939-1945 zwischen 9,5 bis 13 Millionen Zwangsarbeiter ins Deutsche Reich. So waren im September 1944 etwa ein Drittel aller in der deutschen Wirtschaft Beschäftigten entweder ausländische Zwangsarbeiter, Kriegsgefangene oder KZ-Angehörige. Nach Polen und Italien stellten die Niederlande mit ca. 450.000 bis 500.000 Menschen die drittgrößte Gruppe ausländischer Arbeiter im Deutschen Reich. Zunächst als Freiwillige gekommen, muss spätestens ab Anfang 1942 von Zwangsarbeitern gesprochen werden.

Nach den Briefen des ehemaligen holländischen Zwangsarbeiters Gijsbert Kooijman (1920–1995) kam eine Gruppe Holländer vor der Predigerkirche im Sommer 1943 zum ersten Mal in Kontakt mit der Pfarrfamilie Gloege. Diese lud sie zum Kennenlernen ins Pfarrhaus ein. Auch bei der Abhaltung von Bibelstunden im Pfarrhaus erfuhr die Gruppe junger Männer Unterstützung durch Dr. Gloege. Er setzte sich sogar bei der Polizei für diese Treffen ein, obwohl er ja schon selbst im Visier der Gestapo stand, und durch einen Erlass Himmlers als Chef der Deutschen Polizei vom 30. Juni 1943 unter anderem von Geistlichen und Gemeindemitgliedern erwartet wurde, »ausländischen Arbeitern gegenüber die gebotene Zurückhaltung zu wahren«.[18] Auch die Auflagen des GKR, die vermutlich den polizeilichen vorauseilend zuvorkommen sollten, dass die Bibelstunden in deutscher Sprache und in Anwesenheit des Pfarrers

18 Richtlinien über die kirchliche Betreuung ausländischer Zivilarbeiter aus dem Erlaß des Reichsführers SS und Chefs der Deutschen Polizei vom 30. Juni 1943 (S-IV D-505/42 g-451). In: Archiv des Evangelischen Kirchenkreises Erfurt. Flüchtlingsbetreuung ab 1943–1948 (Karton 51), 1.

stattzufinden hätten, wurden durch Dr. Gloege unterlaufen – die Holländer blieben im neu gegründeten kirchlichen Verein zumeist unter sich und unterhielten sich laut Erinnerungen Henning Gloeges in ihrer eigenen Sprache. Entgegen den Bestimmungen des Himmler-Erlasses gab es über die Bibelstunden hinaus viele weitere Begegnungen zwischen Dr. Gloege und den holländischen Zwangsarbeitern, so bspw. bei persönlichen Andachten und Vorträgen zu Ostern und Weihnachten, bei denen auch die Familie des Pfarrers teilweise anwesend war. Im Gegenzug halfen die Holländer beim Aufräumen nach den Bombenangriffen in der Gemeinde und spendeten vor ihrer Rückkehr nach Holland ihre Mitgliedsbeiträge in Höhe von 300 RM dem Pfarrer für die Jugendarbeit.

Bei seinem Einsatz für die holländischen Zwangsarbeiter ist Dr. Gloege für sich und auch für die Predigergemeinde ein großes persönliches Risiko eingegangen. Die Holländer wurden in erster Linie als Kriegsfeinde, und erst dann als Mitchristen angesehen. Wenn sich widerständige Aktionen entwickelt hätten, wäre Dr. Gloege vermutlich ins Gefängnis gekommen und die Predigergemeinde geschlossen worden. Aber für den Predigerpfarrer spielte die christliche Nächstenliebe und die Empathie mit den dem Heimatland zwangsweise entrissenen Glaubensbrüdern eine weitaus größere Rolle.

Fazit

Während kirchenpolitische Auseinandersetzungen innerhalb der Predigergemeinde mit zwei BK-Pfarrern eine nicht unbedeutende Rolle spielten, blieben Marksteine der Judenverfolgung wie die

Nürnberger Gesetze 1935 wie auch die Pogromnacht 1938 in den eingesehenen offiziellen Unterlagen – sowohl in den Gemeindeblättern als auch in den Gemeindekirchenratsprotokollen – völlig ohne Erwähnung. Das Schweigen über die Judenverfolgung bettete sich in das allgemeine Verhalten der evangelischen Kirche im Dritten Reich ein. Zumindest aber beim Verhalten der Pfarrer Kletschke und Dr. Gloege ist zu erkennen, dass ihnen das Schicksal der »nichtarischen Christen« und Juden nicht gleichgültig war.

Ist eine besonders NS-kritische Haltung der Predigergemeinde (auch aufgrund fehlender Zeugnisse) nicht erkennbar, so positionierte sie sich eindeutig in den innerkirchlichen Auseinandersetzungen zugunsten der Bekennenden Kirche. Dafür stehen vor allem die Unterstützung von Pfarrer Kletschke gegenüber dem DC-Senior Kurz als auch die Wahl des mit Reichsredeverbot belegten prominenten BK-Angehörigen Dr. Gloege. Auch wehrte sich die Gemeinde erfolgreich gegen die Umwandlung des Predigerklosters in eine NS-Weihestätte. Weniger erfolgreich war der Kampf gegen die Nutzung des Predigerkellers als Luftschutzstelle und die Übernahme des Predigerkindergartens durch die NSV.

Besonders hervorzuheben sind die Verdienste Dr. Gloeges, der trotz Selbstverpflichtung gegenüber der DC-Kirchenleitung sowie öffentlichem Rede- und Schreibverbot die verbliebenen Freiräume aktiv zur Artikulation und Umsetzung seiner religiösen und (kirchen)politischen Überzeugungen nutzte. So setzte er sich unter anderem für einen pazifistischen Kriegsdienstverweigerer ein, kümmerte sich intensiv um holländische Zwangsarbeiter, pflegte Kontakte zum jüdischen Arzt Dr. Lebram und griff in seinen Predigten Tabus wie die Sinnlosigkeit und Gottesferne des Krieges sowie die »Euthanasie«-Morde auf.

Die Predigergemeinde war kein Hort des Widerstandes gegen das NS-Regime, behauptete sich aber im Kirchenkampf und stellte sich staatlichen Eingriffen in innerkirchlichen Angelegenheiten entgegen. Dabei wurden (natürlich) auch Kompromisse eingegangen und bspw. offene Rechtsbrüche des Staates in der Öffentlichkeit verschwiegen.

***

Die beiden Ausstellungsbeschreibungen zeigen deutlich, dass sich die Beurteilung des Verhaltens der evangelischen Kirche und deren Vertreter im Kirchenkreis Erfurt einer eindimensionalen Beurteilung entzieht. Weder war Erfurt kirchlicherseits in deutsch-christlicher oder in BK-Hand, noch war die Haltung zum NS-Staat eindeutig. So stehen auch hier Beispiele für staatskonformes und für widerständiges Verhalten nebeneinander.

Die Hoffnung der beiden Arbeitskreise besteht darin, dass sich weitere Kirchengemeinden, auch über Erfurt hinaus, mit ihrer eigenen Geschichte dieser für die Kirche so existentiellen und prägenden Zeit auseinandersetzen – gerade wenn es um tagesaktuelle Phänomene wie Hass und Gewalt gegenüber Andersdenkenden und -glaubenden geht.

Johannes Mebus (1897–1979)

Bekennender Christ und Kirchenmann in zwei Diktaturen

Aribert Rothe

Kindheit, Jugendbewegung und Krieg

Johannes Mebus wurde geboren am »19.11.1896 zu Middelburg in Transvaal (Südafrika) als Sohn des deutschen Geologen Dr. phil. Erwin Mebus und seiner Ehefrau Ottilie geb. Zimmermann. Mein Vater war im persönlichen Auftrag des früheren Kaisers Wilhelm I. dort als wissenschaftlicher Leiter einer Expedition tätig gewesen und nach Erledigung dieser Arbeit drübengeblieben«[1]. Nach dessen Tod kehrten Mutter und Kind nach Deutschland zurück. Er wuchs im Thüringer Pfarrhaus der Großeltern und später Erfurt auf, wo er das Realgymnasium besuchte. 1911 wurde er in der Thomaskirche konfirmiert. Über seine prägende Jugendzeit schreibt er: »In Erfurt, in jenen Jahren eine Hochburg der aufbrechenden Jugendbewegung in Wandervogel, Bibelkreis und Pfadfinderschaft, trat ich auch in die Reihen des ›Bibelkreises für Schüler höherer Lehranstalten [...]. Es

1 Biografische Zitate: Johannes Mebus, (1896), Lebenslauf, o. D., Bibliothek des Evangelischen Ministeriums zu Erfurt (BEME), Sammlung Mebus, MSC 159.

war die Jugend, die 1914 mit dem Deutschlandlied in den Tod ging.« Auch er hatte sich mit 17 Jahren zunächst als Kriegsfreiwilliger gemeldet, war aber nach seinem Eingeständnis »den hohen Anforderungen des soldatischen Dienstes noch nicht gewachsen.«

In Luthers Sinn für Gemeinde und Gesellschaft

Er studierte in Jena und Berlin Theologie und machte dort erste pastorale Erfahrungen. In seiner ersten Pfarrstelle in Grössin (Hinterpommern) engagierte er sich in der *Sydower Bruderschaft*, einer lutherischen Erneuerungsbewegung. Ausgehend von Luthers Schriften, suchte sie die Gemeindearbeit biblisch zu vertiefen und sich zugleich den Zeitfragen nach sozialer Gerechtigkeit und den Erfordernissen des Volkes zu stellen. Politisch aufgeschlossen, wurde er auch Mitglied der protestantischen demokratischen Partei *Christlich-sozialer Volksdienst (CSVD)*, die zunächst die Weimarer Republik stützte und zugleich die kirchliche Arbeit sichern wollte. 1926 wurde er Pfarrer der Bielefelder Petrigemeinde in einer Arbeiterregion, »die besonders stark vom marxistischen Freidenkertum umkämpft war«. Er erinnerte sich später an viele »Diskussionen, die ich mit geeigneten Gemeindegliedern in großen gegnerischen Massenversammlungen gegen die Zersetzung von Volk und Kirche führte, – die Evangelisationen, mit denen wir solche Versammlungen beantworteten, – die wachsende Organisation der Gemeindegruppen [… und] schlichte sonntägliche Verkündigung«.

Engagement als Bekenntnistheologe

Lebhafte Sorge um den »Freiraum der Kirchen zur ungestörten und unbeeinflussten Verkündigung bestimmte auch sein Verhalten im Dritten Reich.«[2] Frühzeitig bekämpfte er die Irrlehren der aufstrebenden sogenannten *Deutschen Christen (DC)*. Er schloss sich dem radikalen Flügel der *Bekennenden Kirche (BK)* an und geriet in scharfen Konflikt mit den nationalsozialistischen Parteigängern seiner Bielefelder Gemeinde. »1936 entluden sich die Spannungen mit Pfarrern der DC [...] Wie noch einige Male später geriet Mebus kurzzeitig in Gestapo-Haft. Der Fall war keine Bagatelle und bewegte die kirchliche und staatliche Bürokratie bis hinauf zum Reichsjustizminister.«[3] Die Anfeindungen gingen so weit, dass die Fenster der Pfarrwohnung eingeworfen wurden.[4] Nach dem Krieg bescheinigte der Erfurter Prosenior Otto Breithaupt in russischer und deutscher Sprache, dass er »1936 von der Gestapo aus der Stadt Bielefeld in Westfalen ausgewiesen worden ist. [...] Gleichzeitig erhielt Herr Pfarrer Mebus ein Redeverbot für das ganze Deutsche Reich. [...] Außerdem war Pfarrer Mebus dreimal im Gestapoge-

---

2 Karl-Eckhard Hahn, Um der Freiheit der christlichen Verkündigung willen: Pfarrer Johannes Mebus als Parlamentarier 1946–1950; in: Thüringer Landtag (Hg.), Kirchen und kirchliche Aufgaben in der parlamentarischen Auseinandersetzung in Thüringen vom frühen 19. bis ins ausgehende 20. Jahrhundert, Bd. 23 der Reihe Schriften zur Geschichte des Parlamentarismus in Thüringen, Weimar & Jena 2005, S. 181.

3 Ebd., S. 182.

4 Johannes Mebus, An den Ausschuss »Opfer des Faschismus«, Erfurt, den 4. Januar 1946, (BEME), Sammlung Mebus, MSC 159.

fängnis und es wurde ihm Verbringung in ein Konzentrationslager angedroht.«[5]

Im selben Jahr voller Ungewissheiten verlobte er sich mit Irmgard Hebel, Tochter des Oberarztes der Bethel-Anstalten.

In der Helbraer Bekenntnisgemeinde

Der Bruderrat der Bekennenden Kirche (BK) schickte ihn ins Mansfelder Land. Dort hatte der junge Hilfsprediger Seeler die Helbraer Gemeinde für die BK begeistert; die eingetragenen Mitglieder sollen sogar »in kurzer Zeit die Zahl von 5000 überstiegen«[6] haben. Seinen deutschchristlichen Vorgesetzten hatte er den Gehorsam verweigert und die Zwangsversetzung ignoriert. Dietrich Bonhoeffer urteilte in einem BK-Rundbrief vom 22. Juli 1936: »Jedenfalls ist aus einer völlig unkirchlichen Gemeinde im Laufe der letzten drei Jahre eine Gemeinde geworden, die fest zur BK steht, einen ungewöhnlichen Aufstieg des Gottesdienstbesuches erlebt hat und bereits für die Sache der BK große Opfer gebracht hat.«[7] Zusammenkünfte mussten im Schwesternhaus des Roten Kreuzes stattfinden, »denn Kirche, Pfarrhaus, Kirchenbücher und Siegel waren ihm

---

5 Breithaupt, Prosenior, Leiter des Kirchenkreises Erfurt, Bescheinigung in deutscher und russischer Sprache, Erfurt, den 1. Juni 1946, Sammlung Mebus, MSC 159.

6 Johannes Mebus, Helbra; in: Günther Harder/Wilhelm Niemöller (Hgg.), Die Stunde der Versuchung: Gemeinden im Kirchenkampf 1933–1945 Selbstzeugnisse, München 1963, S. 250.

7 Dietrich Bonhoeffer, Zitat vorangestellt ebd. S. 249.

entzogen«[8] und ein ziemlich erfolgloser DC-Pfarrer eingesetzt worden. Es kam zu dramatischen Konflikten, bis Seeler beurlaubt und Mebus eingesetzt war. Dieser wurde mit Billigung des Konsistoriums »offiziell mit der kommissarischen Verwaltung des Pfarramtes beauftragt. Damit erhielt die Bekennende Kirche erstmals wieder die Vollmachten zur klaren Ordnung der gemeindlichen Verhältnisse«[9]. Zwar versuchte man vergeblich, Mebus finanzielle Unregelmäßigkeiten anzuhängen; dennoch beruhigte sich allmählich die Lage in Helbra, ungeachtet »einiger Haussuchungen und Verhöre seitens der Gestapo«[10].

Politische Loyalität als Pfarrer in Erfurt

Dabei hatte der Bekenntnispfarrer die Courage, sich um eine »durch Tod […] frei gewordene«[11] Pfarrstelle der Thomasgemeinde zu Erfurt zu bewerben – und das, obwohl hier ein deutschchristlicher Senior noch die erste Pfarrstelle innehatte. Und er hatte Erfolg. Die Thomasgemeinde bot nun jedem etwas: einen deutschchristlichen Pfarrer, einen Mann der Mitte und einen Bekenntnismann. Mebus hatte durch gewisse Loyalitätsversprechen die Unterstützung des Evangelischen Oberkirchenrats gewonnen: »Pfarrer Mebus hat erklärt, ›dass er in Erfurt treu seines Amtes als Pfarrer und Seelsorger

8 Mebus, Johannes, Helbra; a.a.O., S. 252.

9 Ebd.

10 Ebd., S. 253.

11 Berufungsurkunde vom 20. Juni 1938, Thomasarchiv, Kasten 13/33 A0060 Pfarrwahl 1938.

walten möchte ohne besondere kirchenpolitische Aktivität‹.«[12] Am 14. August 1938 wurde er durch Senior Kurz – kurz vor dessen eigener Verabschiedung – feierlich in seinen Pfarrdienst an der Thomaskirche eingeführt. Mit Frau und Mutter bezog er das neue zweite Pfarrhaus Humboldtstraße 16 – für dreißig Jahre bis zum späten Ruhestand 1968. Seiner bekenntnistheologischen Kompromisslosigkeit waren zwar politische Zügel angelegt, aber seiner theologisch klaren Verkündigung tat das keinen Abbruch. Auch feinsinnige Spitzen schloss das nicht aus. Schon im Oktober schrieb er etwa in einer Besinnung zum Erntedankfest: *»Dürfen wir mit unserem deutschen Volke an diesem Erntedankfest nicht auch von Herzen dankbar sein für alles, was uns im letzten Jahr geschenkt worden ist? Unsere Felder haben überreich getragen. Unsere verantwortlichen Führer konnten dem Volk sagen, dass ihm für lange Sicht sein Brot gesichert ist […]: Ob unsere Kirche die Kornkammern Gottes recht verwaltet? Ob sie jederzeit die rechte Vollmacht hat, das Wort seiner Offenbarung als lebendiges Wort hinauszureichen?«* [13] Nach dem exklusiven Führerbegriff in der Mehrzahl (!) folgt die Kirchenkritik.

Voraussetzungen des Kirchenstreits in Erfurt

Neben und in den Kirchengemeinden existierten vielfältige aktive Vereine mit sozialen, gesellschaftspolitischen, pädagogischen oder

---

12 Konsistorialrat [unleserlich], Schreiben an Pfarrer Matthes, Erfurt, Magdeburg 10.05.1938; Pfarrwahl 1838; Thomasarchiv, Kasten 13/33 A0060 Pfarrwahl 1938.

13 Johannes Mebus, Der Mensch lebt nicht vom Brot allein. Zum Erntedankfest (Amos 8,11); in: Die Thomas- Gemeinde Monatsblatt für die Thomasgemeinde 14. Jg. Nr. 10 Oktober 1938 Erfurt; Thomas-Archiv Kasten 13/33 S. 56f.

musikalischen Zielen. 84% der 144.879 Einwohner zählten sich 1933 zur evangelischen Kirche, 14.322 waren katholisch. In der Stadt lebten auch 831 Bürger jüdischer Herkunft, und 8414 Einwohner gehörten keiner Religion an. Unter der Pfarrerschaft gab es heftige Auseinandersetzungen. Gegen die aufstrebenden Deutschen Christen, die sich selbst als Gruppierung des Aufbruchs verstanden, stemmten sich einige Pfarrer, die sich der entstehenden *Bekennenden Kirche* anschlossen. Und nicht zuletzt gab es neutrale Positionierungen in dem frommen Wunsch, die inneren Zerreißproben harmonisierend zu überwinden. Je länger je weniger drang davon nach außen. Bereits seit September 1933 verteidigte der preußische Pfarrernotbund das Eigenrecht der Kirche, damit sie nicht zu einem Organ des Staates werde. Zur Bekenntnissynode in Barmen im Mai 1934 wurden fünf Vertreter aus dem Erfurter Bereich delegiert. Die Gestapo registrierte: »An einer in Erfurt abgehaltenen Versammlung des Pfarrer-Notbundes nahmen ca. 1.400 Personen teil. [...] Superintendent Hahn aus Dresden [,] geißelte in scharfen Worten die derzeitigen Zustände in der evangelischen Kirche.«[14]

Der alte liberale Erfurter Senior des Evangelischen Ministeriums Erfurt, Dr. Gerhard Fischer (* 1870 † 1935), hatte sich frühzeitig der Bekennenden Kirche angeschlossen. Als Pfarrer der bürgerlichen Predigergemeinde wirkte er seit der Jahrhundertwende an hervorragenden Stellen in Kirche und Gesellschaft. Aber »›im Jahre 1934 musste auch Senior Fischer sein Pensionsgesuch einreichen und einem allerdings gemäßigten Deutschen Christen Platz

14 Hermann-Josef Rupieper/ Alexander Sperk (Hgg.), Die Lageberichte der Geheimen Staatspolizei zur Provinz Sachsen 1933 bis 1936, Band 3: Regierungsbezirk Erfurt mit ergänzenden Materialien bearbeitet, eingeleitet und erläutert von Alexander Sperk, Halle 2006, S. 131f.

machen. (Tagebuch, S. 28)‹. In dieser Zeit erlebte der Kirchenstreit gerade seinen Höhepunkt.«[15] Bis 1938 stand der Kirchenkreis nun unter Führung des Thomaspfarrers Alfred Kurz (* 1870 † 1958), der auf Vorschlag der Stadt Erfurt durch den Reichs- und Landesbischof Ludwig Müller zum Senior ernannt worden war. Schon während des 1. Weltkrieges hatte er sein Lutherbuch mit antisemitischem Rassismus verbunden und »Luther als Thüringer. Seine germanisch-thüringische Abstammung in ihrer Bedeutung für seine Wesensart, Persönlichkeit und sein Werk«[16] beschrieben. Früh gehörte er zu den Deutschen Christen und glaubte, »unser Führer will, dass die evangelische Kirche als Volkskirche dem neuen Staate sich freudig und dienstwillig eingliedert.«[17] Für viele nationalkonservativ verwurzelte oder haltungsunsichere Menschen bot es sich wohl an, sich »die eigene, undeutlich gewordene Gestalt im Einklang mit der nationalen Bewegung, mit der Revolution [...] von außen vorgeben zu lassen.«[18] Auch in der provinzsächsischen Gesamtkirche brachten Wahlen 1933 den Deutschen Christen Erfolg, so dass sie »75 % aller Kirchenältesten und Synodalen stellten und

---

15 Annelie Hollmann/Johannes Staemmler, Die Pfarrer an der Predigerkirche; in: Evangelische Predigergemeinde Erfurt Arbeitsgruppe »Haken am Kreuz? – Die Evangelische Predigergemeinde Erfurt 1933–1945«, Begleitheft zur Ausstellung in der Predigerkirche im Frühsommer 2016, S. 7.

16 Alfred Kurz, (im Auftrage des Evangelischen Ministeriums), Erfurter Lutherbuch 1917. Eine Festgabe zur vierten Jahrhundertfeier der Reformation, Keysersche Buchhandlung Erfurt 1917.

17 Gemeindeblatt Die Thomaskirche, Nr. 10 /1934, Erfurt 1934.

18 Hans Maier, Politische Religionen und christlich motivierter Widerstand; in: Martin Leiner u.a. (Hgg.), Gott mehr gehorchen als den Menschen – Christliche Wurzeln, Zeitgeschichte und Gegenwart des Widerstands, Göttingen 2005, S. 178.

damit die Kirchenleitung […] in die Hand bekamen.«[19] Doch schon im Oktober 1934 stellte die Gestapo fest: »dass der Anhang der Bekenntnisfront unter dem Kirchenvolk weit stärker ist als die Zahl der Anhänger der Deutschen Christen«[20].

Zwischen Bekennender Kirche und Deutschen Christen

Außerdem gab es viele Pfarrer und Gemeindemitglieder, die sich weder der Bekennenden Kirche noch den Deutschen Christen anschließen mochten. Der Bekennenden Kirche warfen sie dogmatische Enge vor, den Deutschen Christen Politisierung und Verweltlichung der Kirche. Nach einer Statistik vom Juni 1938 werden von insgesamt 990 Pfarrern der Kirchenprovinz Sachsen 524 der neutralen Mitte, 319 der Bekennenden Kirche und 147 den Deutschen Christen zugerechnet.[21] Jene stille Mehrheit war also ein erheblicher kirchenpolitischer Faktor. Er konnte sich jedoch nicht handlungsfähig formieren. Einen Hintergrund lieferte zweifellos der 1886 »in Erfurt gegründete ›Evangelische Bund zur Wahrung der deutsch-protestantischen Interessen‹ […, der] noch im ersten Drittel des 20. Jahrhunderts […] zu den größten kirchlichen Verbänden«[22] zählte.

19 Martin Onnasch, Um kirchliche Macht und geistliche Vollmacht Ein Beitrag zur Geschichte des Kirchenkampfes in der Kirchenprovinz Sachsen 1932–1945 (Diss.), Halle (Saale) 1979, Schreibmaschinenvervielfältigung Ormig UB Erfurt, S. 274.

20 Hermann-Josef Rupieper, a.a.O., S. 132.

21 Martin Onnasch, a.a.O., S. 230.

22 Walter Fleischmann-Bisten, Evangelischer Bund Kirchenkampf und Verbandsprotestantismus; Sonderdruck aus: Klaus-Dieter Grunwald/Ulrich Oelschläger (Hgg.), Evangelische Landeskirche Nassau-Hessen und Nationalsozialismus, Darmstadt 2014, S. 408.

Sein örtlicher Zweigverein initiierte seit 1887 an jedem 10. November eine volkstümliche Feier von Luthers Geburtstag. Erst mit seinem *Erfurter Wort* zum 50jährigen Bestehen 1936 nahm der Evangelische Bund eine erkennbar mittlere Stellung im Kirchenstreit ein wie der Wittenberger Bund (ab 1937) und rief zur Aussöhnung auf. Politisch stellte er sich zwar auf den Boden des Nationalsozialismus, erhob aber seine Stimme gegen Neuheidentum und Bestrebungen, die Kirchen aus dem öffentlichen Leben zu drängen. Verbindendes Band zwischen allen kirchenpolitischen Lagern bildete die Apologetik gegen Atheismus, Sektentum und organisiertes Neuheidentum.

Bekennende Kirche in Erfurt

Die Regler-Gemeinde war die erste und einzige in Erfurt, die sich 1934 korporativ der BK anschloss. Von den etwa 2000 Gemeinden in der preußischen Kirchenprovinz Sachsen waren es etwa vierzig.[23] Gleichwohl gab es eine ganze Reihe von Einzelmitgliedern in den Gemeinden. So konnte schon 1934 ein Erfurter Bruderrat unter Leitung von Reglerpfarrer Martin Jentzsch (* 1879 † 1967) gebildet werden. Um ihn sammelten sich neben Johannes Mebus Otto Breithaupt (Luthergemeinde), Dr. Gerhard Gloege, Gustav Kletschke und Prädikant Bernhard Riemer (Predigergemeinde), Adam Ritzhaupt und Martin Richter (Barfüßergemeinde) sowie Georg Sternberg (Reglergemeinde). Bald trafen sie sich montags nicht mehr im verschwiegenen Kämmerlein, sondern öffentlich im

23 Vgl. Martin Onnasch, a.a.O., S. 114ff.

eleganten Weinrestaurant von Horst Kohl. Die Nachfolge des pensionierten Seniors Kurz offenbart die Kräfteverhältnisse. Zunächst »hat der frühere OB Kiessling einen deutschen Christen, Herrn Pfarrer Schuster, als Senior vorgeschlagen, der aber nicht die Genehmigung des Ev. OKR [Evangelischen Oberkirchenrats A.R.] erhielt [...]. Der Grund für die Ablehnung bestand darin, dass Erfurt, dessen Pfr. [Pfarrer A.R.] und GKR [Gemeindekirchenräte] überwiegend dem Bunde der Mitte oder der Bekennenden Kirche angehörten, nicht einen deutschen Christen als Senior haben wollten.«[24] Das Evangelische Ministerium wählte den bekenntniskirchlich orientierten Pfarrer der Luthergemeinde Otto Breithaupt (* 1882 † 1954). Er nahm die Leitungsaufgabe zunächst als Prosenior wahr, weil der nationalsozialistische Magistrat die Ernennung blockierte.

Gemeindearbeit mit Zigarre

Ansprechende Verkündigung und Gestaltung der Gottesdienste waren der Schwerpunkt der Gemeindearbeit von Johannes Mebus. Zeitzeuginnen erzählen: *»Mebus hatte auf alle Fälle eine sehr lebendige Art, die also sehr eindrucksvoll war. Da kamen ja die Leute aus ganz Erfurt hierher [...]. Und dass die Predigten dann auch schriftlich ins Feld geschickt wurden! [...] Wenn die damals in die Kirche hineingingen, dann hat die Orgel allein gespielt! Die Leute haben nicht gesungen. Es waren ja auch nur wenige Leute da. Da hat er angefangen, im Gottesdienst mit uns*

24 Prosenior Br. [Breithaupt, Otto A.R.], An den OB der Stadt Erfurt, Betr: Senior und Syndikus des EM in Erfurt, 3.07.1945 EM Archivsignatur 10/102.

Lieder zu üben. […] Und hat den Gottesdienst so gemacht, dass die Leute kamen. […] Und da hat er aus einer Gemeinde, die praktisch tot war, eine lebendige Gemeinde gemacht!«[25] *»Er war sehr beliebt bei Jung und Alt, höheren und niedrigeren Kreisen und genoss das auch. […] Er stiftete sehr gern Freundschaften und Paare.«*[26]

Auch während des Krieges widmete er sich schwungvoll der Gruppenarbeit mit jungen Leuten – noch getrennt nach Geschlechtern – wie es Zeitzeugen beschreiben: *»Anfang der 40er Jahre gab es einen Kreis von Gymnasiasten der unweiten Schule zur Himmelspforte, die Pfarrer Mebus um sich scharte. Er unterhielt enge Beziehungen zu ihnen. Nach dem Abitur 1942 wurden viele von ihnen zum Kriegsdienst eingezogen, und er setzte diese Begleitung intensiv fort, indem er Briefe und Predigtabschriften ins Feld schickte. Er musste miterleben, dass die allermeisten von ihnen fielen.«*[27] Aus dem Mädchenkreis wird erinnert: *»Damals in diesem Kreis bei Pfarrer Mebus, das war sehr schön und sehr lebhaft und lustig. Bloß eins hatte er gar nicht gern – er wurde mal kurze Zeit rausgerufen, und da haben wir seine Zigarre verschwinden lassen. Dafür hatte er keinen Humor. (lacht) […] Ja, der hat immer geraucht, aber es hat uns nicht weiter gestört.«*[28]

---

25 Anna-Luise Reichardt [1921–2017; eine der ersten Katechetinnen Erfurts] im Gespräch mit Aribert Rothe, Aber sonst war diese Zeit wunderbar, autorisierte Wiedergabe des narrativen Interviews, 29.06.2009. Ihr Vater, Oberstudienrat Theodor Steudel, war 1926–45 Sekretär der Erfurter Akademie gemeinnütziger Wissenschaften; verweigerte aus evangelischer Haltung NSDAP-Mitgliedschaft; wurde ein halbes Jahr nach dem Krieg in den Kaukasus deportiert und ist im Lager verstorben.

26 Inge Breithaupt, geb. Noll im Gespräch mit Aribert Rothe am 02.06.2016.

27 Prof. Dr.-Ing. Hermann H. Saitz im Gespräch mit Aribert Rothe am 03.06.2016.

28 Reichardt, a.a.O., S. 2.

Vielfältiges Engagement zu Beginn der Nachkriegszeit

Kurz vor dem Einmarsch der amerikanischen Truppen floh Mebus mit seiner Mutter für einige Tage ins Sömmerdaer Pfarrhaus seines früheren Vikars Wolfgang Breithaupt, während Frau und Kind in Erfurt zurückblieben.[29] Er kehrte aber schon bald nach Erfurt zurück, engagierte sich als Seelsorger in fortgesetzter Gemeindearbeit und bot Trost und Hilfe vielen besonders Betroffenen in der not- und gefahrvollen Nachkriegszeit. Daneben fand er die Kraft, sich als Landespolitiker für einen demokratischen Neubeginn einzusetzen.[30] Sein Ziel war es vor allem, den Kirchen ihren Wirkungsrahmen zu erhalten und die ideologische Vorherrschaft der SED in Staat und Gesellschaft abzuwehren. Seine exponierte Wirksamkeit in Stadt und Land scheint vielen Gemeindegliedern aber nicht bewusst geblieben zu sein. Mebus wandte sich auch speziell den Flüchtlingen zu; so hielt er z. B. einen Gottesdienst für Flüchtlinge aus Lodz, die sich auf diese Weise finden und unterstützen konnten. Die Schriftsteller Christoph Meckel und Jürgen Becker haben Mebus' Wirken atmosphärisch dicht beschrieben.[31]

---

29 Information von Inge Breithaupt, a.a.O.; ihr Kommentar: »Ohne seine Mutter ging gar nichts.«

30 S. Beitrag von Karl-Eckhard Hahn.

31 Christoph Meckel, Russische Zone Erinnerung an den Nachkrieg, Lengwill 2011, S. 55ff. Jürgen Becker, Aus der Geschichte der Trennungen, Berlin 2001, S. 237ff.

Restauration des volkskirchlichen Lebens

Ungeachtet gesellschaftspolitischer Restriktionen war das volkskirchliche Leben in den ersten Jahren nach 1945 mit vielen Kasualien, Gottesdiensten und Gemeindegruppen aufgelebt. Kürzlich waren viele Leute noch »*Gottgläubige* gewesen, wie sich die Konfession der aus der Kirche ausgetretenen Volksgenossen bezeichnet hatte; nach dem *Zusammenbruch aller Werte* waren sie massenhaft wieder in die Kirche eingetreten [...]; ein feines, ironisches Lächeln huschte über sein Gesicht, wenn Pfarrer Mebus auf die Kanzel der halbzerstörten Thomas-Kirche stieg und auf so viel neue Frommheit blickte und noch mehr alte, um Vergebung bittende Gesichter wiedersah«[32]. Der Dienst der drei Pfarrer mit weiteren Mitarbeitenden sowie 15 Helferinnen in der Thomasgemeinde war sehr umfangreich: Hatte es hier 1945 statistisch noch jeden Tag eine Bestattung gegeben, so waren es im Jahr des Volksaufstandes 1953 immerhin noch 145. Es gab 269 Taufen, 196 Konfirmationen, 74 Trauungen; 121 Gottesdienste an Sonn- und Feiertagen hatten 51893 Besucher, die Wochengottesdienste 4320, 299 Andachten erreichten 9289 Menschen. Die jährliche Bibelwoche zählte täglich ca. 200 Teilnehmende. Es gab wöchentlich drei Bibelstunden mit je ca. 40 Beteiligten, einen Missionskreis-Bethania, zwei Gruppen der Frauenhilfe, einen weiteren Frauenkreis, zwei Mütterkreise und einen Altmütterkreis. Über dreißig Männer kamen wöchentlich zusammen. Die Teilnahmezahlen des Kindergottesdienstes summieren 184 Knaben und 192 Mädchen. Zu drei Jugendgottesdiensten kamen 157 Jugendliche und zu einem Schulgottesdienst versammelten sich 38 Knaben und 41

32 Jürgen Becker, ebd., S. 239f.

Mädchen. Neben den 6 Vorkonfirmandengruppen mit 98 Knaben und 107 Mädchen wurden 96 Konfirmanden und 104 Konfirmandinnen unterrichtet. Zu einem Gemeindeabend fanden sich ca. 900 Menschen ein, zu einer 7-tägigen Evangelisation ca. 1100 täglich. [33]

Begeisternder Prediger

Die Abschriften seiner beliebten Predigten – bis zur Wiedereinweihung der zerstörten Thomaskirche 1950 meist in der benachbarten altlutherischen Christuskirche – dienten nun der Neuorientierung. Jetzt konnte er frei von seiner Haft als Glaubensstärkung reden.[34] Seine Sekretärin schrieb sie mit, dann mussten die Texte im Rathaus eingereicht und vom Russischen Zensor nicht ohne Schwierigkeiten genehmigt werden.[35] Am nächsten Sonntag waren sie dann für 20 Pfennig zu erhalten. Mebus verstand es anspielungsreich, Aktuelles mit seiner theologischen Botschaft zu verknüpfen. Am 1. Mai 1949 begann er z. B. so:

»Liebe Gemeinde! Was die Menschen unserer Tage besonders stark empfinden, ist die Auflösung nicht nur der Einheit sondern auch des einheitli-

---

33 Angaben aus: Thomasgemeinde, Dr. Pohl, Äußerungen des kirchlichen Lebens im Jahr 1953, 16.07.1954, Evangelisches Ministerium, Archivsignatur 11/113 I.

34 Johannes, Mebus, Predigt am 2. Sonntag nach Epiphanias, den 20. Januar 1946 in der Thomasgemeinde (Christuskirche) zu Erfurt, Typoskript, Durchschlag, S. 4f.

35 »Infolge offensichtlicher Versehen im Geschäftsgang der Städtischen Verwaltung ist erst gestern Ihre Predigt vom 20.1. ds. Js. vom Russischen Zensor zur Vervielfältigung genehmigt worden.« Der Bevollmächtigte der Vorläufigen Geistlichen Leitung der KPS für den Sprengel Erfurt, (an) Herrn Pfarrer Mebus, Erfurt, am 1. März 1946, Nr. A.332/1946, Evangelisches Ministerium, Archivsignatur 11/113 I.

chen Denkens. Wer einmal vom Osten nach dem Westen und umgekehrt die Reise unternimmt, wird erschreckend gewahr, wie stark nicht nur die Einheit in äußerlichen Fragen sondern auch die Einheit des Empfindens, des Urteilens, des Wägens – vielleicht überhaupt die Einheit der inneren Gewichte, nach denen man die Dinge bemisst – verloren gegangen ist. Andererseits ist es gerade in einer solchen Zeit der Zerrissenheit so, dass man sich um so stärker nach einer Einheit sehnt [...] Das Neue Testament wie überhaupt die Heilige Schrift weiß auch um die Einheit, weiß um die tiefe Gnade der Einheit. Gerade das Evangelium des heutigen Sonntages [Joh. 10,12–16] redet mit uns vom Einswerden – Einswerden mit dem Hirten, Einswerden mit seiner Gemeinde.«[36]

Und das wird dann zuversichtlich entfaltet, persönlich, weltpolitisch und mit ökumenischem Ausblick.

Beliebter Konfirmator und Fußballfreund

In den ersten Nachkriegsjahren war es Mebus noch möglich, in der Dr.-Theodor-Neubauer-Schule, der vormaligen Königin-Luise-Mädchenschule, Schülern der 10. bis 11. Klassen Religionsunterricht zu erteilen – Bibelarbeiten mit Erzählkunst. Sein Konfirmandenunterricht war locker und streng zugleich. Streng legte er ein Liedpensum von 32 Chorälen sowie die Memorierung von Luthers Kleinem Katechismus auf. Warum man das alles lernen solle? Die Soldaten in russischer Gefangenschaft waren glücklich, wenn sie

36 Johannes Mebus, Predigt am Sonntag Misericordias Domini, den 1. Mai 1949 in der Thomasgemeinde (Christuskirche) zu Erfurt, Typoskript, Durchschlag, S. 1.

noch etwas wussten, was sie aufgerichtet hat – so einen Schatz vergesst ihr euer Leben nicht! Konfirmanden, die nicht gelernt hatten, mussten bei seiner Frau in der Wohnung nachsitzen und das Versäumte nachholen. Er wollte durch Bildung Rüstzeug fürs Leben vermitteln; das Gespräch über persönliche Glaubensfragen stand weniger im Mittelpunkt. Sein Umgang mit Heranwachsenden ließ auch deftige Wortwahl zu und erstreckte sich auf abschließendes Skat- oder Fußballspiel.[37] Mebus fand auch Zeit, wichtige Spiele im nahen Sportstadion zu besuchen.

Aufbau der Jungen Gemeinde

Nach dem Krieg hatte sich auch in Erfurt bald eine blühende kirchliche Jugendarbeit entwickelt. Der Stadt kam es zugute, dass hier das *Mitteldeutsche Evangelische Jungmännerwerk e.V.* seinen Sitz hatte. Trotz der allgemeinen Eingliederung der evangelischen Jugend in die Hitlerjugend hatte es seine vereinsrechtliche Institutionalform wahren und auch durch die gesamte DDR-Zeit erhalten können. Hauptamtliche sowie angeleitete ehrenamtliche Mitarbeiter leiteten viele Gruppen. Ein Foto vom Rundgespräch einer Mitarbeiter-Zurüstung 1949 auf der Freilichtbühne im Erfurter Lutherpark[38] lässt über 60 Teilnehmende erkennen. Großveranstaltungen wurden sogar mit Kinowerbung erfolgreich organisiert. Aus einer Basisinitiative der Kirchenmusikstudentin Gerda Kock, die als

37 Nach Informationen von Prof. Dr.-Ing. Hermann H. Saitz, a.a.O.

38 Landesjugendpfarramt Thüringen, Spurensuche Junge Gemeinde '53«, Eisenach 1992, S. 104.

eine Art Assistentin in Mebus' Jugendarbeit groß geworden war, bildete sich 1949 eine wachsende Studentengemeinde, die ab 1950 von dem bekenntnistheologischen Predigergemeindepfarrer Lic. Dr. Heinrich Benckert betreut wurde, bis 1954 eine halbe Studentenpfarrstelle geschaffen wurde.

In den ersten Nachkriegsjahren unterhielt jeder der drei Thomaspfarrer in seinem Gemeindebezirk noch selber eine Gruppe Junger Gemeinde, später ergänzt bzw. übernommen durch Gemeindehelferin, Katechetin oder Gemeindeschwester und Ehrenamtliche. 1947/48 leitete Mebus sogar zwei Kreise. Er habe »die richtige Sprache für die Jugend gehabt, die besprochenen Themen begleiteten einen die ganze Woche«[39]. Wesentliche Inhalte bildeten Bibelarbeiten und gemeinsames Singen. Aber auch Besuche im Theater oder bei einem Hypnotiseur gehörten zur attraktiven Geselligkeit. Seine Frau, liebevoll »Meba« genannt, fungierte als ständige Vertreterin auch bei legendären Freizeiten wie etwa in den Herbstferien 1949 auf dem Hainstein, wenn politische Aufgaben zeitweise seine Abwesenheit erforderten. Bei Bibelstunden fanden Jugendliche manchmal nur noch auf den Fensterbänken Platz. Die langjährige Erfurter Katechetin Rose Held wurde durch Mebus zur kirchlichen Ausbildung motiviert und bekennt, es ihm zu danken, dass sie sich »in der JG zum ersten Mal wieder zu Hause gefühlt habe nach der Flucht – und so soll ja Gemeinde sein«[40]. Das Zeichen der Jungen Gemeinde, die Anstecknadel mit dem Kreuz auf der Weltkugel, verlieh Mebus treuen Jugendlichen feierlich im Gottesdienst.

---

39 Rose Held im Gespräch mit Aribert Rothe am 02.11.2016.

40 Ebd.

Staatsideologie kontra Junge Gemeinde

Das Jahr 1953 verlangte sowohl von jungen Christen als auch von kirchlichen Verantwortungsträgern große Standfestigkeit. Die evangelische Jugendarbeit wurde zunehmend als Konkurrenz zur FDJ-Staatsjugend eingeschätzt, während diese sich immer deutlicher als Kampfreserve der marxistisch-leninistischen SED darstellte. »Mit dem Ausscheiden der Vertreter der Kirchen aus der FDJ wurden die Kirchen, besonders die Jugendarbeit, zum potentiellen Gegner erklärt. Aus einem Protokoll der FDJ vom 12.11.1948: [...] [FDJ-Chef Erich A.R.] ›Honecker führte aus, dass sich infolge des verstärkten Klassenkampfes in der Ostzone eine verstärkte FDJ-feindliche Bewegung bemerkbar mache. [...] Der unterirdische Kampf wird von diesen kirchlichen Kräften geführt, um die Entwicklung der sowj. Zone zur Volksdemokratie und zum Sozialismus zu verhindern.‹«[41] 1952 beschloss die SED einen aggressiven Neuen Kurs. Die FDJ-Zeitung *Junge Welt* brachte im April 1953 Schlagzeilen wie »›Junge Gemeinde‹ – Tarnorganisation für Kriegshetze, Sabotage und Spionage im USA-Auftrag: Schändlicher Missbrauch des christlichen Glaubens« [...] »Das sind die Hetztafeln der illegalen ›Jungen Gemeinde‹«[42] – unter dieser Überschrift wurde der Schaukasten der Erfurter Thomasgemeinde abgebildet. »Wer sich nicht von der Jungen Gemeinde lossagte, wurde aus den Oberschulen und von den Universitäten entfernt. In kurzer Zeit

---

41 Landesjugendpfarramt Thüringen, a.a.O., S. 20.

42 Junge Welt Extrablatt, Organ des Zentralrats der Freien Deutschen Jugend. Sonderausgabe April 1953.

wurden etwa 3000 Schüler und knapp 2000 Studenten relegiert.«[43] Allein »an der Heinrich-Mann-Schule Erfurt [vormals Zur Himmelspforte A.R.] wurden über 100 Schüler vom Schulbesuch beurlaubt, weil sie sich geweigert haben, folgende Resolution zu unterschreiben: ›Ich habe mich überzeugt, dass die Junge Gemeinde, wie sie in der Stellungnahme des Staatssekretariats des Inneren gekennzeichnet ist, als verbrecherische Organisation gekennzeichnet werden muss. Deshalb nehme ich entschieden Abstand von der Jungen Gemeinde und ihrer Tätigkeit. Ich verpflichte mich, gegen alle Machenschaften von republikfeindlichen Elementen, wie sie in der Jungen Gemeinde zutage getreten sind, aktiv zu wirken und meine ganze Kraft für den Aufbau des Sozialismus in der Deutschen Demokratischen Republik einzusetzen‹.«[44]

Doch schließlich musste die SED auf sowjetisches Geheiß einlenken. Am 10. Juni 1953 kam es zum geforderten Spitzengespräch zwischen Ministerpräsident Otto Grotewohl und Kirchenvertretern. Das gemeinsame Kommuniqué zielte auf die »Wiederherstellung eines normalen Zustandes zwischen Staat und Kirche«[45]. Die wegen ihrer Zugehörigkeit zur »Jungen Gemeinde an den Oberschulen entfernten Schüler sind sofort wieder zum Unterricht zuzulassen.«[46] Entlassungen von Lehrern und Exmatrikulationen

---

43 Ehrhart Neubert, Geschichte der Opposition in der DDR 1949–1989, Bonn 1997, S. 76.

44 Landesjugendpfarramt Thüringen, Spurensuche Junge Gemeinde '53«, Eisenach 1992, S. 54.

45 Dietmar Linke, »Streicheln, bis der Maulkorb fertig ist« Die DDR-Kirche zwischen Kanzel und Konspiration. Berlin 1993, S. 17.

46 Ebd., S. 18.

von Studierenden sollten schnell überprüft und entschieden werden. Um dies nicht zu gefährden, hielt sich die Kirche mit Stellungnahmen im Hinblick auf die zahlreichen Opfer des Aufstandes vom 17. Juni 1953 zurück. In dieser Zeit gab Mebus die eigene aktive Jugendarbeit allmählich aus der Hand. Es war wohl sein Amtskollege Burdach, der die Verhandlungen mit der Schulbehörde führte, um 1953 die Relegierungen erfolgreich rückgängig zu machen.

Kirchenpolitische Verantwortung als Senior und Superintendent

Seiner politischen Tätigkeiten inzwischen ledig, wurde Johannes Mebus im Dezember 1953 die Verantwortung als Senior und Superintendent in Erfurt übertragen. Nun spielte er neben der Gemeindearbeit wieder auch auf größerem Feld. Konfliktreiche Umbruchzeiten erwarteten den kampferprobten Bekenntnistheologen und politisch erfahrenen Kirchenmann. Bereits nach einem Jahr sandte das Evangelische Ministerium eine kritische Eingabe an die Kirchenleitungen und den Weltrat der Kirchen:

»Als Christen und Pastoren fühlen wir uns durch die Entwicklung der politischen Lage stark bedrängt. […] Hat die evangelische Christenheit in Deutschland ihre Salzkraft verloren? […] Im Osten und Westen sollen auf legaler Grundlage Streitkräfte aufgestellt werden, die ihrem Sinn nach gegeneinander gerichtet sind. […] Die Streitkräfte im westlichen Deutschland werden aller Wahrscheinlichkeit nach durch eine christliche Wehrmachtsseelsorge christlich legitimiert werden. Die Streitkräfte im östlichen Deutschland werden unsere Jugend und gerade auch die getaufte Jugend

›wissenschaftlich-atheistisch‹ aufklären und schulen. Und das alles nach der Katastrophe, die zum großen Teil die Deutschen durch ihre Soldaten herbeigeführt haben. So häufen wir nur Schuld auf Schuld. Die Kirche aber schweigt und ruft damit Gottes Gericht über sich herbei. [... Die Evangelische Kirche müsse deshalb A.R.] die Echtheit ihrer Zwischenstellung zwischen Ost und West glaubhaft machen können und die Brücke sein, die sie – nicht zuletzt im Rahmen der Ökumene – zu sein berufen ist.«[47]

Die Vorgaben aus Moskau verlangten, Religion durch bessere Propaganda zum Verschwinden zu bringen. Es blieb dabei, kirchliche Aktivitäten aus den zivilgesellschaftlichen und administrativen Zusammenhängen auszuschließen. Unmittelbar praktisch wirkte sich das aus, wenn in Erfurt z.B. plötzlich »keine Möglichkeit mehr besteht, im Städt. Krankenhaus die Zugänge aus den Listen herauszuschreiben«[48] oder allgemein der »Schulanfängergottesdienst durch Maßnahmen der Schulleitungen beeinträchtigt«[49] wurde und man nur mit dem Zurückweichen auf andere Termine reagieren konnte. Oder es wurde »vonseiten der Polizeibehörden eine strengere Handhabung der Anmeldepflicht-Verordnung vom 29.3.51 mitgeteilt«[50], was besonders Verkündigungsspiele betraf. Und wenn 1957 noch beklagt werden konnte, »dass in einer Schule in Erfurt-Nord und in der Neuerbeschule einigen katechetischen Kräften die

---

47 Protokoll über die Sitzung des Evangelischen Ministeriums am 07.12.1954, Archiv-Signatur 14 [im Folgenden abgekürzt PEM].

48 PEM 17.10.1957 (ohne Blattzählung).

49 PEM 04.09.1958 Blatt 26.

50 PEM 17.07.1958 Blatt 23.

Erteilung von Christenlehre in den Räumen der Schule [...] untersagt worden sei«[51], war es damit bald ganz vorbei. Nun wurden Hürden und Schikanen vor dem Christenlehre-Unterricht aufgetürmt, der ausschließlich in kirchlichen Räumen stattfinden durfte.

Jugendweihe kontra Konfirmation

Im März 1954 hatte das SED-Politbüro beschlossen, die atheistische Propaganda gegenüber der Jugend voranzutreiben. Strategische Angriffpunkte boten die volkstümlichen Passageriten Taufe und Konfirmation. Vorbereitet durch Leserbriefkampagnen, wurde der *Zentrale Ausschuss für Jugendweihe* gegründet. 1955 fanden die ersten Jugendweihen statt, an denen im Bezirk Erfurt 17% der Jugendlichen teilnahmen. Durch vielfältigen gesellschaftlichen Druck wurden die Zahlen kontinuierlich gesteigert: 1958 44,1%, 1959 80,4%, 1979 97,5%. Beide großen Kirchen lehnten die säkulare Weihe zunächst strikt ab und sahen empfindliche Kirchenzuchtmaßnahmen vor, die freilich selten angewandt wurden. Senior Mebus und das Evangelische Ministerium Erfurt reagierten 1956 so: »Den Kirchengemeinden wird aufgegeben, [...] Fälle zu melden, in denen Konfirmanden Nachteile wegen Nichtteilnahme an der Jugendweihe angedroht worden sind oder die dadurch bereits Nachteile erlitten haben. Der Senior erstattet Bericht über eine Unterredung mit dem Oberbürgermeister«, in der er auf gegebene Zusagen des Schulrates verweist.[52] Aber die Kirche war in der Defensive, Par-

51 PEM 14.11.1957 Blatt 56.

52 PEM 01.03.1956 Blatt 12.

tei und Staat saßen an längeren Hebeln. Es gab einige »Härtefälle bezüglich der willigen aber durch äußere Umstände zur Jugendweihe gepressten Konfirmanden«[53]. Das Ersatzritual der 1958 eingeführten *Sozialistischen Namensgebung* fand dagegen wenig Widerhall: »Auf Anregung des Vorsitzenden wird über die Taufe von Kindern, die an der sozialistischen Namensgebung teilgenommen haben, gesprochen. Es wurde dabei die Notwendigkeit der seelsorgerlichen Einflussnahme auf die Eltern betont und besonders der Taufaufschub gefordert, der den Eltern die Prüfung ihres Anliegens in der Teilnahme am gemeindlichen Leben ermöglicht.«[54]

Solidarität mit den Bauern

Die seelsorgerliche Verantwortung für die Landgemeinden bewog das Evangelische Ministerium zu einer solidarischen Entschließung an die Kirchenleitung: »Bei der Werbung zum Eintritt in die LPG werden seit Wochen in der Umgebung Erfurts Methoden angewandt, die die Bauern in allerschwerste menschliche Bedrängnis bringen (Vorhaltungen von in früheren Jahren begangenen Verstößen gegen die Wirtschaftsbestimmungen, Vorhaltungen von politischen Äußerungen aus früherer Zeit auf Grund von Bespitzelungen, öffentliche Bloßstellungen Einzelner durch Lautsprecher u.a.m.). Diese Methoden stehen in krassem Widerspruch zu der von Staats- und Parteiseite proklamierten Freiwilligkeit und haben in vielen Fällen bereits zu schweren nervlichen Störungen

53 PEM 13.03.1958 Blatt 13.

54 PEM 28.09.1961 Blatt 29/11.

und Verzweiflungsschritten geführt. Das EM bittet die Kirchenleitung oder gegebenenfalls den Herrn Bischof dringend, sich nachdrücklich dafür einzusetzen, dass die Ostkirchenkonferenz sofort zusammentritt, um ihre Verantwortung für die Bedrängten wahrzunehmen und für sie bei den zuständigen Regierungsstellen einzutreten.«[55] Mebus übernahm es zudem, möglichst gemeinsame Schritte mit der katholischen Kirche anzubahnen. Staatlicherseits hatte er aufgrund seiner politischen Vergangenheit keinen leichten Stand.

Zuhause im volkskirchlichen Leben

Andererseits wurden durchaus noch volkskirchliche Urständ' gefeiert. Vermutlich hatte der Senior nicht nur 1961 die öffentliche Predigt am Martinstag zu halten: »Die Beteiligung wird auf etwa 60.000 Personen geschätzt.«[56] In der Auswertung wird »der Hinweis gegeben, im kommenden Jahr auch die Erwachsenen aufzufordern, mit Laternen zu kommen.«[57] Die Protokollbücher geben Kunde vom reichen kirchlichen Leben in Mebus' Leitungsära: Veranstaltungen der Äußeren und Inneren Mission, Jugendevangelisationen, Kirchentag 1959, Männersonntag, Frauenhilfe, Martinstag, Mütter-, Helferinnen- und andere Erholungskuren, kirchenmusikalisches Kulturleben, unzählige stabilisierende Gemeindegruppen; es ging um Kinderverschickung, Brennstoffversorgung, Trauge-

55 PEM 10.03.1960 Blatt 9.

56 PEM 16.11.1961 Blatt 35/61.

57 Ebd.

bühren, Weihnachtsgratifikationen für Mitarbeiter, »Christenlehrehebopfer« und Kollekten für den Lutherpark. Aber eben auch »dass das Kirchensteuergeschäft im Monat Januar ein beängstigendes Ergebnis gebracht habe, [um] nochmals auf die Notwendigkeit der Werbung von Steuerhelfern hinzuweisen«[58] – so »dass Ende Februar nicht mit einer Zahlung der Märzgehälter in voller Höhe gerechnet werden könne.«[59]

Für Johannes Mebus und seine Familie ist diese persönliche Haftung nicht ungewöhnlich gewesen. Existentiell einzustehen für Glaube und Kirche machte sein Selbstverständnis aus, dem auch der gesellschaftliche Statusverlust der Pfarrer in der DDR wenig anhaben konnte. Mebus hatte es immerhin probiert, aus dem binnenkirchlichen Feld heraus- und auch politisch für ein demokratisches Gemeinwesen einzutreten. Es sollte nicht das letzte Mal sein, dass Kirchenleute in Umbruchzeiten einsprangen, um fürs Ganze einen Neuanfang zu ermöglichen. Auch nach diesem Scheitern gab ihm seine klare Haltung die Kraft und Würde im Dienst, als Senior und Pfarrer entsprechend aufzutreten und vielen Menschen Sicherheit zu vermitteln. Dass sich die Kirche, trotz massiver staatsideologischer Marginalisierung und allgemeiner Säkularisierung, konsolidieren konnte und nach dem Mauerbau den Staat DDR nicht nur als vorübergehende Situation, sondern als herausforderndes Bewährungsfeld annahm, ist nicht zuletzt den Bekenntnistheologen seines Formats zu danken.

---

58 PEM 21.01.1960 Blatt 2 /1960.

59 PEM 28.01.1960 Blatt 3.

Auch seine letzten Dienstjahre bis 1968 fielen in eine Übergangszeit, in der neue Arbeitsformen wie etwa Laienseminare[60] und andere Formen der Erwachsenenbildung entwickelt wurden. Unmittelbar nach der Pensionierung zog er mit seiner Frau nach Stuttgart in die Nähe des Sohnes. Auch dort engagierte er sich noch jahrelang in seiner Ortsgemeinde. Mebus blieb sich darin treu, seine Weltoffenheit aus bewusster Kirchlichkeit und biblischer Theologie zu schöpfen. Programmatisch hatte er zur Wiedereinweihung der Thomaskirche 1950 verkündet:

»... fürchtet euch nicht! Es gibt für uns keine Furcht vor der Zukunft, es gibt für uns keine Furcht vor irgendwelchen dunklen Gewalten. [...] Wir haben sie auch in unserer Gemeinde oft erlebt, diese Vollmacht Jesu, der etwas geschehen lässt in den Herzen, im Leben, in den Häusern und Familien. Die Freude am Herrn wird zu einer dynamischen Wandlung, zu einer Stärke. Daraus erwächst das Leben der Gemeinde.«[61]

60 »Pfarrer Bauer gibt einen Hinweis auf die kommende Arbeit des Evangelischen Laienseminars. Im kommenden Jahr sollen drei Lehrgänge durchgeführt werden, zu denen jeder Pfarrbezirk 2 Personen melden möchte.« PEM 28.09.1961 Blatt 29/11.

61 Johannes Mebus, Predigt zur Wiedereinweihung der Thomaskirche zu Erfurt am 24. September 1950, Typoskript, Durchschlag, Archiv der Thomasgemeinde, Kasten 107/71, S. 3.

Johannes Mebus

Ein Erfurter evangelischer Pfarrer als Abgeordneter des Thüringer Landtages (1946–1950)

Karl-Eckhard Hahn

Die Kirchenleitung der Evangelischen Kirche der Kirchenprovinz Sachsen (KPS) reagierte schmallippig: »Wir überlassenen es Ihrer gewissensmäßigen Entscheidung, ob Sie glauben, Ihr Amt als Landtagsabgeordneter mit den Pflichten Ihres Pfarramtes vereinigen zu können […] Unsere Bedenken dagegen wollen wir zurückstellen.«[1] Adressat des Briefs aus Magdeburg war der Erfurter Pfarrer Johannes Mebus, am 20. Oktober 1946 gerade frisch gewählter CDU-Abgeordneter des Thüringer Landtags.[2] Eine Ermutigung waren

---

1 Briefkonzept vom 28.10.1946, in: Personalakte Johannes Mebus, Archiv der Evangelischen Kirche der Kirchenprovinz Sachsen (AKPS), Rep. A. Spec. P, Nr. M 505, Mebus, Johannes.

2 Der Buchbeitrag stützt sich im Wesentlichen auf: Karl-Eckhard Hahn, Um der Freiheit der christlichen Verkündigung willen: Pfarrer Johannes Mebus als Parlamentarier 1946–1950, in: Thüringer Landtag (Hrsg.), Kirchen und kirchliche Aufgaben in der parlamentarischen Auseinandersetzung in Thüringen vom frühen 19. bis ins ausgehende 20. Jahrhundert (Schriften zur Geschichte des Parlamentarismus in Thüringen 23), Weimar/Jena 2005. Die Abhandlung enthält einen umfangreichen Anmerkungsapparat. Unter den seither erschienenen Publikationen zur Geschichte des Thüringer Landtags von 1946–1950 erweitert

diese Zeilen nicht. Und die Bedenken hatte der Pfarrer an der Thomaskirche gewiss auch nicht damit zerstreut, dass er sich für seine Kandidatur auf die Rückendeckung durch Moritz Mitzenheim, den Bischof der Thüringer Evangelischen Kirche, berief. Denn Magdeburg und Eisenach waren hinsichtlich des Umgangs mit der Sowjetischen Militäradministration (SMAD) und der Sozialistischen Einheitspartei Deutschlands (SED) keineswegs eines Sinnes.

Mebus war einer von zwei Pfarrern, die dem 1946 unter Besatzungsbedingungen ansatzweise frei gewählten Thüringer Landtag angehörten. Der andere war der zur Thüringer Landeskirche gehörende Eisenacher Oberkirchenrat Dr. Erich Hertzsch, der für die SED ins Parlament einzog. Beide waren Exponenten der kirchenpolitischen Debatten im Thüringer Landtag zwischen 1946 und 1950 und keine politischen Leichtgewichte. Mebus war von Dezember 1946 an Vorsitzender seiner CDU-Landtagsfraktion,[3] und

---

den Kenntnisstand deutlich: Michael C. Bienert, Zwischen Opposition und Blockpolitik. Die »bürgerlichen« Parteien und die SED in den Landtagen von Brandenburg und Thüringen (1946–1952) (Beiträge zur Geschichte des Parlamentarismus und der politischen Parteien 171), Düsseldorf 2016.

3 In der Forschungsliteratur wird für den Zeitraum von Dezember 1946 bis zu seiner Flucht im Juni 1948 gelegentlich der Vizepräsident des Thüringer Oberlandesgerichts, Karl Magen als Vorsitzender der Fraktion angegeben. Vgl.: Michael Richter, Die Ost-CDU 1948–1952. Zwischen Widerstand und Gleichschaltung (Forschungen und Quellen zur Zeitgeschichte 19), Düsseldorf, 2. korrigierte Auflage 1991, 415; Markus Kiefer, Gründung und Anfänge der CDU in Thüringen (1945–1952), Erfurt o.J. (1959), 74; Thomas Speckmann, Hugo Dornhofer. Biographische Studien 1896–1977, Rudolstadt/Jena 2003, 325. Bienert, Opposition, nennt mal Magen und mal Mebus ohne eindeutige zeitliche Unterscheidung. Hahn, Mebus, 186, Fußnote 44 vertrat demgegenüber die Auffassung, dass Mebus von 1946 bis 1950 die Fraktion führte. Dieser Auffassung folgt: Jochen Lengemann, Thüringische Landesparlamente 1919–1952. Biographisches Handbuch (Veröffentlichungen der Historischen Kommission für Thüringen. Große Reihe 1,4), Köln/Weimar/Wien 2014, 466ff und 474ff. Die Frage lässt sich nicht unmittelbar aus den Fraktionsakten klären, da nur

er gehörte gleichzeitig dem Erfurter Stadtrat an. Zugleich war er Mitglied der Synode der Kirchenprovinz Sachsen. Ab 1948 war der Pfarrer und Politiker überdies Mitglied des Deutschen Volksrats, dem Vorläufer der Volkskammer. Sein parteipolitisches Wirken endete im Herbst 1950.

Bruchstücke überliefert sind. Der Quellenbefund ist jedoch eindeutig: a) In einer von Mebus diktierten, undatierten Familienchronik heißt es, er habe sich in den Landtag wählen lassen »und wurde Fraktionsvorsitzender«. b) Im Landtag bezeichnete sich Mebus am 19.12.1946 selbst als »Fraktionsführer«, in: 4. Sitzung des 1. Thüringer Landtags, 19.12.1946, 24. c) Wie in den Akten des CDU-Landesvorstands überliefert ist, erkundigte die SMATh sich im März 1947, wann »endlich Herr Pfarrer Mebus als Fraktionsvorsitzender abgelöst würde«. Zitiert nach: Herbert Gottwald, Der Thüringer Landtag 1946–1952. Ein politischer Abriss (Schriften zur Geschichte des Parlamentarismus in Thüringen 5), Jena 1994, 39. d) Gegenüber der Provinzialsynode der KPS bezeichnete sich Mebus in einem Bericht zu den Verfassungsberatungen als »Fraktionsführer« der CDU, in: AKPS, Provinzialsynode, 2. Tagung, April 1947, Rep. C1, Nr. 78, 13. e) Im Juli 1947 redet Landtagspräsident August Frölich Mebus als »der Herr Vorsitzende der Fraktion der CDU« an, in: 22. Sitzung des 1. Thüringer Landtags, 24.7.1947, 505. f) Anfang Oktober 1947 zeichnete Mebus eine Einladung für eine Arbeitstagung an kommunale Mandatsträger und Landesbeamte der CDU als Vorsitzender der Landtagsfraktion mit: Einladung, 3.10.1947, in: Archiv für Christlich Demokratische Politik (ACDP) III-031-46. g) Die wenigen überlieferten Protokolle der Fraktionssitzung zeichneten Mebus (an erster Stelle), Rücker und Bröting: Protokoll der Fraktionssitzung vom 7.10.1947, 10.10.1947, 4.11.1947, in: ACDP III-031-179. h) Die Anträge der Fraktion zeichnete entweder Walter Rücker, gelegentlich mit dem Zusatz »Geschäftsführer«, oder Mebus, in drei Fällen im Juni 1948 (Nr. 387, 388, 410) mit dem Zusatz »Fraktionsvorsitzender«. Im September 1948 zeichnete der unterdessen abgesetzte Minister für Versorgung, Georg Grosse, drei Anträge. Vgl.: Drucksachen des 1. Thüringer Landtags (Abteilung I) Nr. 1-686. i) Magen selbst war sich bewusst, dass ihm als Vizepräsident des OLG Gera »auch bei Ausübung meiner parlamentarischen Pflichten Grenzen gesetzt sind, die ich im Interesse meines Amtes auch als Abgeordneter nicht überschreiten darf«, in: 29. Sitzung des 1. Thüringer Landtags, 6.11.1947, 713.
Aus alldem ergibt sich unzweifelhaft, dass Mebus die Fraktion führte. Abgesehen von den wenigen Wochen zwischen dem 11.11.1946 und 4.12.1946, als der dann zum Thüringer Minister für Versorgung berufene Georg Grosse der Fraktion vorstand: Lengemann, Handbuch, S.297f.

Die für die Sowjetische Besatzungszone (SBZ) und junge Deutsche Demokratische Republik (DDR) ungewöhnliche Amts- und Mandatskombination lässt aufhorchen. Sie stellte den Pfarrer und Parlamentarier in zwei für diese Jahre in der SBZ wesentliche Konfliktlinien: Das Ringen der Kirchen um ihre institutionelle Gestalt und ihren Öffentlichkeitsanspruch gegen eine werdende sozialistische Erziehungsdiktatur und den vergeblichen Versuch, eine parlamentarische Demokratie mit freien Wahlen, Landtagen und Parteien gegen einen übermächtigen politischen Gegner durchzusetzen, der eine sozialistische Umwälzung in Staat, Gesellschaft und Wirtschaft anstrebte und unbeschadet vorübergehender taktischer Rücksichtnahmen auch vollzog.

Mebus begann seine kurze, aber intensive politische Nachkriegskarriere vor dem Hintergrund der Erfahrungen, die er im Kirchenkampf während des Dritten Reiches gesammelt hatte. Ein paar kurze biographische Anmerkungen[4]: Zur Welt kam Johannes Georg Dietrich Mebus am 19. November 1896 in Transvaal als Sohn des Geologen Dr. Erwin Mebus. Seine Vorfahren stammten aus Thüringen und waren in Dörfern südlich von Erfurt und in Plaue beheimatet. Die Familie hatte bereits Lehrer und Pfarrer hervorgebracht. Da sein Vater wenige Wochen nach seiner Geburt verstarb, übersiedelte seine Mutter mit ihm nach Thüringen. Mebus wuchs in Rudolstadt und Erfurt auf.

Noch während des Ersten Weltkriegs konnte er in Jena und Berlin Theologie studieren. Zunächst wurde er als Kriegsfreiwilliger zurückgestellt und ab Frühjahr 1917 im Kriegsministerium ein-

---

4 Vgl. zum Werdegang Mebus' ausführlich den Beitrag Aribert Rothes in diesem Band.

gesetzt. Im ersten Nachkriegsjahr legte er das Erste Theologische Examen ab. Geprägt wurde der junge Mebus durch die Jugendbewegung, insbesondere durch die sogenannten Bibelkreise für die Schüler höherer Lehranstalten. In der Arbeit mit Jugendlichen lagen zeitlebens seine besonderen Interessen und Gaben. Seine erste Pfarrstelle erhielt Mebus in Grössin in Hinterpommern. Die Versetzung in eine große, vornehmlich von Arbeitern geprägte Bielefelder Gemeinde schloss sich an. Sie stellte für den jungen Geistlichen besonders auf weltanschaulichem Gebiet eine Herausforderung dar. Die Auseinandersetzung mit dem Materialismus sollte wie die Jugendarbeit sein Lebensthema bleiben.

Mebus war politisch interessiert. Anders als zahlreiche evangelische Geistliche tendierte er aber nicht zur Deutschnationalen Volkspartei (DNVP), sondern trat dem Evangelischen Volksdienst beziehungsweise Christlichen Volksdienst bei. Die Partei stützte die Weimarer Republik. Nach ihrem Zusammenschluss mit dem abgespaltenen Arbeitnehmerflügel der DNVP erlangte sie als Christlich-sozialer Volksdienst (CSVD) begrenztes parlamentarisches Gewicht. Anliegen des Volksdiensts war vor allem, politische Rahmenbedingungen abzusichern, in denen kirchliche Arbeit sich optimal entfalten konnte. Damit stand die Partei für ein Ziel, das auch für Mebus' spätere politische Arbeit maßgeblich war.

Der Freiraum der Kirchen zur ungestörten und unbeeinflussten Verkündigung bestimmte auch sein Verhalten im Dritten Reich. Er schloss sich der Bekennenden Kirche (BK) an und scheint in dieser heterogenen Bewegung dem besonders konsequent gegen den totalitären Führerstaat agierenden Flügel um Martin Niemöller und Hans Asmussen zugeneigt zu haben. Das führte zu massiven Konflikten mit den Deutschen Christen, einem reichsweiten Redeverbot und mehrmaliger Haft bei der Geheimen Staatspolizei (Gestapo).[5] 1938 wurde Mebus schließlich auf eine Pfarrstelle der Thomasgemeinde in Erfurt gewählt. Etliches deutet darauf hin, dass die Kirchenleitung ihn dort auch unterbrachte, um ihn vor Strafverfolgung zu schützen, und dass Wohlverhalten Teil des Arrangements war.[6] Doch von Dauer war dieser Befriedungsversuch nicht. »Ein Geist, ein Herr, ein Glaube«, so in einer Predigt am 1. September 1940,[7] war kein Motto, das bei Nationalsozialsten wohlgelitten war. Der widerborstige Pfarrer blieb unter Beobachtung.

Die politischen Rahmenbedingungen

Mit dieser Biographie empfahl sich der knapp 50-Jährige nach dem Ende des Nationalsozialismus als Kandidat für politische Ämter. Mebus schloss sich der Christlich Demokratischen Union Deutschlands (CDU) an und wurde in den Erfurter Stadtrat gewählt. Der Landespräsident und spätere Ministerpräsident Rudolf Paul berief

---

5 Die Unterlagen der Kirchenleitung zu den Auseinandersetzungen, die sich an der Konfirmandenarbeit entzündeten, finden sich in: AKPS, Beiakte Rep. A, Specialia P, M 505 D.

6 Schreiben des Konsistorialrats Bertram an Pfarrer Matthes, 10.5.1938. Der Satzteil »ohne besondere kirchenpolitische Aktivität« ist in dem Schreiben unterstrichen. Die Umstände der Berufung ergeben sich aus weiteren Schreiben der Berufungsunterlagen, u.a. Mebus an Matthes, 12.5.1938, und Schreiben des Vorsitzenden des Gemeindekirchenrats der Thomasgemeinde an Mebus, 28.5.1938. Alle in: Archiv der Thomas-Gemeinde (ATG), Nr. 345, Pfarrwahl 1938.

7 So Mebus in einer Predigt zu einem Missionsfest am 1.9.1940 nach einer in MfS-Unterlagen überlieferten Mitschrift des SD-Abschnitts Weimar vom 10.9.1940, in: Bundesbeauftragter für die Unterlagen des Staatssicherheitsdienstes der ehemaligen DDR (BStU), Vorl. AIM-900/63, Bl. 166 f.

ihn außerdem in die beratende Landesversammlung, eine Art Thüringer Vorparlament, das zwischen Juni und September 1946 fünfmal tagte. Zu den zwölf berufenen Mitgliedern gehörten Persönlichkeiten wie der katholische Generalvikar Joseph Freusberg, der Thüringer Bischof Moritz Mitzenheim, die Schriftstellerin und Historikerin Ricarda Huch oder der Autor Theodor Plievier. Das sagt einiges über die politische Liga, in der Mebus ein Jahr nach Kriegsende bereits spielte.

Schließlich kandidierte er für den Landtag. Das war, wie eingangs erwähnt, heikel. Die Kirchenleitung der Kirchenprovinz Sachsen sah das parteipolitische Engagement ihrer Pfarrer nicht gern. Zu offensichtlich war ihrer Meinung nach, dass es zwischen geistlichem Amt und politischem Mandat über kurz oder lang zu Loyalitätskonflikten kommen musste. Unterstützung hatte sich Mebus bei Mitzenheim geholt. Der habe anerkannt, »dass hier ein Dienst für die Kirche Jesu Christi in der Wegbereitung zur Ausrichtung des Wortes […] gegeben sei«.[8] So steht es in einem Schreiben an seine Kirchenleitung vom 30. September 1946, in dem er um Erlaubnis für die Kandidatur bat. Die Kirchenleitung gab nach, ihre bleibenden Bedenken jedoch auch zu Protokoll. Erwähnenswert ist, dass anfangs nicht die gesamte Synode der KPS diese Einschätzung geteilt zu haben scheint. Im Oktober 1947 bewarb sich Mebus für das Amt eines Stellvertreters des Präses der Provinzialsynode der KPS. Der von der Kirchenleitung vorgeschlagene Kandidat setzte sich mit 68 zu 63 Stimmen nur knapp gegen Mebus durch.[9]

---

8 Schreiben in: AKPS, Personalakte Mebus (s. Anm. 1).

9 Zwei Mitglieder der Provinzialsynode warben ausdrücklich unter Verweis auf sein politisches Amt für Mebus. Vgl. zur Diskussion und Abstimmung: AKPS, Provinzialsynode, 4. Tagung, Oktober 1947: Rep C1, Nr. 80, 53f.

Wie nun sah der Bezugsrahmen aus, in dem Mebus hinfort im Interesse der Kirchen unter den misstrauischen Blicken seiner Kirchenleitung arbeiten wollte? Die maßgeblichen Kräfte waren die SMAD und die SED. Drei Motive waren für sie entscheidend: Eigentliches ideologisches und machtpolitisches Ziel war, den Handlungsspielraum der Kirchen auf den engen Raum des Kultes zu beschränken, Staat und Kirche zu trennen und den Kirchen den Zugriff auf die nachwachsende Generation zu entziehen. Andererseits besaßen die Kirchen jedoch Autorität. Deshalb waren SMAD und SED daran interessiert, die Unterstützung der Kirchen für ihre eigene Politik zu gewinnen. Schließlich kamen deutschlandpolitische Erwägungen hinzu. Die Sowjetunion wollte das Fenster für gesamtdeutsche Lösungen offenhalten. Deshalb war der Kurs der Besatzungsmacht von weitergehenden taktischen Rücksichtnahmen gegenüber den Kirchen bestimmt als jener der SED.

In Thüringen mag auch das gute Verhältnis zwischen Mitzenheim und dem Verwaltungschef der Sowjetischen Militäradministration in Thüringen (SMATh), Iwan S. Kolesnitschenko, dazu beigetragen haben. Mitzenheim verhielt sich den neuen Machthabern gegenüber von Anfang an entgegenkommender als andere Kirchenführer. Erkennbar anders agierte die Kirchenleitung der KPS in Magdeburg, deren Kirchenbeamter Mebus als Erfurter Pfarrer war. Unter der Leitung des die Auseinandersetzung weniger scheuenden, 1947 gewählten Bischofs Ludolf Hermann Müller befand sie sich öfter auf der entgegengesetzten Seite des landes- und provinzialkirchlichen Spektrums in der SBZ und DDR bei jenen, die politische Bedrückung, ideologische Bevormundung und den Aufbau der Diktatur beim Namen nannten.

Mebus' Partei, die CDU, hatte zum Zeitpunkt der Landtagswahlen 1946 bereits wiederholt erfahren, wie begrenzt die Spielräume waren, wenn sie mit ihrer Politik der SMAD ernstlich ins Gehege kam. Im Dezember 1945 hatte die SMAD die Parteivorsitzenden Andreas Hermes und Walter Schreiber abgesetzt, weil sie sich den entschädigungslosen Enteignungen im Zuge der Bodenreform widersetzten. In die Wahlkämpfe für die Gemeinderäte im September und die Kreistage und den Landtag im Oktober 1946 hatte die Besatzungsmacht massiv zu Gunsten der SED und zu Lasten der CDU und der Liberaldemokratischen Partei (LDPD) eingegriffen. Die beiden bürgerlichen Parteien standen unter fortgesetztem Gleichschaltungsdruck, der sich ab Ende 1947 mit der Absetzung Jakob Kaisers als Vorsitzendem der CDU in der SBZ noch einmal massiv verstärkte.

Wie der Gestaltungsspielraum der bürgerlichen Parteien, so reduzierte sich auch jener der Landesparlamente insgesamt. Zu den Instrumenten gehörten von Anfang an unter anderem die flächendeckende Überwachung durch die SMA, der Vorrang des Besatzungsrechts und die Blockpolitik. Außerdem waren die Landesregierungen Allparteienregierungen. Und wenn all dies nichts half, griff die SMATh direkt in den Parlamentsbetrieb ein. »Wir lassen den Teich nur so tief graben, dass wir die Fische immer sehen«,[10] bemerkte ein Offizier der SMATh einmal gegenüber dem Vorsitzenden der LDPD-Fraktion im Thüringer Landtag, Hermann Becker. Ab 1947 kam der allmähliche Ausbau SBZ-weiter Zentralverwaltungen hinzu, die Kompetenzen der Länder zusätzlich und zügig einschränkten. Denn wie der Parlamentaris-

---

10 Zitiert nach: Bienert, Opposition, 253.

mus war auch der Föderalismus der Sowjetideologie wesensfremd. Der Bedeutungsverlust ist auch statistisch gut zu fassen. Tagte der Thüringer Landtag im 1. Halbjahr 1947 noch sechzehnmal, so waren es im ersten Halbjahr 1950 noch ganze sechsmal. Ähnlich wie für die Kirchen galt auch für die Parlamente, dass ihre Entfaltungsmöglichkeiten eng an die deutschlandpolitischen Interessen der Sowjetunion gekoppelt war.

Begrenzte Erfolge in der Thüringer Verfassungsdebatte 1946

Der Spielraum, in dem Mebus politisch handeln konnte, war also von Anfang an gering und wurde bald enger. Im gleichen Maß, wie die CDU gezwungen war, den Weg zu einem ostdeutschen, sozialistisch geprägten Teilstaat mitzugehen, traten dabei ihre Interessen und die der Kirchen auseinander. Es lag auf der Hand, dass die Konstellation für führende CDU-Politiker mit einer engen Kirchenbindung besonders konfliktträchtig war. Doch schien der Kampf in der offeneren deutschlandpolitischen Situation 1946/1947 nicht aussichtslos, der streitbare Einsatz für das, »was wir im Namen Gottes zu fordern haben für unsere Kinder, von unseren Schulen, von unserer Kultur, von allen Zweigen unseres öffentlichen Lebens«, wie Mebus am 21. Juli 1946 predigte. Auf eine Aufgabenteilung nach dem Motto »Euch die Kirchen, uns die Straßen« wollte er sich nicht einlassen.[11] Und am Wahlsonntag, dem 20. Oktober 1946, forderte

11 Predigt vom 21.7.1946, in: Bibliothek des Evangelischen Ministeriums zu Erfurt (BEME), MSC 144,1 (Sammlung mit Predigten Mebus', 1. Teil).

er seine Gemeinde zur Auseinandersetzung mit dem »Materialismus« auf.[12]

Einen Teil der wiederkehrenden Fragen hatte er damit angerissen. Dazu gehörte die Absicherung der organisatorischen und finanziellen Unabhängigkeit der Kirchen, so unter anderem die Fortgewährung und etwaige Ablösung von Staatsleistungen. Ungleich konfliktträchtiger war der Erziehungs- und Bildungssektor, in dem es im Kern um den Religionsunterricht und die kirchlichen Kindergärten ging. Damit verbunden waren Auseinandersetzungen um die ideologische Durchdringung des gesamten Bildungsbereichs und zunehmend um die Benachteiligung von Schülern und Eltern, die sich dem widersetzten. Schließlich versuchten die Kirchen einerseits ihr Recht zu behaupten, sich aus Glaubensüberzeugungen heraus zu allgemeinen politischen Fragen äußern zu dürfen, und wehrten sich andererseits gegen fortgesetzte Versuche, ihre Pfarrer in die politische Propaganda einzuspannen.

Eine erste Probe auf die Möglichkeiten und Grenzen parlamentarischer Arbeit boten die Beratungen über die Landesverfassung. Thüringen hatte dabei für die SMAD und SED eine Vorreiterrolle für die gesamte SBZ. Ein Umstand, der punktuelle Kompromissbereitschaft genauso zu fördern schien, wie der Wille, möglichst zu einem einstimmigen Beschluss zu kommen. Dass die CDU im Landtag, der 1946 zunächst im Hotel Elephant in Weimar tagte, lediglich 19 von 100 Sitzen errungen hatte, war unter den Bedingungen der Zeit nicht ausschlaggebend, schränkte die politischen Möglichkeiten jedoch ein. Die SED begann die Verfassungsdebatte am 4. Dezember 1946 mit einem von ihr vorgelegten Entwurf und

12 Predigt vom 20.10.1946, in: ebd.

trieb sie gegen den hinhaltenden Widerstand der CDU mit großer Eile bis zur Schlussabstimmung am 20. Dezember voran. Mebus stimmte sich zu den kirchenpolitisch relevanten Aspekten eng mit dem katholischen Generalvikar und der Eisenacher Kirchenleitung ab, kooperierte hinter den Kulissen aber auch mit seinem Amtsbruder Hertzsch von der SED-Fraktion.[13]

Das Ergebnis des gut zweiwöchigen, streckenweise dramatischen Ringens war vorzeigbar. Das Volksbildungskapitel enthielt am Ende das »Recht der Religionsgemeinschaften auf Erteilung des Religionsunterrichts und seine Durchführung« (Art. 72 Abs. 3 ThürVerf 1946). Die Eltern erhielten ein Mitwirkungsrecht an der schulischen Erziehung (Art. 69 Abs. 3 ThürVerf 1946). Der Sonn- und Feiertagsschutz (Art. 73 Abs. 3 ThürVerf 1946) war genauso in der neuen Thüringer Verfassung verankert, wie das Recht zur Seelsorge »in Krankenhäusern, Strafanstalten und sonstigen öffentlichen Anstalten« (Art. 77 ThürVerf 1946) von Einschränkungen befreit war. Der sogenannte »Kanzelparagraph« (Art. 73 Abs. 2 ThürVerf 1946) war zumindest abgemildert. Missbräuchlich sollte die Religionsausübung sein, wenn sie parteipolitischen Zwecken diente, nicht allgemein politischen, wie von der SED vorgeschlagen, auch wenn dies deutlich weniger war als das von der CDU-Fraktion geforderte positive Recht der Kirchen, »vom religiösen Standpunkt aus zu Zeitproblemen Stellung zu nehmen«.[14] Nicht durchsetzbar war eine verfassungsrechtliche Garantie des kirchlichen Eigentums, wenngleich

13 So berichtete er es der Provinzialsynode im April 1947: AKPS, Provinzialsynode April 1947 (s. Anm. 3), 13f.

14 4. Sitzung des 1. Thüringer Landtags, 19.12.1946, 24.

Mebus Landtagspräsident August Frölich im Ältestenrat eine vor dem Plenum bestätigte Protokollerklärung entsprechenden Inhalts abhandelte.[15]

Auch der skeptische Magdeburger Bischof Müller erkannte an, »dass die Punkte der Verfassungen [gemeint sind die des Kirchengebietes Thüringen und Sachsen-Anhalt], die über die Religionsgesellschaften in ihnen stehen, so ausgefallen sind, dass wir einigermaßen damit zufrieden sein können«.[16] Die Einflussversuche der CDU-Fraktion beschränkten sich selbstverständlich nicht allein auf staatskirchenrechtliche und schulische Fragen. Maßgeblich auf ihre Intervention geht zum Beispiel ein kleiner, die Staatsgewalt begrenzender Grundrechtskatalog zurück (Art. 3 Abs. 3 ThürVerf 1946). Gleiches gilt für eine wenigstens rudimentäre Verfassungsgerichtsbarkeit in Gestalt eines Verfassungsprüfungsausschusses (Art. 43 Abs. 2 ThürVerf 1946). Das waren Versuche, Abwehrrechte der Bürger gegen den Staat und die von der SED grundsätzlich abgelehnte Gewaltenteilung wenigstens in Ansätzen zu verankern.

Auseinandersetzungen um politische Grundsatzfragen

Die in der Verfassungsdebatte eingegangenen Kompromisse hinderten die SED nicht an Versuchen, den Einfluss der Kirchen weiter zurückzudrängen. Vor allem dann, wenn es um Erziehungsfragen

---

15 Vgl.: Protokolle der Ältestenratssitzungen am 20.12.1946 um 16.45 Uhr und 20.50 Uhr. In: Landesarchiv Thüringen – Hauptstaatsarchiv Weimar (HStAW), Thüringer Landtag 1946–1952, Nr. 100/101, Film 7, und: 5. Sitzung des 1. Thüringer Landtags, 20.12.1946, 28.

16 AKPS, Provinzialsynode April 1947 (s. Anm. 3), 11.

ging. Zermürbende Debatten gab es immer wieder um den Religionsunterricht. So intervenierte Mebus wegen der meist schikanösen organisatorischen Barrieren für den Religionsunterricht, der Erlaubnis für hauptberufliche Lehrer, Religionsstunden erteilen zu dürfen, oder der Kontrolle der von den Kirchen berufenen Katecheten. Vom Frühjahr 1947 an setzte sich Mebus wiederholt für die kirchlichen Kindergärten ein, deren Probleme er in einer Großen Anfrage vom 30. Mai 1947 aufgriff. Der Staat ging danach gegen die christliche Prägung der Einrichtungen vor.[17] Die Beratung der Anfrage am 22. Juli 1947 nutzte der Fraktionsvorsitzende, um »die große Frage der Kirche an den Staat zu stellen«, wie er es mit dem gegenseitigen Verhältnis halte. Er warnte eindringlich vor »einer überlebten kulturkämpferischen Einstellung zur Kirche«.[18] Die CDU-Fraktion bestand in einem Antrag auf voller Gleichberechtigung der kirchlichen mit den kommunalen Kindergärten, das Recht, weitere zu gründen, das Fachpersonal selbst auszubilden und eine von staatlicher Seite unbeeinträchtigte christliche Erziehung in den Kindergärten.[19]

Anlass waren Klagen der evangelischen und katholischen Kirche, der Staat nutze sein Aufsichtsrecht, um »den evangelischen beziehungsweise katholischen Charakter der Kindergärten zu beseitigen«. Weil die Volksbildungsministerin, die Pfarrerstochter Marie

---

17 Drucksache 087 des 1. Thüringer Landtags, 30.5.1947. Mebus bezog sich auf einen nach Angabe der Drucksache exemplarischen Fall, demzufolge eine Regierungsrätin in einem kirchlichen Kindergarten gefordert habe, »biblische Bilder von den Wänden zu entfernen, das Erzählen biblischer Geschichten zu unterlassen, sowie das Beten mit den Kindern einzustellen«. Die entscheide Frage in der Drucksache lautete: »Ist die Regierung bereit, die religiöse Erziehung in konfessionell geleiteten Kindergärten zu gewährleisten.«

18 Rede Mebus' in: 22. Sitzung des 1. Thüringer Landtags, 24.7.1947, 499–502.

19 Text des von Mebus vorgetragenen Antrags in: ebd. 505.

Torhorst (SED), einen SMAD-Befehl ignoriert hatte, sah der zuständige Fachausschuss am Ende im Februar 1948 zwar unwidersprochen eine »schwere Verletzung« der Landesverfassung in der Aufsicht, doch in strukturellen Fragen blieb Torhorst hart. Die Einrichtung kirchlicher Seminare zur Ausbildung der Kindergärtnerinnen oder die Übernahme der Personalkosten durch die Kirchen lehnte sie ab: »Die Erziehung der Jugend vom Kindergarten bis zur Hochschule [ist] Aufgabe des Staates«, hielt sie fest. Die Kirchen sollten gern die Sachkosten tragen, für das Personal sah das Land sich zuständig.[20] So werde die »Kindergartenfrage auf kaltem Wege gelöst«, hatte Mebus ihr zuvor in einer Besprechung mit Kirchenvertretern hinter verschlossenen Türen vorgehalten.[21]

Schließlich sei noch die Landtagsdebatte über den § 218 StGB erwähnt, weil dabei grundsätzliche ethische Fragen auf der Tagesordnung standen. Die CDU-Fraktion hatte sich in dieser Abtreibungsdebatte vom November 1947 die Argumentation der Kirchen gegen die soziale Indikation zu Eigen gemacht, die Mebus im Plenum vergeblich als »eine Bankrotterklärung allen Sozialismus« geißelte. Immerhin fand ein Antrag die Unterstützung des Plenums, Einrichtungen für die Kinder solcher Mütter zu schaffen, die sich aus sozialen Gründen außerstande sahen, ihren Nachwuchs aufzuziehen. Nur wurden diese Einrichtungen nach Meinung des CDU-

---

20 Die skizzierte Debattenlage ergibt sich gut aus: Bericht des Rechtsausschusses und des Ausschusses für Kultur und Volksbildung über die Beratung der Großen Anfrage und Antrag der CDU betr. Kirchliche Kindergärten (Sitzung vom 10.2.1948): Drs. 290 des 1. Thüringer Landtags. Alle Zitate des Absatzes ebd.

21 Niederschrift über die Besprechung im Volksbildungsministerium betr. Kirchliche Kindergärten und Religionsunterricht am 5.2.1948, in: Bistumsarchiv Erfurt (BAE), Bfl. Generalvikariat Erfurt/Bfl. Amt Erfurt-Meiningen 1946–1987, Zentralregistratur C Ive 1.

Fraktionsvorsitzenden leider nicht entsprechend mit Haushaltsmitteln untersetzt.[22] Die Niederlage schmerzte umso mehr, als der Landtag in Sachsen-Anhalt die soziale Indikation nicht beschloss und Bischof Müller dies in seinem Synodenbericht im Herbst 1948 auch herausstellte.[23]

Wiederholt setzte sich Mebus auch dort ein, wo er meinte, durch Ideologie werde die Kirche und ihre Geschichte herabgesetzt. Etwa durch die 1908 erstmals veröffentlichte »Deutsche Geschichte vom Ausgang des Mittelalters« Franz Mehrings. Mebus wandte sich nicht gegen die Auseinandersetzung mit Mehrings Werk, doch im Sinne einer verbindlichen Geschichtsinterpretation sollte es in der Neulehrerausbildung nicht verwendet werden. Darüber entbrannte im November 1948 eine der letzten heftigen Debatten im Thüringer Landtag. Mebus hielt das Buch für ungeeignet, weil es eine wissenschaftlich überholte, materialistische und einseitig kommunistische Perspektive präsentiere und die religiösen Gefühle der Bevölkerungsmehrheit verletze. Der Widerspruch war erwartungsgemäß heftig. Der SED-Abgeordnete Fritz Heilmann attestierte dem CDU-Fraktionsvorsitzenden, er vertrete Interessen, die »einer Klassenorganisation und Gesellschaftsordnung angehören, die heute schon keine Existenzberechtigung mehr hat«.[24]

---

22 Vgl.: 29. Sitzung des 1. Thüringer Landtags, 6.11.1947, 737–742, ebenda das Zitat von Mebus, 740. 31. Sitzung des 1. Thüringer Landtags, 18.12.1947, 823. Haushaltsberatungen in der 37. Sitzung des 1. Thüringer Landtags, 23.3.1948, 1005f. Es ist erwähnenswert, dass Mebus am Ende als einziger seiner Fraktion den entsprechenden Einzelplan ablehnte: Ebenda, 1011.

23 AKPS, Provinzialsynode, 5. Tagung, Oktober 1948: Rep. C1, Nr.81, 25f.

24 51. Sitzung des 1. Thüringer Landtags, 19.11.1948, 1448–1454, Zitat Heilmanns: 1452.

Was das bedeuten konnte, hatte sich bereits im Laufe des Jahres 1948 deutlich gezeigt. Die SED trieb den Umbau der SBZ zur Volksdemokratie voran. Die SED wandelte sich zu einer stalinistischen Partei. Parteichef Walter Ulbricht arbeitete auf die Beseitigung der »traditionellen Vorstellungen der formalen bürgerlichen Demokratie, von den Spielregeln des bürgerlichen Parlamentarismus« hin.[25] Durch die von der SED initiierte Gründung der Nationaldemokratischen Partei Deutschlands (NDPD) und der Demokratischen Bauernpartei Deutschlands (DBD) sollte die politische Basis der CDU und LDPD geschwächt werden. Im Landtag zeigte sich die verschärfte Gangart am Vorstoß der SED im Juni 1948, die Verwaltungsgerichtsbarkeit und damit rechtsstaatliche Grundprinzipien abzuschaffen. Der erbitterte, am Ende ergebnislose Widerstand der LDPD und CDU veranlasste die SED, darüber nachzudenken, wie der Landtag besser »in den Dienst der Festigung und Fortentwicklung einer neuen, kämpferischen Demokratie« gestellt werden könne.[26]

Am 23. Juli 1948, einem Plenartag, verhaftete die SMATh in der Mittagspause den LDPD-Fraktionsvorsitzenden Becker. Nachmittags wies die SED schroff Mebus' Forderungen nach einer Mitwirkung von Seelsorgekräften an der Arbeit der Jugendämter und nach der Berücksichtigung der CDU bei der Besetzung von Schul-

---

25 Vor einer staatspolitischen Konferenz der SED. Zitiert nach: Ralf Thomas Baus, Die CDU in der SBZ 1945–194. Gründung – Programm – Politik (Forschungen und Quellen zur Zeitgeschichte 36), Düsseldorf 2001, 428.

26 42. Sitzung des 1. Thüringer Landtags, 4.6.1948, 1185–1195. In der Sitzung nahm Karl Magen mit großer Klarheit den Entwurf der SED auseinander und verdeutlichte, dass damit das »Kernstück eines Rechtsstaates« (1192) beseitigt werden solle. Die SED zog am Ende der turbulenten Sitzung aus dem Plenarsaal aus. Bald nach der Sitzung floh Magen in den Westen.

ratsstellen entsprechend der Blockprinzipien zurück.[27] Als Fritz Heilmann für die SED bezweifelte, dass die bürgerlichen Parteien Kandidaten präsentieren könnten, die über »die geeignete Zuverlässigkeit im demokratischen Sinn« verfügten, stellte der CDU-Fraktionsvorsitzende die Mitarbeit im Parlament in Frage: »Denn dass wir hier nur etwas Staffage darstellen, das können Sie uns nicht zumuten«. Man werde sich nicht zum Feigenblatt der SED-Politik machen lassen. Heilmann reagierte heftig: Es habe keinen Zweck, »dass wir irgendwelches Verstecken spielen«. Drohend mahnte er »Wachsamkeit« an, damit CDU und LDP »als demokratische Parteien im Interesse unseres Aufbaus bestehen können«.[28]

Mitwirkung am Volkskongress und im Volksrat

In einem nicht unwesentlichen Punkt schließlich ließ Mebus sich so weit auf die Erwartungen der SED und SMAD ein, dass er damit zunehmend in einen Widerspruch zu seiner Kirchenleitung und bald auch der Synode der KPS geriet: und zwar bei allem, was mit den Stichworten Volksabstimmung, Volkskongress und Volksrat von Ende 1947 an zusammenhing. Die SED verfolgte mit diesen Gremien eine Doppelstrategie. Sie bereitete zum einen an Ländern und Landtagen vorbei die Gründung der DDR vor. Und zugleich schuf sie sich eine deutschlandpolitische Plattform. Die SED organisierte diese Gremien so, dass sie sie unter Kontrolle hatte: über die

27 Beide Debatten in: 46. Sitzung des 1. Thüringer Landtags, 23.7.1948, 1276–1281 und 1289–1292.

28 Zitate: ebd., 1290f.

von ihr gelenkten Massenorganisationen und seit 1949 auch über die neuen, von ihr geschaffenen Blockparteien NDPD und DBD. Diese Politik führte Ende 1947 zunächst zu einer tiefen Krise der CDU. Denn die Zonenführung um Jakob Kaiser lehnte den Volkskongress strikt ab. Die Landesverbände willigten unter dem Druck der SMAD jedoch ein und ließen sich gegen Kaiser ausspielen.

Mebus suchte zwar nach einem Weg, durch den Kaiser das Gesicht wahren konnte und die Landesparlamente nicht völlig ausgebootet wurden.[29] Doch am Ende blieben nur ohnmächtige Vorbehalte übrig, und sie änderten auch nichts an der grundsätzlichen, wenn auch erzwungenen Mitwirkungsbereitschaft. Auch die CDU-Fraktion entsandte zwei Mitglieder. Dass Bischof Mitzenheim sich dem ersten Volkskongress zur Verfügung stellte und der katholische Generalvikar Freusberg dem Volkskongress Anfang Dezember zunächst nicht völlig ablehnend gegenüberstand, mag das Einlenken der CDU-Fraktion erleichtert haben. Wobei der Vorsitzende einer Landtagsfraktion objektiv nur die Wahl hatte, mitzumachen oder sein Amt aufzugeben. Während aber Mitzenheim und einige andere schwach gewordene Bischöfe nach einer ernsten Aussprache in der Kirchlichen Ostkonferenz in den folgenden zwei Jahren nicht

---

29 In einer Sondersitzung des Thüringer Landtags zum Volkskongress verteidigte Mebus Kaiser, äußerte Zweifel, dass sich die berufenen Vertreter aller Zonen versammeln würden und unterstrich, »dass es uns am zweckmäßigsten erschienen wäre, wenn die deutschen Landtage als berufenen politischen Vertreter des deutschen Volkes sich zur Stimme Deutschlands gemacht hätten«. Doch am Ende stimmte die CDU-Fraktion der von der SED eingebrachten Entschließung mit zu. Vgl. Sondersitzung des 1. Thüringer Landtags, 757–762, Rede Mebus: ebd., 760f. Einen Versuch, diesen »zweckmäßigsten« Weg in eine Entschließung zu kleiden, hatte Frölich im Ältestenrat abgebügelt: Sitzung des Ältestenrats, 3.12.1947, 12.30 Uhr, in: HStAW, Thüringer Landtag 1945–1952, Nr. 100/101, Film 7. Der CDU-Vertreter hatte dort auch erklärt, die CDU werde die Entschließung mittragen, aber nicht mit einbringen.

mehr mitwirkten, konnte die CDU nicht zurück. Die SMAD hatte Kaiser am 20. Dezember 1947 abgesetzt. Seine Anhänger verfolgten Besatzungsmacht und SED als »Reaktionäre« und versuchten, die willfährigen Parteimitglieder als »Fortschrittliche« zu ködern.

Vom 2. Volkskongress im März 1948 an nahm Mebus selbst als Delegierter teil und ließ sich in den Volksrat wählen, der sich 1949 zur vorläufigen Volkskammer umwandelte.[30] Der mangelnden demokratischen Legitimation dieses Rates war er sich dabei bewusst. Die könne er nur durch »Urwahl nach üblichem Wahlmodus« erlangen, wie er im Juni 1948 vor dem Landtag ausführte.[31] Im Volksrat hat er noch einmal versucht, im Sinne der Kirchen auf die Gestaltung des Verfassungsentwurfs für die zukünftige DDR Einfluss zu nehmen, öffentliche Auftritte allerdings gemieden. Sonntagsschutz, Kanzelparagraph, Religionsunterricht und Seelsorge in Krankenhäusern und Strafanstalten waren auch hier die Themen. Anscheinend intensiv beteiligt war er am erfolgreichen Versuch, den Kanzelparagraphen nach Thüringer Modell zu entschärfen und gar ein Recht der Religionsgemeinschaften durchzusetzen, »zu den Lebensfragen des Volkes von ihrem Standpunkt aus Stellung zu

---

30 Bundesarchiv (Barch), DA/1/3336: Organisatorische Vorbereitung des 2. Deutschen Volkskongresses. Vgl. im Einzelnen folgende Blätter: a) Delegierte der CDU für den Volkskongress, Bl. 144; b) Liste der CDU-Kandidaten für den vom Volkskongress zu wählenden Volksrat, Bl. 7. Dort erscheint Mebus auf Position 2 für die Thüringer Kandidaten nach dem Landesvorsitzenden Siegfried Trommsdorff. c) Stimmzettel für die Wahl des Deutschen Volksrats, Bl. 32 f. Dabei handelt es sich um eine Einheitsliste. Für 300 Sitze werden 300 Kandidaten aufgeführt, unter ihnen Mebus.

31 44. Sitzung des 1. Thüringer Landtags, 1219. Er warb überdies für die »Hinzuziehung der bisherigen Vertreter des Westens«, um den gesamtdeutschen Anspruch zu unterstreichen.

nehmen« (Art. 41 Abs. 3 DDR-Verfassung 1949).[32] Das war eines seiner zentralen Anliegen, das er bei den Verhandlungen über die Thüringer Verfassung nicht hatte durchsetzen können.

Mebus verteidigte seinen politischen Kurs in der Synode, fand sich damit aber auf verlorenem Posten, da die begrenzten Erfolge in der Sicht der Synodalen die alltägliche Bedrückung nicht aufwogen. Wenn der Erfurter Thomas-Pfarrer in der Synode klagte, dass die Kirchenleitung seine Kontakte nie richtig in ihrem Sinn genutzt habe, machte er sich wahrscheinlich Illusionen über die grundsätzliche Art des Konflikts. Bischof Müller hatte während der Herbstsynode 1948 sehr deutlich darauf hingewiesen, was er vom Volkskongress hielt: nichts. Man habe den Pfarrern »so deutlich gesagt, dass es eigentlich unmissverständlich sein musste«, wie sie sich zum Volkskongress zu verhalten hätten.[33] Die verbreitete Stimmung in den evangelischen Kirchen zeigt sich in einem Hirtenbrief des Bischofs von Berlin und Brandenburg, Otto Dibelius, zu Pfingsten 1949. Er bescheinigte dem werdenden Staat »viele von den Zügen, denen in der nationalsozialistischen Zeit unser Widerstand um Gottes willen gegolten hat: Gewalt, die über Recht hinweggeht, innere Unwahrhaftigkeit und Feindschaft gegen das christliche Evangelium.«[34]

---

32 Mebus sah damit allen Versuchen, die Kirchen aus dem öffentlichen Leben zu verdrängen, einen Riegel vorgeschoben. Dieser Erfolg sei »aufgrund unserer erheblichen Mitarbeit« möglich gewesen, sagte er in einer Predigt am 23.10.1949 kurz nach Gründung der DDR, in: BEME, MSC 144,2 (Predigtsammlung Mebus 2).

33 So die Ausführungen von Ludolf Müller vor der Provinzialsynode am 11.10.1948: AKPS, Provinzialsynode, 5. Tagung, Oktober 1948 (s. Anm 23), 26f.

34 Hirtenbrief an die evangelischen Gemeinden in Berlin und Brandenburg, Pfingsten 1949, in: Günter Heitmann, Kirche im Kampf der Zeit. Die Botschaften, Worte

Dass Mebus all dies nicht sah, kann angesichts seiner scharfen Auseinandersetzungen um die ideologische Übergriffigkeit der SED in den kirchlichen Raum kaum angenommen werden. Wenn er den Sozialismus-Begriff nutzte, dann meinte er den »christlichen«, vom marxistischen deutlich unterschiedenen Sozialismus eines Jakob Kaiser. Demokratische Wahlen im vollen Wortsinn und parlamentarische Demokratie, Rechtsstaatlichkeit, umfassende, ideologisch unbeeinträchtigte Freiheit und bei aller Planung eine auf Eigentum gestützte Wirtschafts- und Sozialordnung gehörten zwingend dazu.[35] Dennoch überwog aus Sicht der SED sein Nutzen den Ärger über die Widersetzlichkeit, vornehmlich in kirchlichen Belangen. Das illustriert eine Episode aus dem Erfurter Stadtparlament von Ende 1949. Dort wandte sich Mebus recht massiv dagegen, den Leipziger Platz in Ernst-Thälmann-Platz umzubenennen. Daraufhin wollte die Kreisleitung der Opfer des Faschismus (OdF) ihm den Status eines Opfers des Faschismus aberkennen. Die Landesleitung der OdF jedoch sorgte unter Hinweis auf den etwaigen politischen Flurschaden dafür, dass dies nicht geschah.[36]

Hatte Mebus durch das dauernde Taktieren allmählich die Seite gewechselt? Wohl kaum, denn in der Mitarbeit Mebus' im Volksrat scheint ein äußerster Punkt der Kooperationsbereitschaft erreicht gewesen zu sein. Das zeigt ein Blick auf das Jahr 1950: Die Kirchen gerieten durch die jetzt gegründete DDR und die SED noch massi-

---

und Erklärungen der evangelischen Kirchen in Deutschland und ihrer östlichen Gliedkirchen, 2., erweiterte Auflage 1954, 109–112, Zitat 110.

35 Vgl. beispielhaft folgende Redebeiträge im Thüringer Landtag mit deutlich wirtschaftspolitischen Akzenten: 21. Sitzung des 1. Thüringer Landtags, 27.6.1947, 469f, und 29. Sitzung des 1. Thüringer Landtags, 6.11.1947, 731ff.

36 Zu diesem Vorgang ausführlich: Hahn, Mebus, 214f.

ver unter Druck. Staat und Partei torpedierten vor allem die kirchliche Jugendarbeit und versuchten, die Kirchen mit allen Mitteln in die Propaganda der Nationalen Front einzubinden. Das misslang, auch in Thüringen. Als Ministerpräsident Werner Eggerath (SED) Anfang Oktober 1950 80 sogenannte »fortschrittliche« Pfarrer einlud, um sie für eine Unterstützung der Nationalen Front zu gewinnen, entzog sich Mebus, wie 73 weitere Pfarrer auch.[37] Für Versuche, einen Keil zwischen Kirchenleitung und Pfarrerschaft zu treiben, war er nicht zu haben. Genauso wenig war er offenbar bereit, auf Einheitslisten für eine weitere Wahl anzutreten. Dafür spricht auch, dass er die Wahlen in den folgenden Jahren mehrfach boykottierte und auf deren pseudodemokratischen Charakter hinwies.

Das Ende des politischen Zwischenspiels

Hier war offensichtlich eine Grenze erreicht. Zwischen den Positionen der Staatspartei SED und der davon nur noch in Nuancen abweichenden Politik der CDU auf der einen und der Kirchenleitung der KPS auf der anderen Seite war keine sinnvolle Vermittlung mehr möglich. Aus seinem Engagement im Landtag konnte die Kirche selbst bei wohlwollender Betrachtung keinen Nutzen mehr ziehen. Weder ließ die SED von einem Verbot für Katecheten ab, die Schul-

37 Liste »Namen von fortschrittlichen Pfarrern«, in: HStAW, Büro des Ministerpräsidenten, Akte 863, Film 79, Bl. 305–307. Der Hintergrund ergibt sich aus der Niederschrift des Verbindungsbüros zu den Kirchen beim Ministerpräsidenten über den Empfang, 2.10.1950, in: ebd., Bl. 277ff. Man war sich der Pfarrer freilich nicht so sicher, denn für die geplante Resolution gab es zwei Entwürfe: einen unter ausdrücklicher Bezugnahme auf die Nationale Front, und einen unter Verzicht auf diese Bezugnahme. Vgl. ebd., Bl. 266f.

räume zu betreten, noch führte eine nochmalige Intervention für den wirksamen Schutz kirchlicher Feiertage Ende 1949/Anfang 1950 zu einem befriedigenden Ergebnis. Auch der Versuch, für die beiden evangelischen und die katholische Kirche im Landeshaushalt für 1950 ausstehende Staatsleistungen durchzusetzen, misslang. Und die stolze Summe von 100 000 Mark zur Sanierung der stark zerstörten Thomas-Kirche aus dem Dispositionsfonds des Landtagspräsidenten gab es auch nicht.[38]

Zur Klärung der Verhältnisse trug schließlich ein Artikel in der Thüringer SED-Tageszeitung »Das Volk« vom 11. Oktober 1950 bei, in dem Mebus - nach seiner Darstellung wahrheitswidrig - eine Unterstützung der Nationalen Front in den Mund gelegt wurde.[39] Die Nationale Front war aus dem Volkskongress hervorgegangen und das Instrument der SED, um die komplette Bevölkerung zu organisieren. Vor allem aber stellte sie die Einheitsliste für die Scheinwahlen im Oktober 1950 auf. Evangelische wie katholische Kirchen sahen sich nachdrücklichen Versuchen ausgesetzt, ihre Geistlichen für die Nationale Front zu gewinnen, und sie warnten ihre Geistlichen ebenso nachdrücklich davor, diesem Werben nachzugeben. Gleichzeitig verpflichtete der Vorstand der CDU in der DDR die Parteimitglieder dazu, dort mitzuwirken.

---

38 Das Beispiel illustriert anschaulich, dass Mebus unterschiedlichste Interessen verfolgte, die es abzuwägen galt. Mebus an Frölich, 14.5.1950, und: Frölich an Mebus, 9.6.1950. Beide in: HStAW, Thüringer Landtag 1946–1952, Akte 271, Film 29.

39 Die Zukunft gehört dem Fortschritt. Pfarrer Mebus wurde Mitglied im Kreisausschuss der Nationalen Front, in: Das Volk, Ausgabe Erfurt, 11.10.1950. Referiert wird u.a., Mebus erachte es als wahre Christenpflicht, »aufklärend zu wirken, damit alle Menschen am 15. Oktober zur Wahl gehen und den Kandidaten der Nationalen Front des Demokratischen Deutschland ihre Stimme geben«.

Mebus versuchte, den Artikel im Thüringer SED-Parteiblatt richtig zu stellen, doch die Kirchenleitung hielt den Zeitpunkt für eine »brüderliches Gespräch« für gekommen. Als es im Februar 1951 zustande kam, hatte Mebus bereits keine politischen Mandate mehr inne. Er machte geltend, dass er für die Kirchen manche finanziellen Vorteile erzielt habe. Die Kirchenleitung problematisierte die erforderlichen taktischen Zugeständnisse. Wörtlich heißt es in dem Gesprächsvermerk: »Er ist von der Richtigkeit der Behauptung, die auch wir erneut betont haben, dass der Preis, den er mit politischen Zugeständnissen vielfach bezahlt hat, zu den tatsächlich erzielten Erfolgen in keinerlei tragbarem Verhältnis steht, offenbar nicht restlos überzeugt.«[40]

Von der Bürde der Politik befreit, wurde der Pfarrer an der Thomas-Kirche schnell zu einem Ärgernis für den SED-Staat. Unter seiner Obhut gab es in der Gemeinde die beste Jugendarbeit weit und breit. Damit engagierte Mebus sich auf einem besonders umkämpften Feld und geriet recht bald in die Postüberwachung der Staatssicherheit. Im Herbst 1952 trat er schließlich auch aus der CDU aus, weil er deren endgültige ideologische Unterwerfung unter den Sozialismus in den Meißner Thesen zum »Christlichen Realismus« nicht mittragen wollte. Hier duldete er keine Kompromisse. Den Parteiaustritt teilte er per Durchschlag auch dem Präses der Synode mit.[41] Verbunden mit der Bitte, diese Mitteilung nicht weiter zu verbreiten, bevor über seine Wahl in das Amt des Seniors und Superintendenten für Erfurt entschieden war. Es solle kein falscher Eindruck entstehen. Der Zusatz lädt zu Spekulationen ein,

---

40 Gesprächsvermerk vom 1.3.1951, in: AKPS, Personalakte Mebus (s. Anm. 1).

41 In ebd.

wie ernst das gemeint war, denn Mebus tritt uns aus den Quellen als selbstbewusste Persönlichkeit entgegen, und es liegt nicht außerhalb des Vorstellbaren, dass er seine Wahl im Rahmen seiner Möglichkeiten befördert hat.

Er wurde schließlich gewählt und am 13. Dezember 1953 in sein neues Amt eingeführt. Unbequem blieb er danach mit seiner wiederholten Wahlverweigerung nicht nur für den Staat, sondern offenbar auch für seine Kirchenleitung. Denn anders ist kaum zu erklären, dass er auch Kontakte zur Stasi nicht scheute und der Geheimdienst Ende der 50er Jahre sogar eine IM-Vorlauf anlegte.[42] Es war daran gedacht, unter Leitung von Mebus eine Gruppe in der Synode der KPS zu bilden. Freilich zögerten die Stasi-Offiziere, denn der Senior und Superintendent galt ihnen als äußerst durchtrieben. Ihre Zweifel waren berechtigt, denn zu ihrem Ärger dekonspirierte Mebus sich und taugte nach Meinung des verantwortlichen Offiziers des Weiteren nicht für die angedachte Perspektive. Er blieb bei allem Eigensinn ein Mann seiner Kirche, die ihn wohl gleichermaßen trug wie zuweilen ertrug. Als er schließlich 1968 mit 72 Jahren pensioniert wurde, dankte sie ihm seine kirchlichen Dienste in freundlichen Worten. Den Politiker Mebus freilich, den erwähnte die Kirchenleitung mit keinem einzigen Wort.[43]

42 BStU, Vorl. AIM-900/63.

43 Schreiben der Kirchenleitung an Mebus, 31.7.1968, in: AKPS, Personalakte Mebus (s. Anm. 1).

Parlamentsdrucksachen im Internet:

Stenographische Berichte über die Sitzungen des Thüringer Landtags, 1. bis 73. Sitzung (21.11.1946 bis 10.10.1950, fünf Bände. http://zs.thulb.uni-jena.de/receive/jportal_jpvolume_00109509

Landtags-Drucksachen [Abteilung I]: 40 unnummerierte Drucksachen und Nr. 1 bis 686. http://zs.thulb.uni-jena.de/receive/jportal_jpvolume_00109507

Literatur:

Baus, Ralf Thomas: Die CDU in der SBZ 1945 bis 1948. Gründung – Programm – Politik (Forschungen und Quellen zur Zeitgeschichte 36). Düsseldorf 2001.

Bienert, Michael C.: Zwischen Opposition und Blockpolitik. Die »bürgerlichen« Parteien und die SED in den Landtagen von Brandenburg und Thüringen (1946–1952) (Beiträge zur Geschichte des Parlamentarismus und der politischen Parteien 171). Düsseldorf 2016.

Braas, Gerhard: Die Entstehung der Länderverfassungen in der Sowjetischen Besatzungszone Deutschlandes 1946/47 (Mannheimer Untersuchungen zu Politik und Geschichte der DDR 4). Köln 1987.

Creuzberger, Stefan: Die sowjetische Besatzungsmacht und das politische System der SBZ (Schriften des Hannah-Arendt-Instituts für Totalitarismusforschung 3). Köln/Weimar/Wien 1996.

Goerner, Martin Georg: Die Kirche als Problem der SED. Strukturen kommunistischer Herrschaftsausübung gegenüber der evangelischen Kirche 1945–1958 (Studien des Forschungsverbunds SED-Staat an der FU Berlin). Berlin 1997.

Gottwald, Herbert: Der Thüringer Landtag 1946–1952. Ein politischer Abriß (Schriften zur Geschichte des Parlamentarismus in Thüringen 5). Jena 1994.

Hahn, Karl-Eckhard: Um der Freiheit der christlichen Verkündigung willen: Pfarrer Johannes Mebus als Parlamentarier 1946–1950, in: Thüringer Landtag (Hrsg.): Kirchen und kirchliche Aufgaben in der parlamentarischen Auseinandersetzung in Thüringen vom frühen 19. bis ins ausgehende 20. Jahrhundert (Schriften zur Geschichte des Parlamentarismus in Thüringen 23). Weimar/Jena 2005.

Heidtmann, Günter: Kirche im Kampf der Zeit. Die Botschaften, Worte und Erklärungen der evangelischen Kirchen in Deutschland und ihrer östlichen Gliedkirchen. Berlin, 2., erw. Auflage 1954.

Hohlfeld, Brigitte: Massenorganisation Schule. Der Zugriff der SED auf das allgemeinbildende Schulwesen in der Frühphase der SBZ/DDR 1945–1953. In: Geschichte in Wissenschaft und Unterricht 1994.

Kiefer, Markus: Gründung und Anfänge der CDU in Thüringen (1945–1952), hrsg. von der CDU Thüringen. Erfurt o.J. (1995).

Koch, Christine: Die Junge Gemeinde der evangelischen Landeskirchen in Sachsen und Thüringen 1945–1953. Dargestellt unter besonderer Berücksichtigung des Konflikts zwischen Staat und kirchlicher Jugendarbeit (Theorie und Forschung 648/Zeitgeschichte 9). Regensburg 2000.

Lengemann, Jochen: Thüringische Landesparlamente 1919–1952. Biographisches Handbuch (Veröffentlichungen der Historischen Kommission für Thüringen. Große Reihe 1,4). Köln/Weimar/Wien 2014.

Mählert, Ulrich; Stephan, Gerd-Rüdiger: Blaue Hemden rote Fahnen. Die Geschichte der Freien Deutschen Jugend (Edition Deutschland Archiv). Opladen 1996.

Nowak, Kurt: Christentum in politischer Verantwortung. Zum Protestantismus in der SBZ (1945–1949). In: Kaiser, Jochen-Christoph; Doering-Manteuffel, Anselm (Hrsg.): Christentum und politische Verantwortung. Kirchen in Nachkriegsdeutschland (Konfession und Gesellschaft 2). Stuttgart/Berlin/Köln 1990.

Opitz, Günter: Der Christlich-soziale Volksdienst. Versuch einer protestantischen Partei in der Weimarer Republik. Düsseldorf 1969.

Quellen zur Geschichte Thüringens, Band 9 (zwei Halbbände), 1945–1952. Hrsg. von Jürgen John. Erfurt 1999.

Richter, Michael: Die Ost-CDU 1948–1952. Zwischen Widerstand und Gleichschaltung (Forschungen und Quellen zur Zeitgeschichte 19). Düsseldorf, 2., korrigierte Auflage 1991.

Seidel, J. Jürgen: »Neubeginn« in der Kirche? Die evangelischen Landes- und Provinzialkirchen in der SBZ/DDR im gesellschaftlichen Kontext der Nachkriegszeit (1945–1953). Göttingen 1989.

Seidel, Thomas A.: Im Übergang der Diktaturen. Eine Untersuchung zur kirchlichen Neuordnung in Thüringen 1945–1951 (Konfession und Gesellschaft 29). Stuttgart 2003.

Speckmann, Thomas: Hugo Dornhofer. Biographische Studien 1896–1977. Rudolstadt/Jena 2003.

Tischner, Wolfgang: Katholische Kirche in der SBZ/DDR 1945–1951. Die Formierung einer Subgesellschaft im entstehenden sozialistischen Staat (Veröffentlichungen der Kommission für Zeitgeschichte B 90). Paderborn u.a. 2001.

Vollnhals, Clemens: Zwischen Kooperation und Konfrontation. Zur Kirchenpolitik von KPD/SED und SMAD in der SBZ 1945–1994. In: Deutschland Archiv 27. Jg. (1994).

Wentker, Hermann: »Kirchenkampf« in der DDR 1950–1953. In: Vierteljahrshefte für Zeitgeschichte 42 (1994).

Wentker, Hermann: Ost-CDU und Protestantismus 1949–1958. Die Partei der »fortschrittlichen Christen« zwischen Repräsentationsanspruch und Transmissionsaufgabe. In: Kirchliche Zeitgeschichte 6 (1993).

Wettig, Gerhard: Der Konflikt der Ost-CDU mit der Besatzungsmacht 1945–1948 im Spiegel sowjetischer Akten. In: Historisch-politische Mitteilungen 6 (1999).

Zur Freiheit befreit

Exemplarische sozialethische Arbeitsfelder des Evangelischen Kirchenkreises Erfurt in den 80er Jahren

Aribert Rothe

Evangelische Stadtmission und Gemeindedienst Erfurt

Kirchenkreiseinrichtung mit vereinsmäßigen Wurzeln

Die Einrichtung war aus der 1918 erfolgten Gründung des Erfurter Stadtvereins für *Innere Mission* hervorgegangen. 1951 übernahm sie der Kirchenkreis in der früheren *Herberge zur Heimat* Allerheiligenstraße 9 und im Vereinshaus *Johannes-Lang-Haus*. 1972 kamen die *Michaeliskirche* (frühere Universitätskirche) mit *Renaissancehof* und 1978 auch das Nachbarhaus dazu. Dieses wurde 1986 als ökumenische *Fördertagesstätte Christophorus* mit 35 Plätzen für geistig behinderte Jugendliche eröffnet, die offiziell in der DDR als bildungsunfähig nicht beschult wurden. In Zeugnis- und Dienstgemeinschaft mit den Kirchengemeinden kümmerte man sich im Übrigen um Menschen, die aufgrund ihrer gesundheitlichen, sozialen oder psychischen Situation einer besonderen Begleitung und Fürsorge bedurften.

Diakonische, sozialdiakonische und sozialethische Erwachsenenarbeit

In den 80er Jahren wurden die Aufgaben um sozialdiakonische Arbeitsbereiche und -gruppen gesellschaftskritischer Aktions- und Bildungsarbeit erweitert. Ohne öffentliche Förderung betreuten etwa zehn hauptamtlich und zahlreiche ehrenamtlich Mitarbeitende eine erstaunliche Anzahl von Arbeitsbereichen und einzelnen Kreisen für *Körperbehinderte, Sehgeschädigte, Hörgeschädigte, psychisch Kranke, geistig Behinderte, Suchtmittelabhängige und Angehörige, Haftentlassene, Menschen in Lebenskrisen, Ehe- und Familienberatung, Krankenhausseelsorge, Einzelfürsorge, Vermittlung von Kuren und Erholungsplätzen, Kleiderkammer, Teestube, Vortragsdienst, Ausstellungen, Zurüstung von Gemeindegliedern zur Mitarbeit in den Gemeinden, Evangelium und Säkularisation, gesellschaftliche Diakonie und Offene Kirche für Tourismus und Ausstellungen.* Hier probten die Theater- und Kabarettgruppe *Ökumenische Spielgemeinde* und der *Evangelische Posaunendienst.* Aus den *Diakoniebasaren* mit attraktiven Kulturprogrammen entstanden ab 1986 die stark frequentierte *Offene Kleiderkammer* mit *Offener Teestube.* In der Michaeliskirche wurden tägliche *Mittagsgebete, »Stille Zeiten«, Hofmusiken, Ausstellungen, Andachten* und *Gottesdienste* zu aktuellen Geschehnissen oder Gedenkanlässen angeboten. Weiterhin fanden hier Feste mit Gästen aus aller Welt, seit 1968 die ökumenische Monatsreihe der *Erfurter Vorträge, Jugendveranstaltungen, Dichterlesungen* und Angebote anderer kirchlicher Träger wie der Offenen

Arbeit, der Studentengemeinde und der Stadtjugendarbeit und ein Vortrags- und Konzertpublikum ihren unverwechselbaren Ort.

Dieser Ausstrahlungsradius, der sehr unterschiedliche Stadtmilieus miteinander in Kontakt brachte, vergrößerte sich 1986/87 nochmals erheblich durch die Aktivitäten neu hervortretender *Arbeitsgruppen (AG)* mit Selbsthilfecharakter bzw. gesellschaftskritischer Bildungsarbeit. Dazu gehörten die *AG Lesben und Schwule,* der *Gesprächskreis für Krebskranke*, die auf die Stadtöffentlichkeit orientierte *AG Offene Kirche*, die sozialdiakonische *AG Amnestie*, die sich um Haftentlassene kümmerte, sowie die *AG Gewaltfrei leben* und die *Albert-Schweitzer-Aktion für den Frieden (für in Heilberufen Tätige).* Sie arbeitete im Sinne der *Internationalen Ärztebewegung zur Verhütung des Nuklearkrieges (IPPNW)* an brisanten Themen wie »Ehrfurcht vor dem Leben und Feindbilder – psychische Auswirkungen ideologischer Bildungs- und Erziehungsinhalte«. 1988 entstanden außer der charismatisch orientierten *AG Geistliche Erneuerung und Mission* und einer zweiten *Lesbengruppe* die *AG Gesellschaftliche Verantwortung* für aufgeschlossene CDU-Mitglieder, die teilweise in der Wende den Reformkurs ihrer Partei durchsetzten. Mittwochs fand ein *Wochengottesdienst mit Gesprächsrunde* statt für Hunderte von Ausreise-Antragstellern. Sie wurden massiv – teilweise mit Berufsverbot – ausgegrenzt und fanden hier eine der wenigen Anlaufstellen in Thüringen für Aussprache, Beratung und Kontakte.

Die *Offene Arbeit Erfurt* zeigte in der Michaeliskirche kulturoppositionelle Kunst-Installationen und Ausstellungen zur Friedens- und Umweltproblematik. Große Resonanz fanden auch die Ausstellungen der *Umweltgruppe in der Oase* »Schöpfungselement Wasser« (1987) und »Luft« (1988); im selben Jahr noch übertroffen durch die Ausstellung »Stadtgerechter Verkehr – verkehrsgerechte Stadt«, welche über den beabsichtigten Abriss eines Teils der Erfurter Altstadt aufklärte. Die staatlicherseits massiv angegriffene Initiative erhielt als *AG Wohnumwelt* ebenfalls den Status einer Arbeitsgemeinschaft der Stadtmission.

Die *AG Sambia* und ein *Suaheli-Sprachkurs* eröffneten mit ihrer Ausländerarbeit eine neue Dimension. Daraus entfalteten sich bald die *Begegnungsnachmittage für Ausländer* »Fremde im fremden Land« und schließlich der Freitagstreff *Cafe Cabana*. Mit der Gründungsversammlung der Interessengemeinschaft *Multikulturelles Zentrum für Ausländer* im Juli 1990 und der Wahl der Stadtmissions-Mitarbeiterin Ruth Kallenbach zur städtischen Ausländerbeauftragten ging die Initiative in kommunale Verantwortung über.

Gesellschaftliche Diakonie, Vernetzung und politische Aktion

Gesellschaftspolitische Themen entsprachen dem Konzept des Stadtmissionspfarrers Helmut Hartmann, »dass Christen vor Ort ohne Zögern beginnen, in einen konziliaren Prozess [für Frieden, Gerechtigkeit und Bewahrung der Schöpfung A.R.] einzutreten«[1] und sich in Bonhoeffers Sinne als *Kirche für andere* bemühen, die Minderheitskirche im Weltanschauungsstaat vor der Einigelung zu bewahren. Kirchlich nicht mehr sozialisierte und unkonventionell agierende Menschen sollten sich so integrieren können und zur Mitverantwortung motiviert werden. So entwickelte sich die Stadt-

---

1 Helmut Hartmann, KONTAKT-Freundes- und Mitarbeiterbrief 2/1987, hektographiertes Blatt, Erfurt 1987.

mission zu einem Vernetzungsort gesellschaftskritischer Aktivitäten und politischer Bildung, der direkt und indirekt eine bedeutsame Rolle in der Stadtöffentlichkeit spielte. Ein Element der öffentlichen Wirksamkeit war der schlichte *KONTAKT-Freundes- und Mitarbeiterbrief*, der bis zum September 1990 – neben dem Flyer der Stadtjugendarbeit – das einzige übergemeindliche Informationsmedium der protestantischen (Gegen-)Öffentlichkeit Erfurts darstellte.

Der akute Reformbedarf wurde immer unverhohlener thematisiert. Nachdem es kirchlichen Gruppen gelungen war, den staatlich organisierten Wahlbetrug zur Kommunalwahl am 07. Mai 1989 für die Stadt Erfurt nachzuweisen und der Evangelische Kirchenkreis daraufhin Anzeige erstattet hatte, übernahm der Stadtmissionsleiter die brisanten weiteren Verhandlungen. Im Oktober 1989 wurde er im Rathaus als Dialogpartner und Moderator akzeptiert und vermittelte auch die sogenannte Sicherheitspartnerschaft mit der Volkspolizei hinsichtlich der Demonstrationsverläufe. Sich neu formierende Gruppen der Bürgerbewegungen wie die *AG Bildungswesen beim Neuen Forum* trafen sich noch bis 1990 in der Stadtmission. In den aktuellen *Gesprächsrunden »Gesellschaft im Umbruch«* wurde der gesellschaftspolitische Reformprozess begleitet und reflektiert. Im Zusammenhang der sprunghaften Demokratisierung und Pluralisierung nach der Wende 1989/90 verließen die gesellschaftspolitischen Gruppen ihre »Brutstation« Stadtmission und lebten teilweise in zivilgesellschaftlichen Strukturen fort.

Evangelische Stadtjugendarbeit Erfurt

Auf Drängen der ehrenamtlichen Vertreter der *Jungen Gemeinden* im *Evangelischen Stadtjugendrat (ESJR)* hatte der *Evangelische Kirchenkreis Erfurt* zu Anfang der 70er Jahre eine *Kreispfarrstelle für Stadtjugendarbeit* errichtet und bald darauf auch die Trägerschaft für den Stadtjugendwart vom *Evangelischen Jungmännerwerk Thüringen* übernommen. Dadurch konnten im Zusammenwirken mit dem *ESJR* und dem informellen *Team* hauptamtlicher Jugendmitarbeiter eine Vielzahl übergemeindlicher Veranstaltungen wie Jugendgottesdienste, Jugendtage, Vortrags- und Gesprächsreihen sowie thematische Freizeiten (»Rüstzeiten«) durchgeführt werden. Mitte der 80er Jahre veränderten sich die stark gemeindebezogenen Arbeitsformen, um unter dem programmatischen Stichwort der Offenheit auf neue Kommunikations- und Bildungsbedürfnisse und die veränderten gesellschaftlichen Bedingungen einzugehen. Die professionelle Stellenausstattung für evangelische Jugendarbeit, wie sie damals in der Summe im Erfurter Kirchenkreis 1986 erreicht wurde, ist beachtlich: Zum *Team* zählten neben Stadtjugendwart und -pfarrer die Schülerpfarrerin (Oberschulkatechetik), der Studentenpfarrer, ein Jugenddiakon der *Offenen (Jugend-)Arbeit*, ein Sozialdiakon, eine Gemeindehelferin, ein Gemeindediakon, ein Gemeindemitarbeiter, der Kreisjugendwart des Jungmännerwerkes für den Erfurter Landkreis, eine Gemeindekatechetin sowie Praktikanten.

Thematische Jugendgottesdienste und kommunikative Jugendbildung

In Erfurt hatte sich eine monatliche Veranstaltungsform stadtbezogener *Jugendgottesdienste* über die Jahre halten können. Sie wurden häufig in einer offenen Ansprechhaltung gestaltet und bezogen populäre Bands und Liedermacher in das Programm ein, um die schmaler werdende Basis der kirchlich sozialisierten Jugendklientel zu erweitern. 75% dieser Veranstaltungen in der Erfurter Reglerkirche bzw. ökumenisch in der katholischen Lorenzkirche befassten sich mit religiös-(sozial-)ethischen Fragestellungen, zumeist verbunden mit einem gesellschaftskritischen Zug, der sich biblisch-theologisch, politisch und jugendpsychologisch legitimierte. Dieser staatsideologisch provokante Ton sprach jugendliche Auflehnungs- und Orientierungsbedürfnisse an, stieß aber bei einem politisch eher angepassten, gemeinschaftlich-spirituell orientierten Frömmigkeitstypus auf Abwehr. Ein Teil der jährlich ca. 15 Jugendgottesdienste entfaltete friedensethische und ökologische Themen mit appellativen und meditativen Elementen, die Protest- und Betroffenheitshaltungen mit narrativen Bezügen zur jugendlichen Lebenswelt ausdrückten. Von den erfassbaren 76 Erfurter Jugendgottesdienstthemen der Jahre 1984 bis Sommer 1990 können 59 als religiös-ethische, 9 als friedensethische, 8 als ökologisch orientierte Jugendgottesdienste eingeordnet werden.

Treffpunkt »Oase«

Zusätzlich zu Begleitung und Beratung der *Jungen Gemeinden*, Einzelseelsorge sowie Angeboten übergemeindlicher Wochenend- und Ferienrüstzeiten erschlossen sich mit der Eröffnung des übergemeindlichen Jugendtreffs *Oase* im Herbst 1984 (bis 1997) neue Dimensionen der Jugendbildung und Gemeinschaftsangebote. Es waren drei einfache Räume mit Küche und Toilette in der Erfurter Schillerstraße 42, einem Mietshaus im Eigentum der Thomasgemeinde. Mit viel Farbe, 300,- M und großem Elan hatten junge Leute in einer Aufbaurüstzeit die hohen Zimmer aus der Gründerzeit originell aufpoliert. »Aktion Sammeltasse« und gespendete alte Möbel, bezogene Matratzen, Kisten und selbstgemachte Plakate schufen das leicht schmuddelige Vorwende-Flair. Der kleinste Raum war dem »Oasen-Wächter« vorbehalten – Jugendliche wohnten hier und übernahmen dafür wichtige Aufgaben der Selbstverwaltung. In einer zeitgenössischen Beschreibung heißt es: «Es war von Anfang an offene Absicht des Projekts, neben interessanten thematischen Angeboten vor allem mit Jugendlichen selbständiges Handeln einzuüben. Kommunikation – mit Elementen der Gruppenberatung – ist ein wesentliches Element der Freitagabende und anderer Zusammenkünfte. Ein Trägerkreis – der Oasenrat – plant und leitet diese Abende, indem ein sogenannter ›Zeitgeist‹ den Rahmen absteckt – Beginn, Begrüßung, Informationen, Abschluss – und der ›Teeologe‹ für den Tee sorgt. Es gibt verschiedene Sorten: Spezialtee mit einem Spezialisten – Vortrag, Interview u. a. – oder ›Auslese‹-Tee mit Literatur oder Konzerttee usw. […] 19.00 Uhr ist eine Andacht. Versucht wird eine bewusste Alternative zur jugendlichen Konsumhaltung einerseits und zur kirchlichen Betreuerhaltung andererseits.«[2]

Übergemeindliche Aktivitäten

Dazu zählten auch diakonische Aktionen wie *Jung hilft alt* und *Päckchen für Tansania*, traditionelle stadtbekannte Veranstaltungen wie *Johannisfeuer im Lutherpark*, *Ökumenischer Kreuzweg* in der Passionszeit, Konzerte, Begleitung von Bands, Vorbereitungsgruppen, Ehrenamtlichentreffen und Ehrenamtlichenfortbildung, Konfirmandenrüstzeiten u.a. Außerdem konnten hier regelmäßig spezielle Veranstaltungsreihen der Jugend- und Erwachsenenbildung relativ öffentlich und stadtbezogen angeboten werden. Dazu gehörte jahrelang eine Seminarreihe psychologischer Bildung insbesondere für junge Eltern (27% der Bildungsmaßnahmen im Untersuchungszeitraum[3]), *Auslese*-Literaturveranstaltungen (22%), friedensethische (28%) sowie sozialethische und politische Bildung (14%), religiösethische und kulturelle Bildungsangebote (33%), sporadische Kurse über Grundlagen des Christseins und die aus Sicherheitsgründen kaum ausgewiesenen jährlichen Ost-West-Begegnungstreffen mit der *Evangelischen Jugendarbeit Wuppertal* und dem *CVJM Oberhausen*. Den Schwerpunkt bildete eine intensive Bildungsarbeit zu Ökologie- und Lebensstilfragen. Sie fiel weit gewichtiger aus, als es die

---

2 Bernd Clasens, Quelle vielfältiger Aktivitäten – die »Oase« der Erfurter Stadtjugendarbeit; in: Glaube und Heimat, 41. Jg., Nr. 21 vom 25.05.1986, S. 4.

3 Zugrunde liegen die Programmprospekte der Ev. Stadtjugendarbeit Erfurt 1984–1990, DIN A4-Faltblatt, Brennmatrizen-Vervielfältigung; Privatarchiv Rothe.

dokumentierbaren *Grünen Abende* (10%) erkennen lassen, weil hier weitere vielfältige Aktivitäten der *Umweltgruppe in der Oase* hinzuzuzählen sind. Unter den 52 dokumentierbaren, zumeist mehrtägigen thematischen Tagungen machen 15 Veranstaltungen zu Ökologiethemen einen Anteil von 29% aus. Dem standen 39% allgemeine Themen und 20% Fortbildungs- und Vorbereitungstagungen für Ehrenamtliche gegenüber.

Elternbildung, friedensethische Jugendbildung und entwicklungsbezogene Bildungsarbeit

Ein weiterer Schwerpunkt war die Elternbildungsarbeit in der erwähnten monatlichen Veranstaltungsreihe sowie in Form der Arbeitskreise *Erziehung* (1986–1992) und des ökumenischen Arbeitskreises *Erziehung und Bildung/Bildungsreform* (1988–1990). Sie trafen sich beide monatlich im Stadtjugendpfarramt und thematisierten individuelle Erziehungsfragen und gesellschaftliche Bildungsproblematik. Vorwiegend mit konkreten Fallbesprechungen arbeitete zu diesem Thema außerdem der altersgemischte Arbeitskreis *Christ in der Schule* für Jugendliche und Eltern, der sich 1988/89 wöchentlich in der Wohnung des Stadtjugendwarts traf.

Für die friedensethische Jugendbildung engagierte sich die Stadtjugendarbeit gemeinsam mit anderen kirchlichen Arbeitszweigen und Gruppierungen z. B. in der Organisierung der seit 1980 jährlich stattfindenden zentralen Veranstaltungsreihe zur *Friedensdekade* und entwickelte zusätzlich erlebnis- und gruppenorientierte Angebote für Jugendliche. In der *Bausoldaten- und Wehrpflichtigenbetreuung* arbeitete sie eng mit dem Thüringer Jungmännerwerk zusammen, das hier eine jahrzehntelange Tradition aufgebaut hatte und mit neuen Ansätzen jüngerer Vertreter der Bausoldatenbewegung kombinierte. Diese veranstalteten beispielsweise Tagungen mit wirklichkeitsnahen Rollenspielen für Einzuberufende sowie Wochenenden für deren Angehörige.

Hinsichtlich entwicklungsbezogener Bildungsarbeit wurde ad hoc mit den drei Dritte-Welt-Gruppen *Aktion verantwortlich leben*, *Arbeitskreis Frieden und Gerechtigkeit und Arbeitskreis Uganda* kooperiert. Sie hatten sich selbst organisiert im Kontext der DDR-weiten Arbeitsgemeinschaft für die Entwicklungsländer *INKOTA*. Beispielsweise gab es ein gut besuchtes Tagungswochenende vom 03.–05. Mai 1985 in der Reglerkirche unter dem Thema »Du und ich für Afrika«: »Referate zu afrikaspezifischen Problemen, Tonfilm über Gemeinden in verschiedenen afrikanischen Ländern, Spiel, Kabarett, Verkaufs- und Info-Stände, Bastel- und Kreativecke, Versteigerungen, Töpferei, Musik, Gottesdienst u. a.«[4]

Öffentlichkeitsarbeit und Finanzprobleme

Besonderes Augenmerk wurde auf die Öffentlichkeits- und Vernetzungsfunktion der Erfurter Stadtjugendarbeit gerichtet. Außer dem Informationsblatt der Stadtmission fehlten periodisch gedruckte Gemeindeblätter oder übergemeindliche Informationsmedien weitgehend. Mit der Einrichtung des seit 1984 dreimal jährlich erscheinenden Programmprospektes wurde versucht, für die er-

4 Programmprospekt der Evangelischen Stadtjugendarbeit April/Mai/Juni 1985, Wachsmatrizen-Vervielfältigung, Privatarchiv Rothe.

reichbare Teilöffentlichkeit Bezüge und Verbindungen herzustellen zwischen Aktivitäten in Jugendarbeit, Gemeinden, Studentengemeinde, Offener Arbeit, Kirchentag u. a. kirchlichen oder kulturellen Initiativen. Das förderte gesellschaftliche Kommunikationsprozesse, die über den kirchlichen Sektor hinauswirkten. Ein Freiraum wurde kenntlich gemacht, in welchem zunehmend auch konfessionslose Jugendliche und Erwachsene, Ökologieaktivisten, religiös und politisch Suchende, Reformorientierte, Oppositionelle und Ausreiseantragsteller sich vernetzten und gegenseitig motivierten.

Mangels geeigneter Technik übernahm schließlich die Geschäftsstelle des Thüringer Jungmännerwerkes die Vervielfältigung unter der Auflage, dass jeder der handgefertigten Klischeeentwürfe die unterschriftliche Genehmigung der Kirchenkreisleitung aufweisen musste. Wegen der beachteten Sprachregelungen und dem üblichen Maß an Selbstzensur erübrigten sich Einsprüche der vorgesetzten Dienststelle.

Die Erfurter Stadtjugendarbeit wurde finanziell äußerst karg ausgestattet. Der Kirchenkreis setzte andere Prioritäten und stellte Mitte der 80er Jahre lediglich einen Betrag von 1000 Mark (!) für ihren Jahreshaushalt ein. Ab 1987 wurden die Sachkostenmittel für zwei hauptamtliche Stellen insgesamt auf 2500 Mark erhöht. Die tatsächlich erforderlichen Mittel wurden durch Kollekten, Spenden und Teilnehmerbeiträge erwirtschaftet. Erheblich schlug dabei die Auszahlung des individuellen Zwangsumtauschsatzes bei Ost-West-Begegnungen zu Buche, den westdeutsche Teilnehmende durch ministerielle Fördermittel erstattet bekamen.

Bekämpfung als staatsfeindliche Tätigkeit

Rathaus und MfS verbanden mit der *Oase* bald ein klares Feindbild. Zum 1. Mai 1988, als die Oase angeblich eine verbotene »Gorbi«-Demonstration plante, wurden Jugendliche einzeln aufgesucht und massiv eingeschüchtert, weiterhin den Treffpunkt Oase zu besuchen. Qualität und Wirkungsgrad wurden aus diktaturstaatlicher Sicht als *politische Untergrundtätigkeit* eingestuft. Diese wurde mit umfassenden Maßnahmen operativer Kontrolle, der Zersetzung und Disziplinierung bekämpft. Doch die geplante Infiltration misslang. Bis auf IM »Marina« mussten die Spitzel von außen herangeführt werden und blieben relativ einflusslos. Allerdings wurde eine strafrechtliche Verfolgung des Stadtjugendpfarrers nach § 220 unter Prüfung der §§106 und 107 StGB der DDR vorbereitet – die Wende 1989/90 kam gerade noch rechtzeitig dazwischen. Im entsprechenden Operativen Vorgang OV »Abt« heißt es, »dass [… der Stadtjugendpfarrer A.R.] seine Funktion […] dazu nutzt, um unter dem Deckmantel kirchlicher Arbeit auf den Gebieten der Friedensproblematik, Menschenrechte und Ökologie die sozialistische Staats- und Gesellschaftsordnung der DDR mehr oder weniger offen anzugreifen. Dabei missbraucht er die gegenwärtigen innenpolitischen Vorgänge in der SU und propagiert unter tendenziöser Auslegung der Begriffe ›Glasnost‹ und ›Perestroika‹ eine sog. ›Reform‹ des politischen und wirtschaftlichen Systems in der DDR. Er strebt den ›politischen und ideologischen Pluralismus‹ und die Aufhebung der Trennung Staat/Kirche an und greift somit die politischen und rechtlichen Grundsätze der sozialistischen Gesellschaftsordnung in der DDR an.«[5]

5 Ebd.

Engagement zur Bewahrung der Schöpfung – die Umweltgruppe in der Oase (1984–1991)

Motivation der Betroffenheit

Im November 1984 hatte die vielerorts seit 1980 jährlich stattfindende kirchliche Veranstaltungsreihe der *Friedensdekade* erstmals auch ökologische Aspekte aufgenommen. Aus diesem Diskurs und unter dem Eindruck einer sechswöchigen Erfurter Smogsituation war die *Umweltgruppe in der Oase der Evangelischen Stadtjugendarbeit* gegründet worden. 15 Gründungsmitglieder – Jugendliche und Erwachsene im Alter zwischen 13 und 50 Jahren – begannen mit einer intensiven ökologischen Selbstbildungsarbeit, die bald zu Aktivitäten im kirchlichen Rahmen führte. »Aus Furcht vor Repressalien stellte man das Thema Luftverschmutzung zunächst zurück und wandte sich dem Bereich der Chemikalien im Haushalt zu, der durch individuelle Verhaltensänderung anzugehen war. Nach einer mehrmonatigen Einarbeitungsphase, in der vornehmlich auf antiquarische Bücher der Vorkriegszeit zurückgegriffen wurde, da aktuelle Literatur in der DDR nicht zugänglich war, hielten Gruppenmitglieder in Kirchengemeinden Vorträge über umweltgerechte Haushaltsführung. In diesem Zusammenhang erstellte der Kreis eine Informationsbroschüre, die sich kritisch mit den handelsüblichen Chemikalien auseinandersetzte und altbewährte umweltschonende Verhaltensweisen in Erinnerung rief.«[6] In Kooperation mit

6 Stephan Schnitzler, Der Umbruch in der DDR auf kommunalpolitischer Ebene – eine empirische Studie zum Demokratisierungsprozeß von 1989/90 in der Stadt Erfurt, Göttingen 1996, S. 27.

der *Evangelischen Frauenhilfe* in Magdeburg konnte eine relativ ausführliche Arbeitshilfe *Umweltschutz im Haushalt* vervielfältigt und in 200 Exemplaren in kirchlichen Frauenkreisen, in weiteren 700 Stück auch an die Mitglieder der Synode und Kirchenleitung sowie allgemein Interessierte verteilt werden. Das Heft stellte relevante Zitate, ideologische Argumentationsansätze und theologische Reflexionen mit praktischen Tipps zusammen. In der weiteren Arbeit der Gruppe wurde das Mischkonzept fortgesetzt, mit selbsterstelltem Informationsmaterial auch außerhalb der entstehenden alternativen Umweltszene sowohl kirchliche Strukturen und Gemeindeglieder als auch Konfessionslose für die Umweltproblematik zu sensibilisieren.

Sozialethische Vernetzung – Markt der Zukunftsmöglichkeiten

Eine wichtige Einflussmöglichkeit, sozialethische Themen ins innerkirchliche Gespräch zu bringen, ergab sich durch die Beteiligung an den lokalen Vorbereitungen einer *thematischen Sondersynode* des Kirchenparlaments[7]. Sie war 1985 ins Erfurter Augustinerkloster einberufen worden, um sich mit den drei Themenkreisen *Frieden, Gerechtigkeit und Bewahrung der Schöpfung* zu befassen. Unter dem Motto dieses Dreiklangs organisierten Stadtjugendpfarrer und

---

7 3. Tagung der X. Synode der Kirchenprovinz Sachsen für Frieden, Gerechtigkeit und Bewahrung der Schöpfung, 14.–16.07.1985 im Erfurter Augustinerkloster. Maßgebliche Inspiratoren waren Friedrich Schorlemmer, Propst Dr. Heino Falcke und Synodalpräses Dr. Reinhard Höppner (Mathematiker), in der Wendezeit Volkskammerpräsident und später Ministerpräsident des Landes Sachsen-Anhalt.

Umweltgruppe einen *Markt der Zukunftsmöglichkeiten*. Dazu wurden alle erreichbaren Basisgruppen eingeladen, die sich mit einem der Problemkreise beschäftigten. Auf diese Weise entstand erstmals für den südlichen Bereich der DDR ein halböffentliches Forum gesellschaftskritischer politischer Bildung von Friedens-, Öko- und Dritte-Welt-Gruppen. Die relativ große Zahl der erschienenen Vertreter von 35 Basisgruppen mit ihren selbstgestalteten Informationsständen fand damit innerkirchliche Akzeptanz. Adressaten waren nicht nur die Synodalen als haupt- und ehrenamtliche Multiplikatoren, sondern auch die regionale Öffentlichkeit. Der erzielte Informations- und Vernetzungseffekt vertiefte nachhaltig das liberale geistige Klima dieser Landeskirche[8].

Organisatorische Arbeitsweise

Die Arbeit der *Umweltgruppe in der Oase* gewann an Ausstrahlungskraft. Koordinierende Aufgaben und inhaltliche Impulse für die Thüringer Region wuchsen ihr zu, Themen und Veranstaltungen wurden vielfältiger. Der Aktionsradius wurde durch selbständige, meist wöchentlich an einem Abend intensiv arbeitende *Untergruppen* ermöglicht. Sie bildeten sich nach Sympathie und Altersstruktur und bestanden aus drei bis zehn Personen. Der Arbeitsstil war partnerschaftlich, bildungsorientiert und aktionsbezogen. Die Gesamtgruppe kam regelmäßig monatlich zum *Gruppentreffen* sowie

---

8 Vgl. 3. Tagung der X. Synode der Kirchenprovinz Sachsen, Nacharbeitsheft (für Gemeindegruppen, Magdeburg 1985, Wachsmatrizenvervielfältigung, DIN A4, 40 Seiten.

zum *Grünen Abend* zusammen. Für diese Veranstaltungsreihe wurde über die Halbjahresprogramme der Evangelischen Stadtjugendarbeit und durch aktuellen Plakataushang in einem kirchlichen Schaukasten in zentraler Lage eine gute Resonanz erreicht. Außerdem wurde vierzehntägig nachmittags zum *Lese-Cafe* der entstehenden *Öko-Bibliothek* eingeladen, um mittels gesammelter Informationsmaterialien zur Selbstbildung anzuregen. Diese Möglichkeit wurde insbesondere von Jugendlichen genutzt. In solchen Angeboten wie der Schaffung der *Umweltbibliothek* und *Lesestube* in der *Oase* sah der Staatssicherheitsdienst nach seiner inneren Logik Straftatbestände erfüllt, denn es diente angeblich dem »Verbreiten und Zugänglichmachen von Schriften, die geeignet sind, die staatliche oder gesellschaftliche Ordnung zu beeinträchtigen, das sozialistische Zusammenleben zu stören oder die staatliche oder gesellschaftliche Ordnung verächtlich zu machen«[9].

Zweimal im Jahr fuhr die Gruppe zu gemeinsamen thematischen *Tagungswochenenden* und *Arbeitseinsätzen* in das ökologische *Evangelische Einkehrhaus Bischofrod.* Neben der Seminararbeit wurden mit Christen und Nichtchristen alternative themenorientierte Gottesdienste gestaltet. Der Stadtjugendpfarrer wurde Thüringer Regionalsprecher des Grün-ökologischen Netzwerks »Arche«.

---

9 BStU OPK »Abt«, Reg.-Nr. IX 576/86, S. 149; vgl. Rothe, Aribert, Jugendarbeit als operativer Vorgang – Einmischversuche der Stasi in kirchliche Jugendarbeit am Beispiel Erfurt, aej-Information 2/93, Berlin 1993, S. 4f.

Engagement für die Schöpfung – praktische Ausdrucksformen

1. Voraussetzung war eine gute inhaltliche Vorbereitung durch Selbstbildung und diskursives Lernen. Sie hatte das Ziel, durch Veranstaltung von Vorträgen, Umweltseminaren, Tagungen, Ausstellungen, Informationsständen und Verbreitung von Textmaterial – etwa zu *Grünen Wochenenden, Jugendtagen* oder innerhalb des *Thüringer Kirchentages* – sachkompetent wirken zu können. Dazu gehörten auch konzeptionelle, bildungsplanerische und organisatorische Aufgaben wie Referentengewinnung, Engagieren von Künstlern für Veranstaltungen, Anleiten und Gestalten von Informationsabenden in Gemeindegruppen sowie themenorientierte Jugend- und Familiengottesdienste. Den organisatorischen Aufwand übernahm zumeist das Ein-Mann-Büro des Jugendpfarramtes.

2. Es fehlte an unzensiertem Informationsmaterial. Deshalb war die Herstellung und Vernetzung selbst erstellter Materialien ein zweiter Schwerpunkt. Dazu gehörten die Aktualisierung und Betreuung eines ambulanten Informationsstandes mit Schautafeln sowie die Erarbeitung und Vervielfältigung von Samisdat-Heften[10]. Diese *»Arbeitshilfen zum innerkirchlichen Gebrauch«* befassten sich z. B. mit dem Thema *100 Jahre Autoverkehr(t)*[11] oder enthielten selbst erarbeitete meditativ-liturgische Gebrauchstexte sowie theo-

---

10 Samisdat, russisch: самиздат = Eigenauflage, Selbstverlag.

11 Ev. Stadtjugendpfarramt Erfurt (Hg.), Hundert Jahre Autoverkehr(t) 1886–1986, Arbeitshilfe der Umweltgruppe in der Oase der Evangelischen Stadtjugenarbeit Erfurt, DIN A6, 28 Seiten, im gruppendynamischen Verfahren hergestellt und auf fotochemischer Wachsmatrizenbasis vervielfältigt beim Ev. Jungmännerwerk Thüringen, 120 Expl., Urexpl. Privatarchiv Rothe.

logische, psychologische und ökologische Auszüge.[12] Politischer Bildung sollte das Heft *Rechtliche Argumente – rechtliche Voraussetzungen und ideologische Argumentationshilfen für das Engagement zur Bewahrung der Schöpfung* dienen.[13] Das Provinzialjugendpfarramt war als Herausgeber gewonnen, aber der Konsistorialpräsident untersagte die (innerkirchliche) Publizierung. Die Sammlung enthielt schwer auffindbare Angaben über DDR-Gesetzblätter zum Umweltschutz, Hinweise zur Formulierung von Eingaben, einschlägige Belegzitate aus marxistisch-leninistischen Grundlagenwerken, nützliche wirtschaftswissenschaftliche Ansätze, gesellschaftspolitische Anknüpfungsbeispiele aus Äußerungen von DDR-Politikern usw.

3. Trotz aller Beschränkung wurde auch Öffentlichkeitsarbeit gemacht. Handgemachte Plakate luden zu Veranstaltungen, sporadische Artikel in kirchlichen Wochenzeitschriften und halbkirchlichen Untergrundzeitungen verbreiteten sachkundige Impulse zur Umweltsituation in der DDR.

4. Die aufwändigste Arbeitsform stellten die Wanderausstellungen *Schöpfungselement Wasser* und *Schöpfungselement Luft* sowie die kritische Foto-Ausstellung *Schnappschüsse beim Luftschnappen* dar. Ihre Bildungsfunktion war aufgrund der breiten Resonanz in vielen

---

12 Ev. Stadtjugendpfarramt Erfurt, Bausteine für einen ökologisch orientierten Gottesdienst zum Sommeranfang – Gott liebt diese Welt auch als bedrohte Schöpfung, Erfurt 1986, hektographiert, o. Reg.-Nr., DIN A4 5 Seiten, 80 Expl., Privatarchiv Rothe. Die Arbeitshilfe enthielt aktualisierte und neue liturgische Texte sowie theologische, psychologische und ökologische Auszüge.

13 Ev. Stadtjugendpfarramt Erfurt, Rechtliche Argumente – rechtliche Voraussetzungen und ideologische Argumentationshilfen für das Engagement zur Bewahrung der Schöpfung, graphische Deckblattgestaltung Linzer, Susanne; Urexpl. Privatarchiv Rothe.

offenen Stadt- und Dorfkirchen enorm. Durch dieses öffentliche Medium wurden tausende Gemeindeglieder und Passanten, aber auch die zum Schweigen verurteilten Fachleute und die empörten Behörden und Sicherheitsorgane erreicht.

5. Eine weitere Aktivität: »Trotz massiver Einschüchterungsversuche gegenüber einzelnen Gruppenmitgliedern, vorübergehenden Festnahmen und Beschlagnahmungsaktionen konnte der als ›innerkirchliche Mitteilung‹ deklarierte alternative Taschenkalender erstmals 1988 in einer Auflage von 500 Exemplaren erscheinen.«[14] Er wurde drei Jahre in steigenden Stückzahlen produziert.

Landesweite Ausstrahlung: Luftseminare I und II

Nach drei Jahren fühlte sich die *Umweltgruppe in der Oase* in der Lage, das lokalpolitisch brisante Thema der Luftverschmutzung anzupacken. Die genannte Luft-Ausstellung wurde ein Jahr lang erarbeitet und erstmals einer größeren Öffentlichkeit zum *Thüringer Kirchentag* 1988 gezeigt. Mitglieder der Umweltgruppe hatten vielfach an überregionalen Treffen und Tagungen teilgenommen. Nun entwickelte sich die Organisation eigener Konferenzen und Vernetzungen zu einer weiteren Schwerpunktaufgabe, in welche andere Aktivitäten einflossen. Herausragend war das *I. Ökumenische Luftseminar*, das in Zusammenarbeit mit der *Evangelischen Studentengemeinde*, der *Offenen Arbeit* und der *Marbacher Kirchengemeinde in Erfurt* sowie der *Projektgruppe Luft im Grün-Ökologischen Netzwerk Arche* vom 30.09.–02.10.1988 mit etwa 200 Teilnehmenden aus der

14 Schnitzler, a.a.O., S. 27, Fußnote 131.

ganzen DDR stattfand. Es gab *Seminargruppen*, *Kurzreferate* zu Themen wie »Abluftreinigung in der DDR«, »Ozonloch?« oder »Wie man Eingaben macht«. Ein ausreisewilliger Arzt sprach über das Tabuthema »Zusammenhänge von Luftschadstoffen und Gesundheit«. Dazu kamen *Exkursionen*, *Ökomahl*, *Kabarett*, *Morgenandacht*, *Musik*, *Weinabend* und *Abschlussgottesdienst.* Als Ergebnis wurde das Heft »Atemnot«[15] verteilt. Es enthielt u.a. einen Aufruf zur *Aktion 30%* (Verringerung der SO2-Emissionen bis 1993), Eingaben an das Ministerium für Umwelt und Wasserwirtschaft der DDR betreffs Sondermüllverbrennungsanlagen usw. In ähnlicher Struktur fand ein Jahr darauf das II. Ökumenische Luftseminar statt. Es zog etwa 400 Teilnehmende an, darunter Gäste aus acht ost- und nordeuropäischen Ländern, die offiziell seitens der DDR-Staatsorgane ein ausdrückliches Redeverbot erhalten hatten.[16] Deshalb hielten Westdeutsche und die Vertreter osteuropäischer Bürgerbewegungen – *Sajudis* aus Litauen und *Ökostrojka* aus Bulgarien – ausführliche sogenannte Grußworte. Als weitere Kooperationspartner fungierten die *Ökologische Arbeitsgruppe beim Kirchenkreis Halle* und die neu gegründete und lokalpolitisch bedeutsame *Arbeitsgruppe Stadt- und Wohnumwelt* bei der Erfurter Evangelischen Stadtmission, welche wesentlich zur Rettung des altstädtischen Andreas-Viertels beitragen sollte. Die neu entstehende Arbeits-

15 Anonymus, Organ des ersten Luftseminars der DDR in Erfurt, 30.09.–02.10.1988 ATEMNOT; hektographiert, 10 Seiten DIN A4, ca. 200 Exemplare, Privatarchiv Rothe.

16 Am 22.09.1989 bestellte der stellvertretende Oberbürgermeister und Stadtrat für Inneres die kirchlichen Verantwortlichen – Senior und Stadtjugendpfarrer – ins Rathaus und wies sie drohend zurecht, dass keiner der Gäste eine erforderliche Redegenehmigung habe.

gruppen-Szene für *Stadtökologie* verstand ihre Teilnahme als erstes DDR-weites Treffen. Bereits im Vorfeld hatten die beiden *Projektgruppen Luft* und *Humanökologie im Grün-Ökologischen Netzwerk Arche* die qualifizierte Samisdat-Publikation *Erfurter Filterpapier – Organ des II. Ökumenischen Luftseminars in Erfurt* in einer Auflage von 3.000 Stück (!) herausgegeben, welches ausführliche, z.T. konspirativ recherchierte Beiträge zu Themen enthielt, »die bei anderen Zeitungen immer noch zensiert werden«. Sie verstand sich als »Beitrag zum konziliaren Prozeß«.[17] Die *Evangelische Studentengemeinde Erfurt* veröffentlichte zum II. Ökumenischen Luftseminar eine Dokumentation über *Eingaben und Eingabengespräche zum 30%-Appell.*[18] Außerdem wurden die Konferenzergebnisse in einer vierzehnseitigen *Sonntagsbeilage zum Erfurter Filterpapier* vom 24.09.1989 bekannt gemacht. Über Nacht hatte es eine kleine Redaktionsgruppe – unter den Kamera-Augen eines SFW-Fernsehteams – im Jugendpfarramt auf einer uralten Druckmaschine hergestellt.[19] Getarnt in einem Kühlschrank war sie besorgt worden.

---

17 Projektgruppe Luft und Projektgruppe Humanökologie im Grün-Ökologischen Netzwerk Arche, Erfurter Filterpapier – Organ des II. Ökumenischen Luftseminars in Erfurt 22.–24. September 1989, Berlin 1989, Wachsmatrizenabzüge DIN A4, 46 Seiten, S. 1.

18 Evangelische Studentengemeinde Erfurt, Eingaben und Eingabengespräche zum 30%-Appell, DIN A4, 12 Seiten, hektographiert. Privatarchiv Rothe.

19 Umweltgruppe in der Oase, Sonntagsbeilage zum Erfurter Filterpapier, Erfurt 24.09.1989, DIN A4 Wachsmatrizenabzüge, ca. 800 Exemplare, Privatarchiv Rothe.

Demokratie lernen

Ab 1988 öffnete sich die Umweltgruppe, die mittlerweile über eine feste Leitungsgruppe mit zwei Sprechern verfügte, für politische Themen. Die alltäglichen Ohnmachtserfahrungen forderten dazu heraus, Möglichkeiten demokratischer Mitsprache zu erkunden. Die propagandistischen Vorbereitungen auf die Kommunalwahlen am 7. Mai 1989 veranlassten einige Mitglieder, eine *Untergruppe Kommunalwahlvorbereitung* zu gründen, die ihre Aufgabe in der politischen Bildung der Wähler(innen) sah. Um die verlogene Volkszählung nicht länger nur hinzunehmen, wollte man die vorgeblich demokratischen Regeln erkunden, anwenden und bekannt machen. Beispielsweise war es nur den wenigsten Wählern bekannt, wie sie überhaupt hätten gültig mit Nein wählen können. Die Untergruppe besorgte sich Informationen über die Modalitäten, tauschte sich mit ähnlichen Gruppen in anderen Städten aus und hielt Aufklärungsveranstaltungen in Kirchgemeinden. Während aber in anderen Großstädten solche Gruppen genau geplant hatten, *wie* sie das Wahlergebnis kontrollieren könnten, entschloss sich die Erfurter Gruppe erst kurzfristig, gemeinsam mit Mitgliedern der Studentengemeinde und der Offenen Arbeit eine solche Überprüfung zu organisieren. Wegen ihres spontanen Charakters konnte die Aktion nicht mehr zerschlagen werden. Ungestört konnten die Ergebnisse aus 41 Wahllokalen addiert werden. Obwohl bereits diese offiziellen Zählungen verfälscht waren, kamen 638 offiziell registrierte Nein-Stimmen zusammen. Im SED-Zentralorgan Neues Deutschland wurden aber am nächsten Tag für Erfurt nur 413 Nein-Stimmen ausgewiesen. Erfurt war die einzige Bezirksstadt, in der mithin der Wahlbetrug formal und numerisch nachweisbar war. Der Evangelische Kirchenkreis Erfurt protestierte mit Eingaben und Kanzelabkündigung. Es gelang, dies der Frankfurter Rundschau zuzuspielen. Eine im Jugendpfarramt konspirativ organisierte gleichlautende Flugblattaktion wurde von einem Spitzel verraten. Verhaftete wurden noch am Abend freigelassen. Die Leitung des Kirchenkreises widersetzte sich der verlangten Disziplinierung der Verantwortlichen.

Im Visier der Staatssicherheit

Die zugänglichen Akten zeigen, wie schwer es dem Ministerium für Staatsicherheit fiel, in die Umweltgruppe der Stadtjugendarbeit einzudringen und einzuwirken. Wo dies punktuell gelang, wurden zwar Aktivitäten beobachtet, aber kaum verhütet. Alle Beobachtungen wurden in das simple Schema von Drahtzieher und Verführten eingeordnet. Die konspirative Einschätzung lieferte die Grundlage der beabsichtigten strafrechtlichen Verfolgung. Zielstellung war die »Aufklärung des Charakters der sogenannten ›Oase, deren strukturelle und personelle Zusammensetzung‹ durch Einsatz des IMB [Inoffizieller Mitarbeiter mit Feindberührung A.R.] ›Schubert‹ zu den Ökologieveranstaltungen in der ›Oase‹. Zielstellung: Feststellung der durch R. unternommenen Aktivitäten in dieser Gruppierung; strukturelle und personelle Zusammensetzung der Ökologie-Gruppe in der ›Oase‹; Dokumentierung von feindlich-negativen Angriffen und Maßnahmen, die sich gegen die staatliche Umweltpolitik richten.«[20] Der genannte IMB konnte zwar freundschaftli-

20 »Im Ergebnis der OPK ›Abt‹ BStU Reg.-Nr. IX 576/86 und der OPK ›Kreis‹ BStU Reg.-Nr. IX 789/87 und unter Einbeziehung der operativen Erkenntnisse

che Beziehungen herstellen, war aber nicht selbst Mitglied der Umweltgruppe. »Die operative Bearbeitung der Person erfolgt im Prozeß der politisch-operativen Durchdringung des SPB ›kirchliche Basisgruppen‹ der Kreisdienststelle Erfurt mit ständiger koordinierter Zusammenarbeit der Abteilung XX Bezirksverwaltung Erfurt. [...] Den Schwerpunkt der feindlich-negativen Beeinflußung (sic!) legt R. auf die Umweltschutz- und Ökologieproblematik. Unter den religiösen Auffassungen der Erhaltung der Schöpfung unternimmt er alle sich bietenden Ansatzpunkte um den Nachweis zu führen, daß die sozialistische Gesellschaftsordnung der DDR nicht in der Lage ist, den Umweltschutz zu gewährleisten bzw. zu beachten. [...] Durch R. liegen verstärkte Aktivitäten vor die Tätigkeit der sogenannten kirchlichen Basisgruppen zu vernetzen und Aktionen zu Veranstaltungen zu koordinieren. Damit soll eine Erhöhung ihrer Wirksamkeit und Vergrößerung der personellen Basis erreicht werden.«[21]

---

aus anderen OV und OPK«. Stasi-Akte des Erfurter Stadtjugendpfarrers, OV »Abt«, BStU Reg.-Nr. Erfurt IX 665/89.

21 Ebd.

Begegnung, Unterstützung, Dialog

Stationen des jüdisch-christlichen Dialogs in Erfurt und Thüringen vom Anfang der siebziger Jahre bis 1989

Matthias Rein

Zur Geschichte der evangelischen Kirche und der jüdischen Gemeinde in Erfurt seit 1945 gehören Begegnungen, gegenseitiger Austausch, gemeinsames Gedenken an die Opfer des nationalsozialistischen Terrors, Freundschaften, Unterstützung für die immer kleiner werdende jüdische Gemeinde und der Dialog. Diese Geschichte von Nachbarschaft und Freundschaft ist eine besondere in der DDR, denn glücklicherweise gab es in Erfurt bis 1989 jüdische Mitbürger, gab es eine jüdische Gemeinde und eine Synagoge. Sie fand in einer Zeit und unter Umständen statt, da jegliche religiöse Praxis, da Glaube und Frömmigkeit offiziell verdächtig waren, für rückständig gehalten wurden und eigentlich abgeschafft gehörten. Hier sollen wichtige Stationen dieser Nachbarschaft und Freundschaft, dieses Dialogs in Erinnerung gerufen werden.

Im Rahmen des Erfurter Kirchentages auf dem Weg vom 25. bis 28.5.2017 befasste sich ein Themenbereich mit der Geschichte, Gegenwart und Zukunft des Zusammenlebens von Juden und Christen in Erfurt. Es geht um die kritische Auseinandersetzung mit Luthers judenfeindlichen Äußerungen. Es geht auch darum, sich daran zu erinnern, dass sich Christen in Erfurt in schwieriger DDR-Zeit aktiv für die jüdischen Geschwister eingesetzt haben, dass sie die Erinnerung an die Verbrechen an Juden in Erfurt wachgehalten haben und nach Schuld und Verantwortung fragten und dass sie versucht haben, jüdisches Leben in Erfurt zu unterstützen. Viele Menschen, die sich dafür in den siebziger und achtziger Jahren des vorigen Jahrhunderts engagiert haben, können wir heute noch befragen. Sie können uns erzählen, wie es damals war, sie kennen die Zusammenhänge und haben viele Dokumente aus dieser Zeit in ihren Archiven.

Pfarrerin Tabea Schwarzkopf und Senior Matthias Rein haben im Jahr 2015 Gespräche mit einigen Zeitzeugen geführt und sind dabei auf viel Verständnis und Bereitschaft gestoßen.

In Erfurt gab es in den 60er und 70er Jahren vor allem persönliche Kontakte und Freundschaften zwischen einzelnen Gemeindegliedern und Juden. Ilse Neumeister steht stellvertretend für sie. Sie ist Erfurterin und kannte jüdische Familien schon aus ihrer Kindheit. Zu nennen wären Rechtsanwalt Karl Heilbrunn[1], die Familien Cars, Ringer und Scharf-Katz. In Rahmen ihrer Tätigkeit als Sekretärin beim Ev. Jungmännerwerk in Thüringen besuchte Ilse Neumeister Gottesdienste in der Synagoge, sie vermittelte Besuche in der Synagoge von Kinder- und Jugendgruppen, die an christlichen Freizeiten im Ev. Freizeitheim Lutherpark teilnahmen. Wichtig war ihr das Gedenken an die Opfer von Vertreibung und Verbrechen. So

---

1 Vgl. ders.: Aus der Geschichte der Juden in Erfurt, in: Nachrichtenblatt der Jüdischen Gemeinde Berlin und des Verbandes der Jüdischen Gemeinden in der DDR, 1953, S. 4f; 15–17, Dez. 1978, 7–9.

gehörte sie zu einem Kreis in Erfurt, der von den Erfurter Juden als »Freunde der jüdischen Gemeinde« bezeichnet wurde.

»Juden kamen bis 1978 bei den großen Antifaschismus-Veranstaltungen kaum oder gar nicht vor«, erinnert sich Ilse Neumeister. »Später sprach Raphael Scharf-Katz – Erfurter Bürger schon vor dem Kriege; der letzte, der als Jude in Erfurt Abitur machen durfte – immer das Kaddisch. Und zum Minjan zählte er stets alle Männer. Obwohl er manchmal der einzige Jude unter uns war.«[2]

Ein zweiter wichtiger Akteur war Pfr. Karl Metzner. Karl Metzner war als Jugendlicher 1943 von der Gestapo verhaftet worden, weil er regimekritische Flugblätter verteilte. Er studierte in den 50er Jahren Evangelische Theologie an der Predigerschule in Wittenberg und legte einen Schwerpunkt auf das Studium des Alten Testaments. Er engagierte sich bei Aktion Sühnezeichen, die 1958 von Präses Lothar Kreyssig aus Magdeburg ins Leben gerufen wurde. 1975 übernahm Karl Metzner die Pfarrstelle in Erfurt-Hochheim. Er ging oft zum Sabbatgottesdienst in die Synagoge, und es entstand eine herzliche Freundschaft zu Raphael Scharf-Katz, von 1985 bis 1994 Vorsitzender der jüdischen Gemeinde. Pfr. Metzner nahm die Jugendlichen seiner Jungen Gemeinde mit in die Synagoge. Er leitete mit der Gemeindepädagogin Waltraud Autenrieth Kinderfreizeiten in der Andreasgemeinde bewusst zu alttestamentlichen Themen. Dazu lud er Raphael Scharf-Katz ein. Und der zeigte den Kindern Gebetsschal und Gebetsriemen und erzählte vom jüdischen Glauben und Leben.

In den Pausen sagte Scharf-Katz tief bewegt zu Karl Metzner: »Du hast wenigstens noch Kinder in deiner Gemeinde.« Den Er-

---

2 Münnich, Ricklef, Skizzen zur Geschichte, handschriftlich.

furter Vorsitzenden der jüdischen Gemeinde war zu DDR-Zeit wichtig, dass Kindern und Jugendlichen Grundwissen über das jüdische Leben vermittelt wurde. Dies konnte fast nur in Kirchengemeinden geschehen. Und die Kirchengemeinden öffneten dafür ihre Türen.

Weitere Personen wären zu nennen: Jugendpfarrer Christian Trappe, Pfarrer Martin Remus in Gispersleben, Jugend- und ESG-Pfarrer Aribert Rothe, Pfarrer Detlev Haupt[3], Propst Heino Falcke, aber auch der Pastor der Erfurter Baptisten-Gemeinde Lucian Jacobi (aus Ostpreußen stammend, Kind jüdischer Eltern, adoptiert, Mitglied der Erfurter Baptisten-Gemeinde), der Arzt Dr. Brandt, der kath. Gemeindereferent Joachim Harbig, Hans Donat, Pfarrer Schramm und Herr Strübe von den Adventisten, die Redakteurin Barbara Jakob von der CDU-nahen Zeitung Thüringer Tageblatt und Günter Särchen von der Aktion Sühnezeichen in Magdeburg.

Ein wichtiges Ereignis für den jüdisch–christlichen Dialog in Erfurt war der 9. November 1978, der 40. Jahrestag der Reichspogromnacht.

Im Januar 1978 richteten die Evangelischen Kirchenleitungen in der DDR ein Wort an die Gemeinden anlässlich des 40. Jahrestags der sogenannten Kristallnacht, in dem sie von Schuld und Versagen der Christen sprachen. Sie riefen dazu auf, eine neue Sicht des Verhältnisses von Juden und Christen aus der Heiligen Schrift zu entwickeln. An vielen Orten organisierten Kirchengemeinden Gedenkveranstaltungen.

---

3 Vgl. die Erinnerungen von Detlev Haupt: Bin ich noch brauchbar? Nachdenken – Weiterdenken am Beginn eines neuen Lebensabschnittes, Halle/S. 2016 (unveröffentlicht), Kapitel Unsere »älteren« Geschwister, 37–45.

In der Kirchenprovinz Sachsen wurde eine Ökumenische Kommission für jüdische Regionalgeschichte im ehemaligen Sachsen-Anhalt gebildet. Sie erarbeitete eine Wanderausstellung, die ab 1982 durch die Kirchenprovinz Sachsen zog und auch nach Erfurt kam.

Der Ökumenische Martini-Gottesdienst am 10.11.1978 auf dem Domplatz in Erfurt erinnerte an die Reichspogromnacht und nahm Bezug auf die Ereignisse in Erfurt vor 40 Jahren. In diesem Gottesdienst wurde Scham zum Ausdruck gebracht und Schuld bekannt.

Elfriede Kiel gibt die Worte der Sprecher im Gottesdienst wieder und beschreibt die Stimmung auf dem Platz: »Wir sind betroffen und beschämt, dass so etwas geschehen konnte. Auch wir Christen haben versagt. Wir bekennen uns schuldig. Als Zeichen dafür senken wir jetzt unsere hellen Laternen und stellen sie auf den Boden …« Dunkel liegt nun über den Domstufen und über dem weiten Platz. Es ist eine tiefe Stille. Dann liest ein Kind das Kindergebet aus dem jüdischen Ghetto vor dem Bild einer Synagoge.[4]

Noch heute erzählen Erfurter von diesem Gottesdienst, von der eindrücklichen Dunkelheit und der Stille. Das Thema der Verfolgung und des Mordes an Juden in Erfurt und die Verantwortung auch der Christen dafür wurde in großer Öffentlichkeit angesprochen.

Am 1.9.1978 führte die DDR-Regierung den obligatorischen Wehrkundeunterricht in den DDR-Schulen ab Klasse 9 ein. Im Herbst desselben Jahres entstand das Friedensgebet in der Lorenzkirche, das es bis heute gibt. In den Novembertagen 1978 fanden auch sogenannte Friedenstage statt, aus denen später die alljährliche

---

4 Kiel, Elfriede: »Martini« 1978 in Erfurt in: Der Mensch – Das volle Werk Gottes. Katholisches Hausbuch »Jahr des Herrn« 1980, Leipzig 1979, 183–186.

Friedensdekade wurde.[5] Im Januar 1979 zeigten die Dritten Programme der ARD die 5 Teile des Films »Holocaust«, diese wurden in Erfurt gesehen und intensiv diskutiert.

In dieser Zeit entstanden drei Formen des Gedenkens an die Opfer der Shoa:

a) In der Erfurter Synagoge fand jeweils am 9. November ein jüdischer Gottesdienst mit dem Totengedenken statt, an dem viele Erfurter Bürger und Christen teilnahmen.
b) Ab 1979 wurden Ökumenische Gedenkgottesdienste in Erinnerung an die Reichspogromnacht im Rahmen der Friedensdekade begangen (im Wechsel Ev. Kirche, Kath. Kirche, Methodistische Kirche/St. Ägidien).[6]
c) Ilse Neumeister initiierte ein Stilles Gedenken auf dem jüdischen Friedhof jeweils nachmittags am vorletzten Sonntag im Kirchenjahr. Daran beteiligten sich Vertreter der jüdischen und

---

5 Vgl. dazu u.a. Rothe, Aribert: Friedensarbeit und Friedensgebet – spirituelle Wurzel der Friedlichen Revolution 1989/90 in: Stadt und Geschichte. Zeitschrift für Erfurt, Nr. 43, 03/09, 12ff.

6 1979 – Gottesdienst Regler: Aktion Kerzen löschen und vom Altar nehmen im Gottesdienst/Kontroverse im GKR Regler, Pfarrer unterstützten (Quelle: Gespräch mit Christian Trappe am 2.11.2015).
1981: »Wir gedenken der »Kristallnacht«, Gottesdienst am 8. November 1981 in der Reglerkirche« (s. Privatarchiv Karl Metzner).
1984: »Kristallnachtsgeist« (Rothe), 9.11.1984 in der OASE der Stadtjugendarbeit.
1985: Erfurter Friedenstage (Friedensdekade) »Frieden wächst aus Gerechtigkeit«: Abendgebet zur Erinnerung an die sog. »Reichskristallnacht«, Michaeliskirche.
1988: »Erinnern gegen Vergessen – 50 Jahre danach. 9.11.1938 – die ›Reichskristallnacht‹ als Mahner und Rufer heute« Predigerkirche (Rothe u.a.). Quelle: persönliche Auskunft von Aribert Rothe.

der christlichen Gemeinden und andere Menschen aus Erfurt und Umgebung.

Anlässlich seines 500. Geburtstages gab das Lutherjubiläum im Jahre 1983 Anstoß, sich mit der Persönlichkeit des Reformators zu beschäftigen. Ein besonderer Aspekt war dabei sein zwiespältiges Verhalten den Juden gegenüber. Ein Kurs des Pastoralkollegs der Thüringer Landeskirche auf dem Hainstein zum Thema »Luther und die Juden« unter Leitung von Rektor Dr. Friedrich Büchner legte dafür einen wichtigen Grundstein.

Im Jahr 1983 fand in Erfurt der Kirchentag unter dem Motto »Vertrauen wagen« statt mit dem Themenzentrum Juden und Christen in den Räumen der Adventisten.[7]

Am 12. und 13. Dezember 1986 gab es ein wichtiges Ereignis in Thüringen. Prof. Schalom Ben Chorin aus Jerusalem kam mit seiner Frau nach Eisenach, dem Geburtsort seiner Frau. Es war ihr erster Besuch nach der Vertreibung durch das NS-Regime. Dabei hielt er Vorträge, die den christlich-jüdischen Dialog voranbringen sollten. Die Initiative für dieses Eisenacher Vortrags- und Besuchsunternehmen ging von Friedrich Büchner aus. Die Vorträge wurden nach langen Kämpfen in dem Buch »Von Antlitz zu Antlitz. Beiträge zum Gespräch zwischen Judentum und Christentum« in der Ev. Verlagsanstalt Berlin 1989 veröffentlicht.[8]

---

7 Vgl. als Beispiel des theologischen Nachdenkens über den christlich-jüdischen Dialog in der DDR den Aufsatz von Hinz, Christoph: »Entdeckung der Juden als Brüder und Zeugen«. Stationen und Fragestellungen im christlich-jüdischen Dialog seit 1945, in Zeichen der Zeit 1985, 12–30. Christoph Hinz war von 1978 bis 1986 Propst des Propstsprengels Magdeburg der Evangelischen Kirche der Kirchenprovinz Sachsen.

8 Hg. von Gisela Müller im Auftrag der Arbeitsgemeinschaft Kirche und Judentum, Arbeitsgruppe Thüringen. 2. überarbeitete Auflage im Wartburg Verlag Weimar, Weimar 2000, mit Geleitwort von Avital Ben-Chorin.

Im Mai 1983 gründete Friedrich Büchner in Erfurt die Thüringer Arbeitsgruppe Kirche und Judentum. Sie verstand es als ihre Aufgabe, Kontakte herzustellen zwischen den Gruppen und vielen Einzelnen, die die Schuld an den jüdischen Menschen ein wenig abtragen wollen, die sich um einen Dialog zwischen jüdischem und christlichem Glauben bemühen und die der Jüdischen Landesgemeinde helfen wollen, die Spuren jüdischer Gemeinden und jüdischen Lebens in Thüringen zu sichern, so in ihrem Gründungsaufruf.

Zu den Jahrestagungen der Arbeitsgruppe gehörte immer auch ein Besuch des Synagogengottesdienstes. Raphael Scharf-Katz beteiligte sich aktiv an der Arbeit der Arbeitsgruppe. An der ersten Tagung nahmen damals etwa 45 – vorwiegend jüngere Personen – teil.

Im September 1987 feierte die Jüdische Landesgemeinde das 35-jährige Bestehen der neuen Synagoge. Raphael Scharf-Katz befürchtete, dass es zum 40. oder 50. Jubiläum keine Juden mehr in Erfurt geben würde, deshalb nahm die jüdische Gemeinde diesen ungewöhnlichen Jahrestag zum Anlass für die Feierlichkeiten. Ilse Neumeister unterstützte die Jüdische Gemeinde bei der Durchführung des Festes nach Kräften.

Ein Zeitungsbericht von Barbara Jakob vom 11.9.1987 dokumentiert den feierlichen Gottesdienst in der Synagoge mit Landesrabbiner Dr. Henry G. Brandt (Hannover) und Oberkantor Estrongo Nachama.

Unter besonderer Berücksichtigung des 50. Jahrestages der berüchtigten ›Kristallnacht‹ veranstaltete die Arbeitsgemeinschaft Kirche und Juden am 22. und 23.4.1988 die Jahrestagung in Erfurt. Im Juni 1988 fand in Erfurt ein großer Kirchentag unter dem Motto

»Umkehr hilft weiter« statt. Dabei hatte die Thüringer Arbeitsgemeinschaft Gelegenheit, sich einem größeren Publikum vorzustellen. Das geschah im Rahmen einer Ausstellung zum Thema ›Judentum‹ und durch ein Podiumsgespräch, bei dem viele Kirchentagsbesucher zugegen waren. Die Gemeinschaft der Siebenten-Tags-Adventisten (STA) stellte ihr ›Adventhaus‹ zur Verfügung. Im September 1988 veröffentlichte die Arbeitsgruppe eine Materialsammlung für Gottesdienste, Unterricht und Gemeindeveranstaltungen, die im Blick auf den 50. Jahrestag der Reichspogromnacht am 9. November 1988 in möglichst vielen Gemeinden der Thüringer Landeskirche stattfinden sollten. Hier finden sich Literaturhinweise zum christlich-jüdischen Gespräch, Hinweise auf Filme, Material zur jüdischen Regionalgeschichte, ein historischer Überblick zu den Ereignissen bei der Reichspogromnacht, eine kritische Auseinandersetzung mit den Äußerungen des Thüringer Landesbischofs Martin Sasse zu Martin Luther und den Juden aus dem Jahr 1938, eine Ansprache, die am 12.6.1988 auf dem Erfurter jüdischen Friedhof im Rahmen des Kirchentages gehalten wurde, und Gestaltungsvorschläge für Gottesdienste.

1988 erschien das »Gelbe Heft«: Die Novemberpogrome. Gegen das Vergessen. Eisenach. Gotha. Schmalkalden. Spuren jüdischen Lebens, herausgegeben vom Landesjugendpfarramt der Ev.-Luth. Kirche Thüringens und der Jüdischen Landesgemeinde Thüringen. Als Verfasser trat eine Arbeitsgruppe beim Landesjugendpfarramt auf. Dazu gab es auch eine Ausstellung.

Eine kleine Sensation war das Erscheinen des Buches des Verlagslektors des katholischen St. Benno-Verlages, Wolfgang Walter: Meinen Bund habe ich mit dir geschlossen. Jüdische Religion in Fest, Gebet und Brauch, St. Benno-Verlag Leipzig. Fünf Jahre hatte Walter an diesem Buch gearbeitet, 1986 war es fertig, und es brauchte noch zwei Jahre und den politischen Kurswechsel der DDR-Regierung, damit es 1988 erscheinen konnte.[9]

Das Erfurter jüdische Gemeindeglied Eva Zawischa beschreibt im Nachhinein die Beziehungen zwischen den staatlichen Organen der DDR zur Jüdischen Gemeinde folgendermaßen:

»Bis 1988 holte man die drei Juden zu passenden Gelegenheiten aus der Schublade. Das war's dann auch. Geändert hat sich das erst Ende 1988, als Honecker in die USA wollte. Da wurde dann DDR-weit des Reichspogroms 1938 gedacht; es gab eine große Veranstaltung in Ostberlin; die Vorsitzenden der Jüdischen Gemeinden erhielten hohe staatliche Orden.«[10]

Am Ende der DDR-Zeit lebten in Erfurt noch 28 Mitglieder der Jüdischen Landesgemeinde Thüringen. Dann wurde das SED-Regime in Ostdeutschland gestürzt, die DDR-Regierung abgewählt, die Mauer fiel und eine neue Ära jüdischen Lebens und des Zusammenlebens von Juden und Christen in Erfurt und Thüringen begann.

Fazit:

Begegnungen, gegenseitiger Austausch, gemeinsames Gedenken an die Opfer des nationalsozialistischen Terrors, Freundschaften,

---

9 Vgl. a.a.O., 215f (zu diesem Buch).

10 Thüringer Institut für Lehrerfortbildung, Lehrplanentwicklung u. Medien (Hg.): Spurensuche nach jüdischem Leben in Thüringen, Materialien Heft 65, Bad Berka 2004, 71.

Unterstützung für die immer kleiner werdende jüdische Gemeinde und der Dialog wurden von prägenden Personen in Erfurt und Thüringen getragen und gestaltet. Sie arbeiteten im lebendigen ökumenischen Austausch miteinander. Aktiv unterstützt und gefördert wurde dieses Wirken von den großen christlichen Kirchen und den Freikirchen. Spannend wäre es zu erforschen, wie sich z.B. das Evangelische Ministerium in Erfurt mit diesem Themenkreis befasst hat.

Der Respekt vor dem Glauben des Anderen, die Vergegenwärtigung der eigenen Schuldverstrickung und die Suche nach dem Verbindenden zwischen Christen und Juden im Blick auf den Glauben an Gott, den Schöpfer aller Menschen und Befreier Israels, bestimmte das Denken und Handeln der Engagierten.

Zum Schluss zwei Schlaglichter zu unserem Miteinander heute:

Rechtsextreme Haltungen nehmen in Thüringen zu, so zeigt eine Untersuchung des Thüringen Monitors der Uni Jena im Auftrag der Landesregierung (TLZ 12.11.2015):

- 24% der Befragten stimmen zu, der Nationalsozialismus hätte auch seine guten Seiten (in 2014 waren es 17%)
- 29% der Menschen ab 60 Jahre vertreten rechtsextreme Einstellungen (2014: 17%), dies ist ein doppelt so hoher Anteil im Vergleich mit den 18–24-Jährigen
- 40% stellen die Wertvorstellungen des eigenen Volkes über die anderer Völker / Ethnozentrismus / 6% Anstieg

Diese Entwicklungen geben sehr zur denken und zeigen, dass die Auseinandersetzung mit dem latent vorhandenen Antisemitismus immer neu geführt werden muss.

Kürzlich erzählte mir ein Erfurter Schulpfarrer, dass sich einige Schüler aus seiner Schule vom Ev. RU bzw. Ethik abgemeldet und beim jüdischen RU in Erfurt angemeldet hätten. Die Schule forschte nach und stellte fest: Die Schüler bekommen im Jüdischen RU fast immer die Note Eins.

Das scheint ein »Problem« zu sein, das die selbstverständliche Normalität des Zusammenlebens von Christen und Juden in Erfurt heute widerspiegelt. Dafür dürfen wir sehr dankbar sein.

Das Augustinerkloster als Ort gelebter Ökumene

Irene Mildenberger

Das Evangelische Augustinerkloster zu Erfurt ist eine der herausragenden Lutherstätten. Unzählige Reisegruppen auf Luthers Spuren machen hier Station. Der Ort ist ein Anziehungspunkt für Lutheraner aus der ganzen Welt. Jetzt im Jubiläumsjahr der Reformation ist der Ansturm der Lutherpilger und Reformationstouristen an manchen Tagen kaum zu bewältigen. Viele Gruppen und Institutionen, die sich jährlich treffen, haben sich für ihre Jahrestagung 2017 das Augustinerkloster ausgewählt, zollen dem Jubiläum ihren Tribut, indem sie an einem für die Reformation so bedeutsamen Ort zusammenkommen.

Und dies soll ein Ort gelebter Ökumene sein? Ausgerechnet Luthers ehemaliges Kloster? Das klingt im ersten Moment befremdlich. Sollte dies nicht vielmehr ein Ort lutherischer Selbstvergewisserung sein? Ein Ort, der eindeutig evangelisches Profil zeigt?

Ich lebe und arbeite seit über fünf Jahren an diesem Ort. In dieser Zeit hatte ich in Kirche und Kloster mit vielen Tausenden von Menschen zu tun. Ihre Verbindung zum Augustinerkloster könnte unterschiedlicher nicht sein. Manche von ihnen kommen nur einmal in ihrem Leben hierher, andere sind immer wieder in Erfurt, wieder andere leben hier. Die einen kommen zur Besichtigung oder als Konferenzgäste in unserem Tagungshaus, andere sind Pilger oder suchen Einkehr. Menschen nehmen an unseren täglichen Gebeten oder an den Gottesdiensten teil, einmalig oder mehrmals die Woche. Sie besuchen Konzerte oder geben welche, vielleicht gehören sie zu den kirchenmusikalischen Ensembles, die regelmäßig im Augustinerkloster proben …

Nach all den Erfahrungen und Begegnungen dieser Jahre kann ich sagen: Das Augustinerkloster als profilierter evangelischer Ort und als Ort gelebter Ökumene, das passt zusammen. Mehr noch, es gehört geradezu zusammen, macht das Besondere dieses Lutherortes mit aus.

Im Folgenden werde ich von verschiedensten ökumenischen Begegnungen und Veranstaltungen im Augustinerkloster berichten. Und ich werde versuchen zu begründen, was gerade das Evangelische Augustinerkloster zu einem ökumenischen Ort macht.

Die gelebte Ökumene im Augustinerkloster lässt sich sehr unterschiedlichen ökumenischen Ebenen zuordnen. Man kann z.B. unterscheiden zwischen hochrangigen ökumenischen Besuchern und Begegnungen hier im Kloster und der alltäglichen und selbstverständlichen Ökumene. Beides ist wichtig. Ich beginne aber mit den hochrangigen und außergewöhnlichen Gästen. Dabei wird zugleich deutlich, dass Ökumene auch in anderer Hinsicht verschieden zu sehen ist. Einerseits geht es um die Verbindungen zu der gesamten, weltweiten Kirche, sichtbar an Gästen aus allen Erdteilen. Andererseits ist hier die Begegnung verschiedenster Konfessionen gemeint. Beide Richtungen von Ökumene öffnen Horizonte weit über unseren üblichen deutschen protestantischen Kontext hinaus.

Um mit einem ganz besonderen Event zu beginnen: Am 23. September 2011 besuchte der damalige Papst Benedikt XVI. das

Augustinerkloster, er führte ein Gespräch mit dem damaligen Ratsvorsitzenden der EKD, Präses Nikolaus Schneider, und predigte in einem ökumenischen Gottesdienst in der Augustinerkirche. Das ist sicher die spektakulärste ökumenische Begegnung der vergangenen 500 Jahre im Augustinerkloster gewesen. Ich selbst war damals zwar noch nicht dabei, werde aber bis heute immer wieder auf diesen Besuch angesprochen. Und dass diese hochrangige ökumenische Begegnung ausgerechnet im Augustinerkloster stattgefunden hat, verdankt sich der Besonderheit des Ortes als Lutherstätte.

Papst Benedikt ist darum in seiner Ansprache auch ausdrücklich auf diesen Ort und ausführlich auf Martin Luther eingegangen: »Wenn ich hier das Wort ergreife, möchte ich zunächst von Herzen danken, dass wir da zusammenkommen können. [...] ich glaube, dass diese Sitzung, unsere Begegnungen auch als das Fest der Gemeinsamkeit des Glaubens begangen werden. Ich möchte allen noch danken für das Geschenk von Ihnen, dass wir hier an diesem historischen Ort miteinander als Christen sprechen dürfen. Für mich als Bischof von Rom ist es ein tief bewegender Augenblick, hier im alten Augustinerkloster zu Erfurt mit Ihnen zusammenzutreffen.«[1]

Er spricht dann einige Stationen aus dem Leben Martin Luthers an und fährt fort: »Was ihn umtrieb, war die Frage nach Gott, die die tiefe Leidenschaft und Triebfeder seines Lebens und seines ganzen Weges gewesen ist. ›Wie kriege ich einen gnädigen Gott?‹: Diese

---

1 Ansprache Seiner Heiligkeit Papst Benedikt XVI. an die Vertreter der EKD im Kapitelsaal des Augustinerklosters, in: Sekretariat der Deutschen Bischofskonferenz (Hrsg.), Apostolische Reise Seiner Heiligkeit Papst Benedikt XVI. nach Berlin, Erfurt und Freiburg 22.–25. September 2011 – Predigten, Ansprachen und Grußworte, Bonn 2011, Verlautbarungen des Apostolischen Stuhls 189, 70–74, 70f.

Frage hat ihn ins Herz getroffen und stand hinter all seinem theologischen Suchen und Ringen. Theologie war für Luther keine akademische Angelegenheit, sondern das Ringen um sich selbst, und dies wiederum war ein Ringen um Gott und mit Gott. [...] Dass diese Frage die bewegende Kraft seines ganzen Weges war, trifft mich immer wieder ins Herz. Denn wen kümmert das eigentlich heute noch – auch unter Christenmenschen?«[2]

Einen weiteren Punkt aus der Theologie und dem Glauben Luthers benennt der Papst ausdrücklich, die Konzentration auf Jesus Christus. »Luthers Denken, seine ganze Spiritualität war durchaus christozentrisch: ›Was Christum treibet‹, war für Luther der entscheidende hermeneutische Maßstab für die Auslegung der Heiligen Schrift. Dies aber setzt voraus, dass Christus die Mitte unserer Spiritualität und dass die Liebe zu ihm, das Mitleben mit ihm unser Leben bestimmt.«[3]

Wie gesagt, eine spektakuläre, einmalige Begegnung, entsprechend war die Augustinerkirche mit politischer Prominenz gefüllt. Doch zumindest für die Erfurter Ökumene war diese Begegnung auch nachhaltig. So waren bei der nächsten Bistumswallfahrt im Herbst 2012 der Besuch im Augustinerkloster und der Austausch über die Ansprachen des Tages einer der möglichen Programmpunkte. Und in der Fastenzeit 2013 fanden dann die Fastenpredigten, eine feste Einrichtung im katholischen Dekanat Erfurt, zum ersten Mal ökumenisch statt – damit wurde zugleich eine neue ökumenische Tradition ins Leben gerufen. Die vier Predigten stellten noch einmal die Reden und Predigten der Begegnung von Papst

---

2 A. a. O., 71.

3 A. a. O., 72.

Benedikt und EKD ins Zentrum. Und natürlich wurde eine der Fastenpredigten auch im Augustinerkloster gehalten.

Andere Begegnungen sind weniger exklusiv, aber dennoch von gewichtiger ökumenischer Bedeutung. Das gilt z. B. für das große Luther-Symposium, das im Herbst 2014 im Augustinerkloster stattgefunden hat. »Luther: Katholizität & Reform. Wurzeln – Wege – Wirkungen«, so war die Tagung überschrieben und verstand sich ausdrücklich als Beitrag der katholischen Lutherforschung zum Reformationsgedenken.[4] Sehr bewusst war der Tagungsort für diese international und ökumenisch ausgerichtete Tagung mit ungefähr 150 Teilnehmern gewählt worden.

Auch diese Begegnung wirkte weiter. Thies Gundlach, Vizepräsident des Kirchenamts der EKD, versprach am Ende der Tagung einen entsprechenden Beitrag der evangelischen ökumenischen Theologie. So veranstaltete im Winter 2016 die Evangelische Akademie Tutzing eine Tagung: »Reform im Katholizismus. Traditionstreue und Veränderung in der römisch-katholischen Theologie und Kirche«. Außerdem fand das Erfurter Luther-Symposium im Frühjahr 2017 eine Fortsetzung in Rom: »Luther und die Sakramente. Eine katholische Relecture in ökumenischer Perspektive.«[5] Beide Folgetagungen zeigen die Bedeutung, die die gemeinsame theologische Auseinandersetzung mit Luther und seinen Anliegen für die heutige Ökumene hat.

Gleichzeitig wird hier schon einer der Gründe dafür erkennbar,

---

4 Vgl. dazu den Tagungsband: Wolfgang Thönissen/Josef Freitag/Augustinus Sander (Hrsg.), Luther: Katholizität & Reform. Wurzeln – Wege – Wirkungen, Leipzig/Paderborn 2016.

5 Das Symposium hat eine eigene Internetseite: http://www.luther-roma.net/de/, abgerufen am 8. Mai 2017.

warum gerade das Augustinerkloster als Lutherort zugleich so geeignet ist für die ökumenische Arbeit. Vereinfacht und zugespitzt kann man sagen: Hier ist der Ort, an dem Luther noch katholisch war. Und es hilft beim Suchen nach der Einheit, dorthin zurückzugehen, wo diese Einheit noch gegeben war.

Man kann es aber auch anders und genauer formulieren. Hier an diesem Ort entdecken wir das, was uns verbindet. Wir entdecken es durch das Zurückschauen in die gemeinsame Vergangenheit. Das hilft uns aber zugleich auch, die gemeinsamen Herausforderungen in der Zukunft besser zu sehen. Auch dafür sind die Worte von Papst Benedikt ein Beispiel, wenn er zuerst weit in die Vergangenheit zurückblickt: »Es war der Fehler des konfessionellen Zeitalters, dass wir weithin nur das Trennende gesehen und gar nicht existentiell wahrgenommen haben, was uns mit den großen Vorgaben der Heiligen Schrift und der altchristlichen Bekenntnisse gemeinsam ist. Es ist für mich der große ökumenische Fortschritt der letzten Jahrzehnte, dass uns diese Gemeinsamkeit bewusst geworden ist, dass wir sie im gemeinsamen Beten und Singen, im gemeinsamen Eintreten für das christliche Ethos der Welt gegenüber, im gemeinsamen Zeugnis für den Gott Jesu Christi in dieser Welt als unsere gemeinsame, unverlierbare Grundlage erkennen.«[6] Und dann richtet er den Blick in die Zukunft. »Natürlich muss der Glaube heute neu gedacht und vor allem neu gelebt werden, damit er Gegenwart wird. Aber nicht Verdünnung des Glaubens hilft, sondern nur ihn ganz zu leben in unserem Heute. Dies ist eine zentrale ökumenische Aufgabe, in der wir uns gegenseitig helfen müssen: tiefer und lebendiger zu glauben. Nicht Taktiken retten uns, retten das Chris-

---

6 Papst Benedikt, Ansprache, 73.

tentum, sondern neu gedachter und neu gelebter Glaube, durch den Christus und mit ihm der lebendige Gott in diese unsere Welt hereintritt.«[7]

Eine weitere gewichtige Begegnung mit der katholischen Kirche möchte ich benennen, diesmal nicht international, sondern auf den deutschen Sprachraum begrenzt. Die Salzburger Äbtekonferenz, der Zusammenschluss der Benediktineräbte im deutschen Sprachraum, trifft sich jedes Jahr in der Osterwoche. Für das Jubiläumsjahr 2017 wurde das Augustinerkloster als Tagungsort ausgewählt. Und natürlich nahm das Thema den Ort und das Jahr auf: »Reformation als geistliche Reform«. Der Studientag zum Thema »Reformation – Bedeutung für die Orden« wurde von einem evangelischen Kirchenhistoriker und mir bestritten.

Für uns war das keine Tagung wie viele andere, denn wir haben in diesen Tagen alle sechs Mittags- und Abendgebete gemeinsam gefeiert, vier so, wie wir es hier im Augustinerkloster regemäßig tun, zwei auf Latein nach benediktinischer Ordnung. Und selbstverständlich konnten die Äbte jeden Morgen eine katholische Messe in der Augustinerkirche halten – selbstverständlich zumindest für uns hier, wie das auch sonst immer wieder von verschiedensten Gästegruppen getan wird. Aber für die katholischen Gäste war es noch lange nicht selbstverständlich, wie ich an den vorsichtigen Anfragen im Vorfeld erkenne.

Der katholische Bischof von Erfurt, Ulrich Neymeyr, der eine dieser Messen als Hauptzelebrant leitete, hat das dann in seiner Pre-

---

7 A.a.O., 74. Auch an dem Tagungsband des Luthersymposiums von 2014 kann man diese beiden Richtungen entdecken, die ja auch schon mit Wurzeln und Wirkungen angedeutet sind.

digt auch ausdrücklich als Beleg für die gute ökumenische Gemeinschaft betont, dass nicht nur im Augustinerkloster, sondern im ganzen Bistum selbstverständlich katholische Gemeinden evangelische Kirchen für den Gottesdienst nutzen und umgekehrt.

Über 50 Benediktiner mehrere Tage im Augustinerkloster – solche Besuche von Ordensleuten in ihrem Mönchsgewand führen übrigens immer wieder zu herrlicher ökumenischer Verwirrung: »Es heißt doch Evangelisches Augustinerkloster, aber waren das nicht gerade lauter Benediktiner?« Ähnliches passiert auch, wenn echte Augustinermönche im Augustinerkloster auftauchen – und das ist inzwischen ja recht regelmäßig der Fall, seit drei Augustinermönche in Erfurt leben. »Gibt es eigentlich auch katholische Augustiner?« So wurden die drei schon gefragt!

Bleiben wir noch ein wenig bei der Ökumene mit der katholischen Kirche, aber gehen auf die lokale Ebene: Zum Abschluss des Reformationstages und damit zugleich am Übergang zum Allerheiligenfest wird schon seit vielen Jahren eine ökumenische Vesper gefeiert. Die Schwestern der Communität Casteller Ring, die ja viele Jahre im Augustinerkloster lebten und beteten, haben diesen Tag für ein ökumenisches Gemeinschaften-Treffen genutzt, das mit dieser Vesper endete. Und wir haben die Tradition aufrecht erhalten, aber nicht nur Ordensleute, sondern auch die katholische Nachbargemeinde mit eingeladen. Ein sehr passender Termin für eine ökumenische Feier, denn Martin Luther hat damals am 31.Oktober 1517 seine Thesen ja am Vorabend des Allerheiligenfestes publik gemacht – und bis heute teilen beide Festtage das gemeinsame Evangelium, die Seligpreisungen Jesu aus der Bergpredigt.

Vom Papstbesuch über besondere Tagungen und jährliche Veranstaltungen geht der Blick hin zum ökumenischen Alltag mit den römisch-katholischen Geschwistern. Wir beten im Augustinerkloster zweimal täglich. Das Abendgebet findet jeden Abend um 18 Uhr statt, das Mittagsgebet um 12 Uhr an allen Werktagen. Zu der Gruppe von Erfurtern, die das tägliche Gebet im Augustinerkloster tragen, seit die Schwestern der Communität Casteller Ring 2011 auf den Schwanberg zurückgekehrt sind, gehören auch einige katholische Christen. Die schon erwähnten Erfurter Augustinermönche sind dabei zwar nicht mehr so oft präsent, seit sie in der evangelischen Reglerkirche eine neue ökumenische Heimat gefunden haben. Aber sie versuchen doch, immer wieder mit zu beten oder auch Gebete zu leiten. Dazu kommen einige andere. Wichtig ist uns dabei insbesondere die Verbindung zum Domberg. Im Dom wurde Luther ja zum Priester geweiht, so ist der Dom auch Station der Erfurter Luthermeile. Ganz bewusst leitet darum Cordula Hörbe, Touristenseelsorgerin am Dom, regelmäßig auch Gebete im Augustinerkloster.

Weiten wir den Blick wieder über Erfurt hinaus. Immer öfter sind mir in den letzten Monaten ökumenische Reisegruppen aufgefallen. Katholische und evangelische Nachbargemeinden reisen miteinander auf den Spuren der Reformation und machen Halt im Augustinerkloster. So haben wir Anfang April 2017 z.B. einen Sonntags-Gottesdienst mit 150 Gästen aus Belgien gefeiert. Katholiken und Evangelische aus der Gegend um Lüttich waren miteinander unterwegs, Samstagabend feierten sie katholische Messe in einer der katholischen Kirchen Erfurts, am Sonntag war dann der Evangelische Abendmahlsgottesdienst in der Augustinerkirche dran.

Ein weiteres Beispiel für solch eine Ökumenische Reise: eine Gruppe mit Menschen aus den USA, geleitet von einem Bischof der ELCA, der größten lutherischen Kirche in den USA, und von einer Dominikanerin. »Reformation 500: A Pilgrimage of Re-Membering« – so war die Reise überschrieben, ein Aufenthalt in Erfurt, eine Führung im Kloster und das gemeinsame Abendgebet gehörten selbstverständlich zum Programm dieser ökumenischen Pilgerreise.

Solche gemischten Reisegruppen, ob nun aus Deutschland oder international, sind ein Zeichen dafür, dass die ökumenischen Verbindungen vor Ort gerade im Jubiläumsjahr besonders gepflegt werden können. Und wir freuen uns darüber, immer wieder Gastgeber für solche Gruppen zu sein und uns so gegenseitig im Leben des ökumenischen Miteinanders zu unterstützen und zu befruchten.

Das Reformationsgedenken muss nicht länger trennen, das ist ja etwas, das die Besonderheit dieser Jahrhundertfeier gegenüber früheren Jahrhunderten ausmacht. Und auch das ist ein Grund für die besondere ökumenische Bedeutung des Augustinerklosters.

Auffällig ist auch, wie viele rein katholische Reisegruppen bei uns Station machen. In den letzten Monaten waren darunter erstaunlich viele Gruppen aus Italien, die zusätzlich zur Führung jeweils auch an einem Gespräch über ökumenische Fragen interessiert waren und an einem Gebet teilnahmen. Bei diesen Gesprächen wurde deutlich, wie wenig Erfahrung viele Teilnehmende bisher mit Evangelischen gemacht haben. Gelebte Ökumene bedeutet hier also auch, überhaupt einmal die Gelegenheit zu bieten, Menschen anderer Konfession kennenzulernen.

Nicht immer kennen wir im Übrigen im Voraus die Konfession der Gruppen, die sich anmelden. Wenn sie danach fragen, ob sie eine Messe bei uns halten dürfen, dann ist es natürlich klar. Bei den Mittags- und Abendgebeten ist oft nur an Kleinigkeiten zu erkennen, ob die mitfeiernden Gruppen wohl eher evangelisch oder katholisch sind. Wie viele bekreuzigen sich? Wie vertraut sind sie mit dem im Wechsel gesprochenen Psalmgebet? Welche Lieder können sie mitsingen?

Hier in Deutschland sind wir es gewohnt, bei Ökumene vor allem an die Beziehungen zur römisch-katholischen Kirchen zu denken. Die Erfahrungen im Augustinerkloster weiten auch hier unseren Blick. Darum also jetzt ein Blickwechsel hin zur innerevangelischen Ökumene. Es sind längst nicht nur die Lutherischen Kirchen, die mit Reisegruppen im Lutherland unterwegs sind und im Augustinerkloster Station machen. Aber sie sind es natürlich ganz besonders.

Weltweit gemischt sind dabei insbesondere die Gruppen, die zweimal im Jahr vom LWB-Zentrum in Wittenberg aus zu uns kommen. Der Lutherische Weltbund (LWB) veranstaltet durch dieses Zentrum zweimal im Jahr Seminare für Pastorinnen und Pastoren der Mitgliedskirchen aus der ganzen Welt. Eine Exkursion führt dabei immer auch nach Erfurt ins Augustinerkloster – und neben einer Führung steht das gemeinsame Mittagsgebet auf dem Plan. Da erklingt dann das Vaterunser auf Madagassisch, Koreanisch, Norwegisch, Isländisch, Brasilianisch, Englisch, Suaheli und in vielen anderen Sprachen gleichzeitig. Eine eindrückliche und anrührende Erfahrung von weltweiter Ökumene. Ich trage einen Schlüsselanhänger mit Lutherrose von einer Lutherischen Gemeinde aus Myanmar (!) am Schlüsselbund, den ich bei einem dieser Besuche geschenkt bekommen habe.

Eine Erinnerung an einen anderen Besuch sind gläserne Abendmahlsgeräte, die wir im Gottesdienst im Augustinerkloster manchmal verwenden. Sie wurden ursprünglich für eine große Kirchenversammlung der Evangelical Lutheran Church in America angefertigt. Als dann die Bischofskonferenz der ELCA auf Reformationsreise am Epiphaniasfest 2015 bei uns im Augustinerkloster Station machte und einen Abendmahlsgottesdienst in unserem Kapitelsaal feierte, brachten sie die Geräte mit und übergaben sie mir am Ende des Gottesdienstes als Gastgeschenk. Auch in dieser gläsernen Brotschale, dem gläsernen Kelch wird die gelebte Ökumene handgreiflich.

Aber es gibt ja auch Lutherische Kirchen, die nicht zum Lutherischen Weltbund gehören und mit denen wir hier keine Kirchengemeinschaft haben. Dennoch kommen sie selbstverständlich ebenso an diesen Lutherort wie unsere Partnerkirchen. Oft feiern sie eigene Gottesdienste, zu anderen Zeiten, als bei uns sonst üblich. Aber ich habe noch nie eine ausdrückliche Ablehnung erlebt, mit uns gemeinsam Gottesdienst zu feiern oder zu beten. Nur einmal gab es eine kurzfristige Absage eines lange geplanten musikalischen Abendgebets, bei der ich vermute und befürchte, dass solche Bedenken, die Kirchengemeinschaft betreffend, im Hintergrund gestanden haben könnten. Und ich bin mir sicher, dass zumindest einzelne Mitglieder der Missouri Synod aus den USA – einer konservativen lutherischen Kirche, die keine Frauen ordiniert – oder anderer vergleichbarer Kirchen auch in unseren Gottesdiensten sitzen, mit beten und mit singen und auch das Abendmahl empfangen.

Der authentische Lutherort verbindet uns mehr, als die Lehrstreitigkeiten trennen. Alle Gruppen beten Luthers Abend- und Morgensegen. Alle singen *Ein feste Burg ist unser Gott* – ich weiß nicht, in wie vielen Sprachen das in der Augustinerkirche schon erklungen ist – und andere Lieder Martin Luthers.

Gelebte Ökumene – sie ist in diesen vielsprachigen Lutherliedern hörbar. Und auch sonst immer dann, wenn wir unsere Gottesdienste mehrsprachig feiern. Gruppen aus allen Kontinenten kommen zu Gast – die Antarktis einmal ausgenommen –, wir haben schon Deutsch und Japanisch parallel gesungen, die Lesungen auf Koreanisch oder in indischen Sprachen gehört. Wir beten Psalmen regelmäßig im Wechsel zwischen zwei Sprachgruppen, darunter war neben Englisch, das zum Standard gehört, schon Schwedisch, Norwegisch, Französisch, Spanisch und Italienisch. Wir haben all die Möglichkeiten genutzt, die uns unser Evangelisches Gesangbuch bietet, Lieder in anderen Sprachen zu singen. Daneben benutzen wir das Gesangbuch der Gemeinschaft Evangelischer Kirchen in Europa, Colours of Grace. Bei der Taufe eines afrikanischen Jungen, der zu unserer Gemeinde gehört, war Französisch die zweite Sprache neben Deutsch. Und ganz selbstverständlich gehört die englische Übersetzung all unserer Gottesdienst- und Gebetsordnungen zur Gastfreundschaft für die weltweite Ökumene.

Gottesdienste in verschiedenen Sprachen – das gibt es natürlich auch anderswo, aber im Augustinerkloster gehört das immer mehr zum ökumenischen Alltag, der uns die *eine, heilige, allgemeine und apostolische Kirche* erleben lässt.

Natürlich sind bei all diesen Gästen auf Luthers Spuren die verschiedenen Länder und Erdteile nicht gleichmäßig vertreten. Das hängt einerseits damit zusammen, dass die Lutherischen oder überhaupt Evangelischen Kirchen in den verschiedenen Weltregionen sehr unterschiedlich stark sind. Das macht man sich oft nicht gleich klar.

Als darum im vergangenen Jahr eine spanische Gruppe für das Abendgebet angemeldet war, freute ich mich nur, wieder einmal nach Liedern in einer neuen Sprache zu suchen, und bereitete das Gebet vor. Dann war ich ganz überrascht, dass die Gruppe von einem offenbar professionellen Kameramann begleitet wurde, der auch während des Gebetes Filmaufnahmen machte. Nach dem Gebet erst stellte sich heraus, dass dies die erste offizielle Lutherreise der protestantischen Kirchen in Spanien war. Darum wurde sie von einem Fernsehteam des staatlichen Fernsehens begleitet.

Aber nicht nur die kleine Zahl der Evangelischen in einem Land, sondern vor allem auch wirtschaftliche Gründe führen dazu, dass Menschen aus Nordamerika, Skandinavien sowie auch aus Asien sehr viel häufiger im Augustinerkloster zu Gast sind, als solche aus Südamerika und Afrika. Nicht jeder kann sich eine Reise auf Luthers Spuren nach Deutschland leisten. Umso wichtiger sind dann die Partnerschaftstreffen, die von den nördlichen Kirchen finanziert werden, wie die oben bereits genannten Seminare des LWB-Zentrums in Wittenberg.

Gastgeber und Organisatoren solcher Partnerschaftsbegegnungen sind oft auch die verschiedenen ehemaligen Missionswerke der deutschen evangelischen Kirchen. Sie haben ihre Strukturen in den vergangenen Jahren meist umgewandelt, aus dem Abhängigkeitsgefälle von missionierenden und Missionskirchen sind Partnerschaften gleichberechtigter Kirchen entstanden. Auch für diese ehemaligen Missionskirchen ist ein Besuch an den Ursprungsorten der evangelischen Kirche wichtig, so dass wir auch hier oft bunt gemischte Gruppen bei uns begrüßen dürfen.

Dabei wird ein weiterer Aspekt von Ökumene deutlich. Längst nicht alle diese evangelischen ehemaligen Missionskirchen sind lutherisch – die Reformation ist aber dennoch bedeutsam für sie. So kommen auch sonst Menschen aus den unterschiedlichsten protestantischen Kirchen ins Augustinerkloster – als Einzelreisende oder in Gruppen. Es sind Anglikaner darunter und Methodisten, Presbyterianer und Baptisten …

Man kann diese ökumenischen Gäste oft dadurch von lutherischen Gruppen unterscheiden, dass sie sehr viel weniger gut über Martin Luther Bescheid wissen. Aber sie sind zum Teil ja extra zu uns gekommen, um das zu ändern, um mehr über Martin Luther zu erfahren und von ihm zu lernen.

So tagte z. B. eine große Gruppe deutscher Adventistenpfarrer im Herbst 2016 im Kloster und bat ausdrücklich um Seminareinheiten zu Luthers Theologie und Frömmigkeit. Wir haben miteinander über das Gebet bei Martin Luther geredet, haben seine schöne Schrift »Eine einfache Weise zu beten« von 1535 miteinander gelesen und uns darüber ausgetauscht.[8]

Hier wird übrigens noch ein Grund deutlich, warum gerade das Augustinerkloster ein guter Ort für gelebte Ökumene ist. Längst nicht alles, was von Martin Luther zu lernen ist, ist kontrovers. Das zeigt ja auch die oben zitierte Rede von Papst Benedikt. Die Konzentration auf Grundanliegen Luthers und damit ein klares lutherisches Profil muss uns nicht von anderen trennen. Und das gilt ganz besonders für den Bereich der Frömmigkeit und der Geistlichen Übung, wo ja auch die heutige evangelische Kirche noch viel von Luther lernen kann.[9]

---

8 Diese Schrift ist gleich in zwei neuen Ausgaben greifbar. Martin Luther, Wie man beten soll. Für Meister Peter den Barbier, hrsg. von Ulrich Köpf/Peter Zimmerling, Göttingen 2011. Martin Luther, Eine einfältige Weise zu beten, mit einer Einführung von Martin H. Jung, Münsterschwarzach 2011.

9 Vgl. dazu eine Anleitung zu Exerzitien im Alltag, die sich an Martin Luthers Kleinen Katechismus anschließt: Silke Harms/Klaus Dettke/Andreas Brummer, Hier bin ich. Ein geistlicher Übungsweg, Gütersloh 2015.

Während die Freikirche der Siebenten-Tags-Adventisten, von deren Pfarrer gerade die Rede war, Gastmitglied in der ACK, der Arbeitsgemeinschaft Christlicher Kirchen in Deutschland ist, Zeichen einer ökumenischen Offenheit, die sich im Laufe der Geschichte dieser Freikirche entwickelt hat, hat sich die Neuapostolische Kirche erst vor wenigen Jahren auf den Weg der Ökumene begeben. Im Frühjahr 2017 ist sie nun in der ACK Baden-Württemberg als Gastmitglied aufgenommen worden, ein wichtiger Schritt, dem mehrjährige Gespräche vorausgegangen sind. Die Öffnung dieser Kirche auf andere hin konnten wir auch im Augustinerkloster erleben. Eine Gemeindegruppe hatte sich für ein Wochenende im Tagungshaus angemeldet und fragte dann, ob sie wohl im Abendgebet für uns singen dürften. Selbstverständlich durften sie, wir haben nur miteinander Lieder ausgewählt, die unsere Traditionen verbinden.

Ich erzähle von dieser kleinen Begegnung am Rande, um zu zeigen, dass ökumenische Erfahrung manchmal auch deutlich über die Grenzen der offiziell anerkannten Beziehungen hinausgehen kann. Ich komme darauf noch einmal zurück, wenn ich über die Ökumene mit den Religionslosen spreche.

Doch vorher noch etwas mehr zu anderen ökumenischen Kontakten, wie sie unsere Arbeit mit prägen und bestimmen. Gleich zwei konkrete Beziehungsnetze führen zu regelmäßigen Kontakten mit der Anglikanischen Kirche. Seit 2008 ist das Augustinerkloster Nagelkreuzzentrum und damit Teil der internationalen, ökumenischen Versöhnungsbewegung, die von der anglikanischen Kathedrale in Coventry ausgeht. Außerdem hat der Kirchenkreis Erfurt eine Partnerschaft zu der früheren Diözese Bradford – inzwischen Teil der größeren Diözese Leeds. Besucher, die aus Bradford nach Erfurt kommen, machen immer auch Station im Augustinerkloster, und wir haben schon öfter miteinander gebetet. Ein besonderer Höhepunkt war die Predigt des Bischofs von Leeds, Nick Baines, im großen Festgottesdienst am 31. Oktober 2016.

Natürlich gilt nicht nur für den Kirchenkreis, dass ökumenische Gäste, die aus anderem Anlass und nicht auf Luthers Spuren in Erfurt sind, zumindest zu einer Besichtigung oder einem Gottesdienst auch im Augustinerkloster Station machen. So tagt 2017 im Mai die Internationale Anglikanisch-Römisch Katholische Kommission (ARCIC) in Erfurt – nicht im Augustinerkloster, sondern in St. Ursula – aber wir haben die Chance, auch diese ökumenische Gruppe zumindest im Kloster begrüßen zu können. Ähnlich war es auch, als eine Untergruppe von Faith and Order sich im vergangenen Sommer in Erfurt traf. Und jede solche Begegnung vertieft das Verständnis für Ökumene und hilft, über den eigenen – auch ökumenischen – Tellerrand zu schauen.

Gerade wegen solcher besonderer Begegnungen und weil wir daraus lernen, wie kostbar die Gemeinschaft der Kirchen ist, gerade darum ist es uns wichtig, auch die alltägliche Ökumene zu pflegen. Wir tragen daher mit unseren regelmäßigen Angeboten unser Teil bei zu der in Erfurt sowieso guten ökumenischen Atmosphäre. Dazu gehören zum Beispiel die ökumenischen Exerzitien im Alltag, die in der Advents- und Fastenzeit in den letzten Jahren regelmäßig stattgefunden haben. Mehrmals veranstalteten wir Reihen von Ökumenischen Bibelabenden in Zusammenarbeit mit den Augustinern und der Evangelisch-methodistischen Gemeinde.

Die Zusammenarbeit mit der EmK in Erfurt wird auch am 31.12. sichtbar. Die Methodisten feiern an diesem Tag keinen eigenen Gottesdienst und laden stattdessen ins Augustinerkloster ein. Dabei wird die ökumenische Gemeinschaft dadurch betont, dass jeweils jemand aus der Gemeindeleitung bei der persönlichen Segnung mitwirkt, die zu den Besonderheiten dieses Gottesdienstes gehört.

Zu nennen ist auch der ökumenische Gottesdienst zum 27. Januar, dem Holocaust-Gedenktag, der seit einigen Jahren regelmäßig im Augustinerkloster stattfindet. Dieser Veranstaltungsort bietet u. a. den Vorteil, dass Mitglieder der Jüdischen Landesgemeinde leichter an der Feier teilnehmen, wenn sie nicht in einem Kirchengebäude stattfindet, sondern in unserem Haus der Versöhnung.

Seit einiger Zeit ist das Augustinerkloster auch Ort für gemeinsame christliche Schweigemeditation und Kontemplation, die bis dahin in Erfurt nur sehr eingeschränkt Raum hatte. Nicht nur die Teilnehmenden an den Meditationstagen, die viermal im Jahr stattfinden, genau wie an den wöchentlichen Meditationsabenden, gehören unterschiedlichen Kirchen an, auch die Gruppe der Verantwortlichen ist ökumenisch zusammengesetzt.

Aber Ökumene möchte ich hier auch in einem noch weiteren Sinn verstehen – auch religionslose Menschen nehmen an diesen Abenden oder Tagen teil. Auch unter den Teilnehmern bei unseren Einkehrwochenenden finden sich regelmäßig Menschen, die nicht der Kirche angehören, oft nicht getauft sind.

Solche Ausweitung der Ökumene über die Ränder der Kirchen hinaus auf unkirchliche und religionslose Menschen zu ist auch sonst für die Arbeit im Augustinerkloster wichtig. Das gilt zum Beispiel für viele Menschen, die an Führungen im Kloster teilnehmen. Insbesondere auch unter den Schulklassen, die das Kloster als sogenannten außerschulischen Lernort besuchen, sind viele Kinder, die vorher der Kirche noch kaum begegnet sind. Auch das Tagungshaus wird von vielen nichtkirchlichen Gruppen genutzt – schon allein durch die besondere Atmosphäre des Klosters werden sie auf die

Bedeutung des Ortes verwiesen. Und sie werfen zumindest einen Blick in unsere Kirche. Dort wiederum können auch Menschen, die nicht im Beten geübt sind, Kerzen anzünden oder eine Bitte an der Gebetswand hinterlassen. Die Formulierungen der Zettel zeigen jedenfalls oft, wie spontan die Bitten niedergeschrieben werden, oft von Menschen, die mit Gebetssprache und typischen Gebetsanliegen völlig unvertraut sind. Das gilt nicht nur, aber gerade auch für die Bitten von Kindern.

Weitere Gelegenheiten für die Ökumene mit Religionslosen sind z. B. die Vorträge, die der Förderverein unserer Bibliothek regelmäßig veranstaltet. An stadtgeschichtlichen und sonstigen historischen Themen interessierte Erfurter überschreiten hier im Augustinerkloster leicht die Schwelle zu einem kirchlichen Gebäude, jedenfalls viel leichter als bei Gemeindehäusern und anderen kirchlichen Orten. Das gilt längst nicht nur für die Bibliotheksvorträge. Ähnliches lässt sich auch bei den Bläsermusiken im Advent im Kreuzgang des Klosters beobachten.

Vielleicht hat auch dies mit der besonderen Geschichte des Ortes zu tun. Das Kloster wurde ja seit seiner Säkularisierung immer auch von der Stadt Erfurt genutzt und nie nur von der Kirche. Erst seit wenigen Jahrzehnten ist es ganz im Besitz der Evangelischen Kirche.

Luthers Erfurter Kloster, herausragende Lutherstätte und Ort gelebter Ökumene – ich hoffe es ist deutlich geworden, wie gut das zusammengeht.

Gerade die historische Bedeutung des Ortes zieht Menschen aus der ganzen Welt an, Lutheraner genau wie Glieder anderer christlicher Kirchen, so dass wir hier die weltweite Dimension der einen Kirche Jesu Christi erfahren können. Indem wir auf unsere gemeinsame

Geschichte zurückblicken, für die auch der »katholische Luther« steht, vergewissern wir uns unserer Gemeinsamkeiten. Von Luther können wir uns auf Christus und auf die Bibel weisen lassen, besser: können uns mit Luther gemeinsam auf Jesus Christus hin ausrichten und auf sein Wort hören. In der gemeinsamen Praxis, insbesondere im Gebet an dem Ort, an dem auch Martin Luther viele Stunden des Tages mit Beten verbracht hat, erleben wir unsere Gemeinschaft als Leib Christi, auch über Konfessionsgrenzen hinweg.

Licht auf Luther

Der Erfurter Kirchentag auf dem Weg 25.–28.5.2017

Jürgen Reifarth

Wittenberg hat den Thesenanschlag, den Zündfunken der Reformation, Eisenach die Wartburg als wegweisende Übersetzerwerkstatt, Erfurt aber ist der Ort, an dem die Reformation gebildet wurde. Die mittelalterliche Universitäts- und Klosterstadt gab Luther auf dreifache Weise das akademische und spirituelle Handwerkszeug und die Nahrung, von der er zeitlebens zehrte: das Licht des humanistischen Geistes, das Licht des Evangeliums durch intensives Bibelstudium, das Licht geistlicher Übung durch die klösterliche Spiritualität.

Erfurt beherbergte am Himmelfahrtswochenende 2017 einen der insgesamt sechs Kirchentage auf dem Weg (neben Weimar-Jena, Leipzig, Halle-Eisleben, Dessau und Magdeburg). Die Thüringer Landeshauptstadt bot dafür viel mittelalterliche Geschichte – die Altstadt umfasst das flächenmäßig größte mittelalterliche Ensemble Deutschlands, hier konzentrieren sich etwa 20 meist gotische Kirchen und Klöster und zahlreiche Bürger- und Handelshäuser des 15. bis 19. Jahrhunderts – und vor allem authentische Luther-Orte. Im Collegium maius der alten Universität, im Lateinischen Viertel wurde Luther 1501 als »Martinus ludher ex Mansfeld« in die Matrikel eingeschrieben, das erste greifbare Dokument. Durch die engen Gassen am Flüsschen Gera schritt der junge Baccalaureus, in der Georgenburse hat er vermutlich gewohnt und gelernt. In der Augustinerkirche warf sich der Novize Martin zum Zeichen der Demut vor dem Altar auf den Boden. (Und zwar auf den Grabstein von Johannes Zachariae, dem »Hus-Hammer«. Der Abt des Augustinerklosters spielte bei der Verurteilung von Jan Hus 1415 in Konstanz eine zwiespältige Rolle.) Im katholischen Zentrum der Stadt, dem mächtigen Mariendom, wurde Luther 1507 zum Priester geweiht. Die Kaufmannskirche, Michaeliskirche und Barfüßerkirche sind nachweisliche Predigtstätten des Reformators der späteren Jahre. Der Erfurter Reformator Johannes Lang war ein ehemaliger Mitbruder im Augustinerkloster, enger Freund und reformatorischer Weggefährte, der Luthers Sache trotz Widerständen in Erfurt vorantrieb.

»Licht auf Luther«, das Motto des Erfurter Kirchentages, spielt auf das Feld bei Stotternheim an. Als der Jura-Student Luther Anfang Juli 1505 auf dem Rückweg vom Mansfeldischen dort in ein schweres Sommergewitter geriet, gelobte er, Mönch zu werden. Zwei Wochen später lud er seine Kommilitonen zu einem Festmahl ein: »Heut seht ihr mich und nimmermehr!«, soll er ihnen zur Nacht zugerufen haben. Am nächsten Tag, dem 17. Juli 1505, wird der 22jährige an die Pforte des Augustinerklosters klopfen und damit sein bisheriges Leben radikal ändern. Er wird vom gehorsamen Sohn aus aufstrebender Unternehmerfamilie zum Bettelmönch – der Beginn einer ganz anderen Art Gehorsam, deren Früchte die spätmittelalterliche Glaubenswelt völlig verwandeln wird.

So etwa wollte Luther selbst später seine Abschiedsgeschichte und sein »gezwungen und gedrungen Gelübde« erzählt wissen, und so zeigt sie der Sockel des Lutherdenkmals von 1889 vor der Erfurter Kaufmannskirche auf seinen Relieftafeln, und illustriert damit auch etwas vom heroisch-romantischen Lutherbild der Gründerzeit.

Erfurt ist als authentischer Lutherort voll solcher Geschichten.

»Wege zu Luther in Erfurt« lautete demnach auch das erste der vier Leitthemen des Erfurter Kirchentages. Kontakt aufnehmen mit den Erzählungen der Originalschauplätze, das sollte auf die unterschiedlichste Art geschehen: von der Nutzung des Flairs der Orte für Veranstaltungen, mittels erschließender Führungen und als erhellender Kontrast zwischen den an die Orte gebundenen, alten Erzählungen und aktuellen Themen.

Das Augustinerkloster bot auf den Spuren klösterlicher Spiritualität drei Tage lang »Glauben üben« mit unterschiedlichen Zugängen, vom »Bibel teilen«, »Psalmen beten«, »Beten mit Leib und Seele« bis zum »Stundengebet im Alltag«. Ein Tag war als ökumenischer Studientag den »Modellen ehrenamtlicher Gottesdienstleitung« gewidmet. Der ehrenamtliche Dienst als Prädikant, Lektor oder Gottesdienstleiter ist in der Kirche mit dem Gedanken des »Priestertums aller Gläubigen« verknüpft, der durch Luther stark gemacht wurde.

Der Detmolder Lichtkünstler Ingo Bracke legte schließlich mit »Luther leuchtet« über Kirchenraum und Kreuzgang, Klostergarten und -hof ein vielfarbiges Gewebe aus Licht und Klang.

Licht als Wegweisung – auch der vermutete Ort der Umkehr stand im Licht Luthers. »Geblitzt! Mit Luther auf dem Weg von Stotternheim nach Erfurt« nannte sich die Veranstaltung am Lutherstein. Der Gedenkstein von 1917 erzählt das Geschehen im markigen Stil der Zeit: »Geweihte Erde. Werdepunkt der Reformation.

In einem Blitz vom Himmel wurde dem jungen Luther hier der Weg gewiesen.« Auf zwei unterschiedlichen Luther-Wegen konnten sich Besucher pilgernd, radelnd, wandernd nach Erfurt aufmachen, einmal über Mittelhausen, Kühnhausen und entlang des Gera-Radweges (17 km) oder über Schwerborn und das Christophoruswerk am Ringelberg und weiter auf der via regia stadteinwärts bis zum Augustinerkloster (13 km). Die Kirchen am Wegrand boten Einkehr und eine »Wanderausstellung« mit Bildern des Malers Gert Weber.

»Evangelisch heute!« als zweiter Programmschwerpunkt beinhaltete das, was Besucher zumeist mit der Idee eines Kirchentags verbinden: Glaubensthemen und gesellschaftliche Debatten im Diskurs. Der junge Luther erlebte das mittelalterliche Erfurt im Übergang und Wandel, in einer damals turbulenten Welt des gesellschaftlichen Umbruchs. Genau da, im Umbruch und Wandel, steht sie auch heute. Was haben die ostdeutschen Christen mit den Blitzen und Wegweisungen Gottes in der am meisten säkularisierten Region weltweit zu sagen? Ist Evangelisch sein heute »Folklore oder Fundament«, wie als Thema über der Freilicht-Bühne auf dem Wenigemarkt stand? In ihren »Glaubenssätzen« erzählten Menschen aus Erfurt davon, was sie als Christen trägt. Zwei Aussagen daraus: »Ich glaube an die Kraft Gottes, die in und durch mich bzw. uns als Menschen sichtbar wird«, »Stell dir eine wundervolle Musik vor. Die Musik war schon immer da. Drei Musiker singen, spielen und tanzen diese Musik. Sie laden dich ein mitzusingen und mitzutanzen«. Christen haben sich immer wieder eingemischt. Wie der Erfurter Pfarrer und Pädagoge der Aufklärung Christian Gotthilf Salzmann, der »deutsche Rosseau«, oder Johannes Mebus, ebenfalls Erfurter Pfarrer, der nach 1945 auch Abgeordneter des Thüringer Landtages war (siehe den

Artikel dazu in diesem Band). Mit einer kleinen Gruppe traten auch politisch engagierte Christinnen und Christen am 4. Dezember 1989 über die Schwelle der Stasizentrale in Erfurt, um sie als allererste in der DDR zu besetzen. Pfarrerinnen und Pfarrer mischten in Thüringen kräftig in der Politik mit, eine, Christine Lieberknecht, wurde sogar Ministerpräsidentin. Die schwierige Arbeit der Auseinandersetzung mit der Vergangenheit zeigte eindrücklich der Film »Feindberührung« über einen ehemaligen Stasi-Spitzel und sein Opfer, das anschließende Zeitzeugengespräch der beiden Protagonisten kreiste um die Frage, ob Versöhnung möglich sei.

Zu »Evangelisch heute!« gehörte auch das große Familien- und Kinderprogramm um den Anger, im Hof des Angermuseums und in der Lorenzkirche, der »Treffpunkt Jugend« mit Musik, Theater, Poetry Slam in der Barfüßerruine, die Kirchentagswerkstatt »Umbruch, Aufbruch, Neubeginn« der Offenen Arbeit im Johannes-Lang-Haus und der Michaeliskirche, das »Zentrum Familie, Lebenslagen und Geschlecht« im Collegium maius (Landeskirchenamt), das »Zentrum Seelsorge« in der Reglerkirche und natürlich die beiden Großgottesdienste zu Beginn des Kirchentages am Donnerstagabend auf dem Domplatz und am Samstagabend in der Predigerkirche, zur Sendung der Besucher nach Wittenberg. Dort sammelten sich am Sonntag die Besucher aller Kirchentage auf dem Wege und aus Berlin zum großen Festgottesdienst vor der Stadt auf den Elbwiesen, dem anvisierten Ziel- und Höhepunkt des Himmelfahrtswochenendes.

»Ökumene seit 500 Jahren«, der dritte Programmschwerpunkt, prägt das evangelisch-katholische Verhältnis bis heute. Seit 1530 regelt ein Vertrag die Beziehungen zwischen den beiden Konfessionen in Erfurt, eine Seltenheit, denn seit dem Augsburger Religionsfrieden von 1555 bestimmte in der Regel der Landesherr, welche Religion ausgeübt werden durfte. Die katholische Fakultät der Erfurter Universität öffnete zum Kirchentag die Türen zu den Vorlesungssälen am Dom und buchstabierte aus verschiedenen Perspektiven »Luther, der Papst und die Ökumene«. Überhaupt waren die katholischen Partner des Bistums Erfurt von Anfang an in den Planungen und bei den Umsetzungen des Reformationsjubiläums vor Ort engagiert. Am Rande tauchte zwar die Frage auf: »Was gibt es denn an einer 500jährigen Kirchenspaltung zu feiern?« Der Sendungsgottesdienst in der Predigerkirche wurde aber ökumenisch gefeiert, die Landesbischöfin der Evangelischen Kirche Mitteldeutschlands, Ilse Junkermann, und Bischof Ulrich Neymeyr vom Bistum Erfurt predigten, im Zentrum stand der Dank für gemeinsam gegangene Wege, für einen gemeinsam getragenen Kirchentag, »für die kleinen Zeichen, die in uns die Hoffnung auf die Einheit der Christen stärken«, wie es in der Liturgie hieß, und die Verpflichtung, auf dem gemeinsamen Weg zu bleiben. Damit setzte der Gottesdienst inhaltlich das fort, was zwei Monate zuvor in Volkenroda begann, und zwar mit einem Schuldbekenntnis katholischer und evangelischer Christen in Thüringen und dem Gebet um Heilung und Umkehr.

Auch der zweite große Theologe, der mittelalterliche Mystiker Meister Eckhart, wurde zum Kirchentag sichtbar. Er ist in manchen Weltregionen und spirituellen Richtungen bekannter als Luther. Eckharts Denken lädt dazu ein, christlichen Glauben mit einer interreligiösen Perspektive zu verbinden: »Suche Du fleißig Gott, und wenn Du ihn gefunden hast, dann lass ihn.« Gelassenheit – dieser Begriff stammt von Eckhart, der damit in seiner Predigerkirche im »Zentrum Mystik und Spiritualität« präsent war. Durchgehende fünfzig Stunden lang gaben Mönche, Meditationslehrer, Achtsamkeitstrainer, Mystik-Experten und eine Kunsttherapeutin »Anleitungen zum Stillsein«. Auch Luther war über die »Theologia deutsch«, einer anonymen Schrift aus dem 14. Jh., von der deutschen Mystik beeinflusst. Er gab den Text heraus und verfasste eine Vorrede dazu. Außerdem wurden die Wechselbeziehungen Luthers zu Meister Eckhart und Teresa von Avila beleuchtet. In einem Konzert-Projekt traf »Im Lichte des Einen« die christliche auf die islamische Mystik, den Sufismus. Mit Musik, Licht, Texten und Stille kam jenseits der beiden Religionen die mystische Sehnsucht nach unmittelbarer Gottesbegegnung zum Ausdruck. Als interreligiöse Realität gestaltete sich der Dialog mit dem Islam seit 2015, seit den Auseinandersetzungen um die »Flüchtlingskrise«, als schwierig. In Erfurt-Marbach glühte monatelang ein Kulturkampf um den Bauantrag für eine Moschee, in den auch die christlichen Gemeinden vor Ort involviert und zu Stellungnahmen herausgefordert waren.

»Das war nicht ganz koscher! Juden und Christen« hieß der vierte Programmschwerpunkt. Erfurt gilt mit seiner mittelalterlichen Synagoge und einem jüdischen Gold- und Silberfund als Schatztruhe jüdischer Religion und Kultur in Mitteleuropa, kennt aber ebenso eine Geschichte der Pogrome vom Mittelalter bis ins »Dritte Reich«. Auch Luthers Hetze gegen die Juden trug dazu Brennstoff bei. In Erfurt produzierten auch die Ofenbauer von Auschwitz, die Firma Topf & Söhne – das Werksgelände ist heute Erinnerungsort. Christen können sich nicht ohne Juden denken, denn Jesus war Jude. Was Juden über Christen denken, hängt davon ab, wie christlicher Glaube gelebt wird. Die Jüdische Landesgemeinde Thüringen öffnete zum Kirchentag ihr Kultur- und Begegnungszentrum zum Dialog, zum Bibelfrühstück, zu Vortrag und Gespräch. Es ging um Martin Luthers Auslegung der Hebräischen Bibel, aber auch um seine Judenfeindschaft als »Geburtsfehler der Reformation«. Strikt hatte Luther es abgelehnt, Josel von Rosheim, dem zu seiner Zeit wichtigsten Vertreter der jüdischen Gemeinden, zu begegnen. Über beide war je eine kleine Ausstellung zu sehen.

Kirchentag und Kultur

Zwei prächtige Konzerte ragten aus dem kulturellen Angebot heraus. Die Uraufführung von Thomas Königs »Enchiridion-Echo. Antworten 2017 auf Lieder des Erfurter Gesangbuches von 1524« wurde extra für den Kirchentag komponiert. Der Magdeburger Komponist hatte sich vom Enchiridion für ein modernes Werk für Sopran, Bariton, Saxophon, Violoncello, Chor und Orgel inspirieren lassen. Die Augustiner-Kantorei trat unter Leitung von Landeskirchenmusikdirektor Dietrich Ehrenwerth auf. Das Enchiridion, das erste umfangreiche evangelische Gesangbuch, wurde beinahe zeitgleich durch zwei konkurrierende Erfurter Drucker herausgegeben; siebzehn bzw. achtzehn der 25 bzw. 26 Lieder darin stammen von Luther. Und etliche davon finden sich auch heute noch im Gesangbuch der Evangelischen Kirche (u.a. »Aus tiefer Not schrei ich zu dir« und »Nun komm, der Heiden Heiland«).

Das zweite Konzert war eine Jubiläums-Wiederaufführung. Anlässlich des 100. Reformationsjubiläums 1617 komponierte der Erfurter Kantor Michael Altenburg, ein Zeitgenosse von Michael Prätorius und Heinrich Schütz, das Freudenkonzert »Gaudium christianum«. 400 Jahre später erklang es in der Andreaskirche, wo Altenburg Pfarrer und Kantor war, durch das Johann Rosenmüller Ensemble und den Ökumenischen Chor der Andreas- und Schottengemeinde.

Kirche im öffentlichen Raum: Events auf dem Domplatz

Am Himmelfahrtstag luden die Gemeinden zu Familienkaffee und »500 Kuchen aus 50 Thüringer Gemeinden« auf den Domplatz. Anziehungspunkt waren auch die aus 3.000 Blumen gestaltete Lutherrose und ein öffentlicher Glockenguss. 1497 wurde Erfurts berühmte mittelalterliche Glocke, die Gloriosa, nachts zwischen Dom und der Severikirche auf dem Domhügel gegossen. 520 Jahre später fertigte die Karlsruher Glockengießerwerkstatt Bachert am Himmelfahrtsabend auf dem Domplatz ihre kleine Schwester an, eine Glocke für das schön sanierte Kirchlein in Salomonsborn bei Erfurt. Zwei Tage später wurde die abgekühlte Glocke entmantelt und das erste Mal zum Klingen gebracht. Einige Wochen zuvor hatte die Firma Bachert schon eine Glocke für Erfurt gegossen, eine Gedenkglocke für das Gutenberggymnasium, die am 26. April 2017 das erste Mal angeschlagen wurde.

Zum Zentrum und Höhepunkt gestaltete sich »Erfurt tafelt. Ein internationales Festmahl« auf dem Domplatz. Erfurt lud ein: gedeckte Tische, an denen alle Platz hatten, genug zu essen und zu trinken da war, mitgebrachte Speisen und Leckereien aus aller Herren und Damen Länder, die man miteinander teilte, mit der Möglichkeit, einander kennenzulernen, zu reden und zu diskutieren –

jenseits von Religion und Weltsicht, Status und Milieu, Herkunft und Geschlecht. Mit Brass-Weltmusik von Banda Internationale und mit Gesprächsimpulsen von Ministerpräsident Bodo Ramelow, Reformationsbotschafterin Margot Käßmann und weiteren internationalen Gästen.

Ein besonderer Kirchentag

Die sechs Kirchentage auf dem Weg, die im Zusammenklang mit dem großen Berliner Kirchentag nach Wittenberg führen sollten, hatten in ihren Ausmaßen und in ihrer organisatorischen Komplexität keine Vorbilder. Sie waren ein großes Experiment. Die Planungen dazu starteten im Rahmen der Reformationsdekade schon 2014. Verschiedene Schwierigkeiten mussten gelöst werden und boten ausreichend Anlass zu Auseinandersetzungen, Verwerfungen und fruchtbaren Lösungen zwischen dem Veranstalter »Reformationsjubiläum e.V.« in Wittenberg und den beteiligten Kooperationspartnern, dem Evangelischen Kirchenkreis Erfurt, der Evangelischen Kirche in Mitteldeutschland (EKM), der Stadt Erfurt und dem Land Thüringen.

Wie auch anderswo mussten verschiedene Erwartungsebenen ausgeglichen werden. Die Veranstaltungen wurden von der Kraft, den Ideen und der Hilfe der Haupt- und Ehrenamtlichen aus den Gemeinden und der Stadt getragen und entsprachen in etwa so einem regionalen Kirchentag. Die professionelle Organisation eines Großereignisses brauchte aber Abstimmungen, die über einen regionalen Kirchentag hinausgehen: Acht Städte, Wittenberg und Berlin sollten zusammen gedacht und geplant werden. Regionale

Bedürfnisse, Vor-Ort-Erfahrungen, kommunikative Routinen waren in Einklang zu bringen mit den Ansprüchen des Veranstalters. Nicht immer war das einfach. So musste ein Luther-Marathon-Lauf, dessen Laufstrecke schon geplant war (von Weimar über den Ökumenischen Pilgerweg und über den Lutherstein bei Stotternheim nach Erfurt) und der in den Vorbereitungen schon weit gediehen war, aus organisatorischen Gründen abgesagt werden.

Insgesamt steckten die hauptamtlichen Planer und die vorbereitenden Gemeinden aber in die 225 Veranstaltungen an 25 verschiedenen Veranstaltungsorten viel Energie. Der Erfurter Kirchentag auf dem Weg lud als Propsteikirchentag auch die Gemeinden der noch jungen Propstei Erfurt-Eisenach ein. Gebraucht wurde die Mitwirkung aus den Regionen, und geworben wurde auch um Teilnehmende, die bisher wenig im Blick waren. Über die Schwellenhöhe mancher Angebote (nicht des Anspruchs!) musste nachgedacht werden, und über Angebote, die auch für Kirchenferne interessant sein könnten.

Haben sich alle diese Anstrengungen gelohnt? Was wird bleiben? Was wirkt weiter, wenn die Bühnen wieder abgebaut sind? Das ist die spannende Frage. Werden die erwarteten Umbrüche der nächsten Jahre vom reformatorischen Geist zehren, oder sind die meisten in der Kirche froh, die gefühlte Zusatzaufgabe »Reformationsjubiläum« glücklich überstanden zu haben? Nächste Anlässe zu 500-Jahr-Feiern hat die Reformation selbst genug gegeben und die Themen gleich mit: 1521 den Auftritt Luthers in Worms, 1522 die Übersetzung des Neuen Testamentes ins Deutsche, 1525 den Bauernkrieg. Wir reformieren gerade! Hoffentlich auch in den nächsten Jahren.

Bibel – Christus – Glaube und … die Musik

Erfurt als bedeutender Ort der Reformation der christlichen Kirche damals und heute

Matthias Rein

Im Jahr 1501 kam der junge Martin Luther in die Stadt Erfurt. Erfurt war damals eine große und überregional bekannte deutsche Stadt mit einer berühmten Universität, mit einem beeindruckendem Dom, vielen Kirchen und Klöstern: ein Zentrum für Handel und Gewerbe, für Bildung und Kultur. 4 Jahre lang studierte Luther an der Universität und bereitete sich auf ein Jura-Studium vor. Im Jahr 1505 änderte er plötzlich seine Pläne. Er trat in das Kloster der Erfurter Augustiner-Eremiten ein und wurde Mönch. Heute dient dieses Kloster als Hotel und Studienzentrum für Menschen aus der Stadt Erfurt, der Region und aller Welt. Martin Luther studierte als Mönch die Bibel, die Heiligen Schriften der Christen. Er entdeckte, dass die entscheidenden Aussagen der Bibel von Gott und Jesus Christus und viele offizielle Lehren der Kirche seiner Zeit in Spannung zueinander standen. Luther stellte die Bibel in das Zentrum des Denkens des christlichen Glaubens und des Handelns der Kirche. Ein erster reformatorischer Grundsatz hieß: allein die Schrift (= die Bibel) – auf Latein sola scriptura. Er entdeckte weiter, dass

Gott sich dem Menschen in Christus gnädig zuwendet, ihm menschlich nahe ist und ihn aus dem Tod rettet. Dies wird entscheidend in der Botschaft von Jesus Christus deutlich. Luther fordert: allein von Christus her ist Gott zu verstehen (= solus Christus). Und er versteht die grundlegende Bedeutung des Glaubens für das Verhältnis von Gott und Mensch neu. Nicht die Leistung und das Vermögen eines Menschen machen ihn Gott angenehm, sondern sein Vertrauen und seine Liebe zu Gott. Deshalb: allein der Glaube und nicht die Werke (= sola fide).

Die buddhistische Tradition Japans kennt die Frage nach der rechten Haltung des Menschen, die auf den Weg der Erlösung führt. 200 Jahre vor Martin Luther befassten sich die Theologen Honen shonin (St. Honen) und Shinran shonin (St. Shinran) mit dieser Frage im Zusammenhang mit der Auslegung der Sutra »Reines Land«. Meister Honen-shonin sagte: Sobald ein Mensch gläubigen Herzens die Nembutsu-Formel betet, wird er gerettet. Sein Schüler Shinran verschärfte diesen Gedanken: Es reicht, die Formel zu beten und dankbar für die Errettung zu sein. Hier findet sich eine Analogie zu Luthers Gedanken der Gerechtigkeit des Menschen vor Gott allein aus Glauben, nicht aus den Werken.[1]

Martin Luther erwirbt in Erfurt die Grundlagen seines theologischen und reformatorischen Denkens. Er nimmt viele Anregungen anderer Gelehrter auf, findet inspirierende Gesprächspartner in seinem Orden, unter den Erfurter Gelehrten und seinen Freunden. In Erfurt beginnt sein Weg als einflussreicher Reformer des theologischen Denkens der Christenheit und der Kirche.

---

1 Herzlichen Dank an Yukari Wollboldt-Komazaki für die Hinweise zur buddhistischen Theologie.

1511 verläßt Luther die Stadt Erfurt und wird Professor für Bibelwissenschaften an der neuen Universität in Wittenberg. Aber seine Erfurter Freunde reformieren die Kirche in Erfurt: evangelische Prediger wirken in den Kirchen, 1524 erscheint in Erfurt ein Gesangbuch mit evangelischen Liedern, eine evangelische Ordnung des Gottesdienstes wird 1525 geschaffen. Die Gemeinden werden neu geordnet. Seit 1530 regelt ein Vertrag, welche der vielen Kirchen in Erfurt römisch-katholisch und welche evangelisch sind. Seitdem leben Christen zweier Konfessionen in der Stadt Erfurt. Am Ende des 16. Jahrhunderts kam ein Lehrstuhl für die Augsburgische Konfession an der Erfurter Universität hinzu. Nun kann man an der Erfurter Universität Evangelische Theologie studieren. Dies ist seit der Neugründung der Universität im Jahr 1994 wieder möglich.

Martin Luther liebte die Musik und räumte der Musik einen wichtigen Platz im Glaubensleben von Christen ein. Er dichtete Lieder, die Christen heute noch in aller Welt singen. Viele bedeutende Kirchenmusiker wirkten an den Erfurter evangelischen Kirchen, z.B. Johann Pachelbel (1653–1706). Die Eltern des berühmten evangelischen Kirchenmusikers Johann Sebastian Bach sind in Erfurt geboren und aufgewachsen.

Die Erfurter Augustinerkantorei mit 150 Sängerinnen und Sängern setzt die großen evangelischen kirchenmusikalischen Traditionen Mitteldeutschlands fort. Sie singt vorwiegend geistliche Musik, gestaltet Gottesdienste und geistliche Konzerte. Viele Sängerinnen und Sänger verstehen das Musizieren als Ausdruck der christlichen Verkündigung und ihres christlichen Glaubens und gewinnen aus der Musik Glaubensgewissheit. Sola scriptura, solus Christus und sola fide – das leitet viele Menschen auch heute in Erfurt.

Kirche und Konfessionslosigkeit in Ostdeutschland

Aktuelle Probleme und Chancen

Andreas Fincke

1990, im Sommer der Wiedervereinigung, haben wir uns bisweilen gefragt, welches Erbe die Ostdeutschen in das geeinte Deutschland einbringen. Genannt wurden damals das Sandmännchen, der Berliner »Palast der Republik«, die fünf Nationalparks auf ostdeutschem Gebiet oder Sekt der Marke »Rotkäppchen«. Je nach Geschmack mag man das eine oder andere wertschätzen – was die Ostdeutschen jedoch als folgenreichstes Mitbringsel einbrachten, ist die Konfessionslosigkeit.

Zwar gab es auch vor 1989 im ehemaligen Westteil Deutschlands eine benennbare Quote an Konfessionslosigkeit, sie lag 1987 bei etwa 15,5%, aber mit der Wiedervereinigung wurde die Konfessionslosigkeit erstmals zu einem Massenphänomen. Heute ist bundesweit etwa jeder Dritte konfessionslos; in einigen ostdeutschen Städten liegt die Quote bei über 90%.

Die Wiedervereinigung hat damit die religiöse Lage in Deutschland grundlegend verändert. Es ist jedoch nicht zuerst die hohe Konfessionslosenquote, welche unsere Kultur verändert – es ist die soziale Akzeptanz der Kirchen- und Religionsferne, die weitreichende Folgen hat. Inzwischen ist, zumindest im Osten, die Entscheidung *für* die Taufe eines Kindes im Freundeskreis begründungspflichtig; es muss sich rechtfertigen, wer sein Kind *nicht* zur Jugendweihe schickt. Folgerichtig konstatierte die EKD-Mitgliedschaftsuntersuchung von 2014 erstmals für Gesamtdeutschland einen »Normalzustand Konfessionslosigkeit«.[1] Das wollen viele, zumal in kirchennahen Kreisen, nicht wahrhaben. Trotzig zitieren sie Karl Rahner und tönen: Die Konfessionslosen haben vergessen, dass sie Gott vergessen haben.

Doch solche Konstrukte helfen nicht. Denn der »normale Konfessionslose« lebt ohne Gott ein gutes Leben, hat einen moralischen Kompass und steht rechten, populistischen Bewegungen nicht näher als Kirchenmitglieder. Er hat nicht Gott vergessen – er braucht ihn nicht. Hierin sehe ich die eigentliche Dramatik und Herausforderung für die Kirchen, die – zumindest in Ostdeutschland – erstmals in ihrer Geschichte nicht mit anderen Religionen oder Weltdeutungen konkurrieren, sondern weltanschaulicher Gleichgültigkeit begegnen. Um es salopp zu formulieren: Sie müssten Menschen, denen nichts fehlt, erklären, dass ihnen etwas fehlt. Die Autorin Rita Kuczynski hat das wie folgt beschrieben: »Konfessionslose brauchen für ihre persönliche Sinnfindung keinen Gott, brauchen nichts Übersinnliches, nichts Transzendentes. Sie leben im Hier und Jetzt und sehen am Himmel nur Vögel, Flugzeuge und Wolken. Und: Ihnen fehlt nichts!«[2] Charakteristisch für die Wahr-

---

1 EKD (Hg.): Engagement und Indifferenz. V. EKD Erhebung über Kirchenmitgliedschaft, Hannover 2014, 81.

2 Rita Kuczynski: Was glaubst Du eigentlich? Weltsicht ohne Religion, Berlin 2013, 13.

nehmung von Konfessionslosigkeit als sozialem Normalfall ist auch die inzwischen vielfach zitierte Äußerung von Jugendlichen bei einer Befragung auf dem Leipziger Hauptbahnhof. Auf die Frage, ob sie sich »eher christlich oder eher atheistisch« verstehen, haben einige geantwortet: »Weder noch, normal halt.«[3]

Das »normal halt« vom Leipziger Hauptbahnhof ist in mehrfacher Hinsicht interessant. Es bestätigt nicht nur die Alltäglichkeit der Religionslosigkeit, sondern auch, dass atheistische Einstellungen zumindest in Ostdeutschland nicht wirklich mehrheitsfähig sind. Atheismus ist für die befragten Jugendlichen auch nicht normal. Dieser auf den ersten Blick für die Kirchen erfreuliche Befund hat jedoch seine eigenen Untiefen. Man »reibt« sich nicht an den Kirchen und ihren Glaubenspositionen. Warum sollte man sich atheistisch profilieren?

An dieser Stelle müssen wir zwischen der Konfessionslosigkeit West und Ost unterscheiden. Denn wir finden in Deutschland zwei Typen von Konfessionslosigkeit. In Ostdeutschland sind viele gewohnheitsmäßig konfessionslos; sie würden sagen, man sei »ganz normal« nicht in der Kirche. So waren schon die Eltern und Großeltern nicht in der Kirche – man ist folglich nicht getauft und zieht die Taufe der eigenen Kinder gar nicht in Erwägung. Mitunter wird dieses Phänomen als »Atheismus in der dritten Generation« bezeichnet. Das ist jedoch ungenau. Denn es handelt sich hierbei nicht um eine atheistische Gesinnung, sondern um eine moderne Form religiöser Indifferenz. Es hat bei den Konfessionslosen in

3 Monika Wohlrab-Sahr: Religionslosigkeit als Thema der Religionssoziologie, Pastoraltheologie 90 (2000), 152.

Ostdeutschland zumeist keinen bewussten Ablösungsprozess von einer Kirche gegeben.

In den alten Bundesländern ist die Lage anders. Wer sich hier von der Kirche trennt, tut dies größtenteils nach einem ausdrücklichen Entscheidungsprozess. Häufig spielen dabei negative Erfahrungen mit den Kirchen eine entscheidende Rolle. Die Mehrheit der Konfessionslosen West ist damit bewusst kirchen- und religionsfern. Etwa 90% der Konfessionslosen – so liest man in der Mitgliedschaftsuntersuchung der EKD von 2014 – haben sich in einem »Normalzustand Konfessionslosigkeit« eingerichtet und unterscheiden sich »konsistent« in allen Fragen des Glaubens von den Kirchenmitgliedern. Weiter heißt es: »Die eigene Konfessionslosigkeit wird als individuelle Entscheidung angesehen.«[4] Das gilt in besonderer Weise für die eben erwähnten Konfessionslosen West. Die Konfessionslosen Ost hingegen haben eine solche Entscheidung meist nicht getroffen. Ihre Haltung ist diffus. Wir wissen erstaunlich wenig über jene, die bereits seit mehreren Generationen konfessionslos sind. Der Pastoraltheologe Udo Schmälzle hat das wie folgt formuliert: »Während wir über die Mentalitäten … der ›Konfessionslosen der ersten Generation‹, die alle noch getauft wurden, einiges wissen, verfügen wir über die Gruppe der ›schon immer Konfessionslosen‹ kaum über Kenntnisse. Zu dieser Gruppe gehören […] im Osten Menschen, die bereits über Generationen in diesen Zustand der Konfessionslosigkeit hereingeboren wurden. Die Zugehörigkeit zu dieser Gruppe unterscheidet sich fundamental in den alten und

---

4 EKD (Hg.): Engagement und Indifferenz. V. EKD Erhebung über Kirchenmitgliedschaft, Hannover 2014, 81.

neuen Bundesländern.«[5] Man muss also sehr genau unterschieden, über welche Konfessionslosigkeit man spricht. Sichtbar wird dieser Ost-West-Unterschied an vielen Themen. So z.B. an den atheistischen und kirchenkritischen Organisationen. Im Osten Deutschlands sind sie – mit Ausnahme Berlins – völlig bedeutungslos. Denn für ostdeutsche Konfessionslose ist der Kampf gegen Religion und Kirche ohne jede Attraktivität. Nennenswert aktiv sind atheistische Organisationen eigentlich nur da, wo die Katholische Kirche stark ist. Also im Westen.

So wundert es nicht, dass die Zahl der organisierten und engagierten Kirchen- bzw. Religionskritiker in Deutschland derzeit genauso hoch ist wie vor 100 Jahren. Und das bei völlig veränderten Rahmenbedingungen! Man könnte folgern, dass den Freidenkern vor lauter Konfessionslosigkeit der Feind abhandenkommt. In der Tat ist die Schwäche der säkularen Szene untersuchungswert. Sie sagt viel über deutsche Mentalitäten, das religiöse Klima in unserem Land und über die organisierten Freidenker bzw. Kirchenkritiker. Doch dies ist hier nicht unser Thema.[6]

Trotz aller Differenzen im mental noch längst nicht wiedervereinigten Deutschland lohnt an dieser Stelle noch einmal der Blick auf die kirchliche Gesamtlage. Nach wie vor wenden sich in Deutschland viele Menschen »in aller Stille« von den Kirchen ab. Allein durch Austritte verlieren die großen Kirchen zusammen alle fünf

---

5 Udo Schmälzle: Was fehlt den Konfessionslosen? In: Herder Korrespondenz. Monatsschrift für Gesellschaft und Religion. Januar 2016, 70 Jg., H. 1, S. 32–35, hier S. 33.

6 Vgl. Andreas Fincke: Mit Gott fertig? Konfessionslosigkeit, Atheismus und säkularer Humanismus in Deutschland. Eine Bestandsaufnahme aus kirchlicher Sicht, Aschaffenburg 2017.

Jahre etwa eine Million Mitglieder. Gelegentlich liegen die Zahlen noch deutlich darüber. So mussten beide im Jahre 2015 mit zusammen knapp 500.000 Austritten die höchsten Zahlen seit der Wiedervereinigung 1990 registrieren. Häufig wird in diesem Zusammenhang berichtet, eine Veränderung bei der Kirchensteuer habe im Jahre 2015 die plötzlich ansteigenden Austritte verursacht. Diese Erklärung greift jedoch zu kurz. Das unglücklich kommunizierte Steuerrecht mag eine Rolle spielen. Da seinerzeit jedoch überproportional viele Rentner und Pensionäre aus den Kirchen ausgetreten sind, also jene, die gar keine Kirchensteuer zahlen, wird deutlich: Die Bindungskräfte beider großen Kirchen sind inzwischen so schwach, dass jeder sich bietende Anlass für einen Austritt genutzt wird.

Ursachen der Konfessionslosigkeit

Zweifellos spielt der verordnete DDR-Atheismus und der Kampf der SED gegen die Kirchen eine große Rolle bei der Entstehung der hohen Konfessionslosigkeit in Mitteldeutschland. Und doch überzeugt dieses Argument nicht wirklich. Weitere Faktoren müssen betrachtet werden. Zu nennen ist der Kirchenkampf in der Zeit des Nationalsozialismus, aber auch, dass die Kirchen spätestens im 19. Jahrhundert den Kontakt zum einfachen Volk und zu den Arbeitern verloren haben. Dieser Befund ist besonders wirkmächtig in den Hochburgen der Arbeiter geworden und damit in jenen Regionen, die – wie Mitteldeutschland – später die DDR bildeten. Die Probleme der Ärmeren und weniger Gebildeten wurden allzu lange von den großen Kirchen nicht bzw. zu wenig gesehen. So wundert es nicht, dass die aufkommende Arbeiterbewegung den Kirchen kritisch bis ablehnend gegenüberstand. (Man denke an das 1891 im Erfurter Kaisersaal beschlossene Programm der Sozialdemokratischen Partei Deutschlands mit seiner scharfen Zurückdrängung der Kirchen in den Bereich des Privaten.)

Die Kirchen verstärkten ihrerseits diese Kluft durch ihre häufig konservative und antiliberale Haltung wie z. B. ihre Verurteilung der Revolution von 1848. Der Historiker Martin H. Jung schreibt dazu: »Die Untätigkeit der Christen angesichts der sozialen Probleme und ihre Blindheit für deren strukturelle Ursachen entfremdete die Arbeiterbewegung mit ihrer ohnehin prinzipiell atheistischen Führungsschicht von der Kirche.«[7] Im weiteren Verlauf des 19. Jahrhunderts wurde die Entkirchlichung in den Städten und in stark proletarisch geprägten Regionen erstmals zu einem Massenphänomen. Es entwickelte sich eine religiöse Gleichgültigkeit, die von den Kirchen in ihrer Dramatik nicht erkannt wurde. Verstellt war den Kirchen der Blick, weil sie selbst Teil des politischen Establishments waren und die pointierte Entchristianisierung zwar die Arbeiterschaft, aber nur einen kleinen Teil der Gebildeten erreichte. So unterschätzte man die Dramatik, zumal die politischen Eliten weiterhin kirchenverbunden blieben. Man kann fragen, ob die Lage heute nicht ähnlich ist: Die Konfessionslosigkeit ist in manchen Bereichen der Gesellschaft dramatisch, während die politischen und geistigen Eliten zumeist wesentlich kirchen- und religionsfreundlicher sind – oder sich aus taktischen Erwägungen kirchenfreundlich gerieren. Dieses wohlwollende Umfeld verstellt vielen kirchenleitenden Persönlichkeiten auch heute den Blick auf die Realität. Wenn

---

7 Martin H. Jung: Der Protestantismus in Deutschland von 1815 bis 1870, Kirchengeschichte in Einzeldarstellungen III/3, Leipzig 2000, 118.

man heute mittels einer Volksabstimmung über Religionsunterricht, Kirchensteuer oder die Stellung der großen Kirchen entscheiden ließe, würde den Kirchen ein wesentlich bescheidenerer Platz in der Gesellschaft und im öffentlichen Leben zugewiesen, als sie ihn derzeit innehaben. Zur Illustration sei an dieser Stelle an den Berliner Volksentscheid über den Religionsunterricht aus dem Frühjahr 2009 erinnert. Damals erreichten die Befürworter des Religionsunterrichts weder das Zustimmungsquorum von 25 Prozent noch die Mehrheit der Stimmen. Die Kirchen könnten aus dieser Niederlage lernen, dass sie sich über ihren Rückhalt in der breiten Bevölkerung Illusionen machen.

Die Zerschlagung der bürgerlichen Mitte gehört schließlich zum folgenreichen Erbe der DDR. In den alten Bundesländern verdanken die Kirchen der bürgerlichen Mitte, also Lehrern, Ärzten, Offizieren, Geschäftsleuten, Unternehmern usw. viel. Diese bilden oft das Rückgrat an ehrenamtlichem Engagement. In der DDR wurde jedoch gerade diese Schicht zerstört bzw. entzogen sich diese Kreise dem politischen Druck durch Flucht oder Ausreise nach dem Westen. So gab es in den späten Jahren der DDR kaum noch eine kirchennahe und damit kulturverbundene, bürgerliche Mittelschicht. Dieser Umstand hat dem öffentlichen und kirchlichen Leben in der DDR sehr geschadet und wirkt heute als schwieriges Erbe fort. Auch deshalb ist in Ostdeutschland zivilgesellschaftliches Engagement schwächer ausgeprägt als in den westlichen Bundesländern. In den Kirchenvorständen bzw. Pfarrgemeinderäten sind bis heute auffällig viele Westdeutsche aktiv. Überproportional füllen sie jene Leerstellen aus, die zu DDR-Zeiten entstanden sind.

Ostdeutsche Identitäten

In den östlichen Bundesländern dient die Areligiosität inzwischen verstärkt der Abgrenzung vom Westen. So hat sich eine eigene Konfessionslosenidentität ausgebildet. Sichtbar wird diese in zahlreichen Lebensbezügen. Relativ gut beobachten lässt sie sich an der Jugendweihe, die für die Mehrheit ostdeutsch sozialisierter Familien von großer emotionaler Bedeutung ist. Seit der Wiedervereinigung haben mehr als 1,5 Millionen Jugendliche an einer Jugendweihe teilgenommen. Dieser religionslose Passageritus ist in vielen ostdeutsch sozialisierten Familien fraglos beheimatet und ein wesentlicher Aspekt familiärer Identität. Kirchlich gebundene Menschen rümpfen beim Thema Jugendweihe gern die Nase und sagen, sie sei ein Ritual ohne Inhalt, eine Weihe ohne Gott, ein Passageritus ohne Passage. Das kann man so sehen, und wer eine solche Feier besucht oder Jugendweihereden analysiert, findet hinreichend Belege für diese Position. Nur: Sie ist trotzdem, vielleicht gerade wegen ihres kargen Inhalts, wegen ihrer Unverbindlichkeit beliebt. Machen wir uns nichts vor: Die Jugendweihe vermittelt den Kirchenfernen Kontinuität und jene Lebensbegleitung, die einst Konfirmation und Firmung bzw. Erstkommunion garantierten.

Im Osten Deutschlands sind die Kirchen in schwierige Verhältnisse geraten. Zugleich gibt es Streit darüber, wie prekär die Lage denn nun wirklich sei. Wer Statistiken zitiert und Beobachtungen referiert, hört oft: »Na, so schlimm ist es nicht. Wir sollten besser sehen, was gelingt … Bei uns gibt es einen schönen Kirchenchor …« Das stimmt. Es gelingt vieles, es gibt überraschende Lebendigkeit und wunderbare Chöre. Aber die Gesamtlage ist ernst. In einem Brandenburger Dorf hat ein Kirchbauverein, bestehend mehrheitlich aus Konfessionslosen, kürzlich eine Kirche für etwa 200.000 Euro saniert. Zum monatlichen Gottesdienst kommen nach wie vor etwa drei bis fünf Gemeindeglieder; die letzte Taufe liegt viele Jahre zurück. Die Entwicklung der Gemeindegliederzahl lässt befürchten, dass die Gemeinde in 20 Jahren den Frostschutz der modernisierten Heizung nicht mehr bezahlen kann. Und doch hatte keiner den Mut, den Bau aufzuhalten. Auch nicht mit dem Hinweis, dass vier Kilometer entfernt die nächste, wertvolle Kirche steht. Wir haben im Osten wunderschöne Kirchen und nur wenige, die zum Beten kommen. Oder anders formuliert: Wir haben Konfessionslose, die sich in einem erstaunlichen Maße für die Rettung alter Dorfkirchen einsetzen – aber wir haben keine Angebote für den kirchenfernen Maurer, wenn das Bauwerk fertig und die Farbe trocken ist.

Eingangs hatten wir konstatiert, dass die Wiedervereinigung Deutschland konfessionsloser gemacht hat. Heute muss man feststellen: In den 1990er Jahren ist in Deutschland ein weltanschaulicher Dammbruch geschehen. Seither, so könnte man provokant formulieren, ist die Konfessionslosigkeit die am schnellsten wachsende weltanschauliche Orientierung in Deutschland.

Die Kunst der kleinen Schritte

Es gibt für die Kirchen in der gegenwärtigen Lage kein Patentrezept. Viele Pfarrerinnen und Pfarrer leisten eine hervorragende Arbeit, sind engagiert und ideenreich. Aber gegen den Zeitgeist, gegen die allgemeine Religionsdistanz und die schnöde Diesseitigkeit haben sie es schwer. Deshalb sind die kleinen Schritte wichtig. In der Apostelgeschichte wird eine Episode berichtet, welche für unser

Thema erhellend sein kann. Es geht um den sog. »Kämmerer aus Äthiopien« (Acta 8, 26–40). Dieser Herr liest eher zufällig einen Abschnitt aus dem Propheten Jesaja. Der Text bleibt ihm jedoch verschlossen. Ein Passant spricht ihn an und fragt, ob er Hilfe zum Verständnis benötigt. Als dies bejaht wird, erklärt der Hinzugekommene den Text des Propheten. Der Kämmerer ist derart angetan, dass er sich sofort taufen lässt – und beide gehen auseinander. Keiner fragt, ob die Taufe eine Kirchenmitgliedschaft begründet und welche Kirchensteuer ab nun zu entrichten sei. Der neu Getaufte geht vielmehr fröhlich seiner Wege. Man kann diese Geschichte mit Blick auf unser Thema wie folgt zusammenfassen: Wer fragt, bekommt eine Antwort und geht in Freiheit seiner Wege. Was er mit den neuen Erkenntnissen macht, liegt in seiner bzw. Gottes Hand.

Man mag entgegnen, dass viele Menschen heutzutage gar nicht fragen. Das ist richtig, trifft aber nur die halbe Wahrheit. Die Kirchen erwarten viel zu sehr, dass Menschen mit ihren Fragen zu ihnen kommen – sie werden nicht kommen. Daher wäre ein Perspektivenwechsel notwendig. Es gilt, die Menschen in ihren eigenen Lebensbezügen aufzusuchen. Man kann das mit einer einfachen Beobachtung erläutern: Im Sommer 2016 fand in Leipzig ein Katholikentag statt. In diesem Rahmen sollte ein prominenter Arbeitskreis den Dialog mit den sog. Ungläubigen organisieren. Trotz engagierter Vorbereitung fanden diese Gespräche nicht statt, weil Konfessionslose nicht zum Katholikentag gehen. Zugleich hatte der Katholikentag angeboten, Vertreter der Kirche in Leipziger Betriebe und Vereine zu entsenden, um mit den Menschen über Glaubensfragen zu reden. Hieran war das Interesse erstaunlich groß.

Daher gilt: Die Kirchen sollten den Problemen mutiger ins Auge sehen. Noch ist Zeit für Korrekturen. Es mag sein, dass einige Handlungsfelder unverändert fortgesetzt werden können – aber alles gehört auf den Prüfstand. Gottesdienste und Kasualien, Schaukästen und Gemeindebriefe, aber auch Kirchenzeitungen und kirchennahe Zeitschriften wie die hoch subventionierte »Chrismon« sind in ihrer Außenwirkung zu überdenken. Die Botschaft von Gottes Menschwerdung in Jesus Christus, von Jesu Tod und Auferstehung ist nicht banal. Wenn diese heute als belanglos empfunden wird, so gibt es ein grundsätzliches Vermittlungsproblem. Das betrifft die großen theologischen Linien, aber auch das Erscheinungsbild vieler Kirchengemeinden vor Ort. Es wäre schon viel gewonnen, wenn man sich Schaukästen und Gemeindebriefe mit den Augen Konfessionsloser ansehen würde. Wer versteht das verträumte »A« hinter dem Sonntagsgottesdienst? Steht es für Abenteuer, Außenseiter oder Abendmahl? Merken kirchliche Insider, dass ein Sündenbekenntnis am Anfang des Gottesdienstes für viele Menschen verstörend ist? Ist es angemessen, dass in der Erfurter Altstadt sonntags zeitgleich in mehreren Kirchen klassische Gottesdienste stattfinden? Also jene Gottesdienste, die von Außenstehenden nicht verstanden werden?

Was die Sache so schwierig macht, sind gegenläufige Befunde. Wir brauchen einerseits niederschwellige Angebote für Kirchenferne: kurze Andachten, einfache Angebote, unbeschwerte Kirchenmusik. Andererseits benötigen wir mehr geistliche und spirituelle Formate. Die evangelische Predigt ist viel zu oft ein Bildungsereignis – aber kein spirituelles Erlebnis. Pfarrerinnen und Pfarrer eilen von Termin zu Termin und werden immer mehr zu Gemeindemanagern, und ihre heilige Schrift ist nicht die Heilige Schrift – sondern der Kalender. Die Stärke der Kirchengemeinden liegt jedoch in ihrer pastoralen Arbeit, in der Seelsorge vor Ort.

Und schließlich: Was mit Blick auf die Konfessionslosen sogar eher kontraproduktiv ist, das sind kirchliche Großereignisse wie die Feierlichkeiten zum Reformationsjahr 2017. Mit Mega-Events wie einem großen Gottesdienst auf den Elbwiesen bei Wittenberg und der zur Schau getragenen Nähe von Staat und Kirche wird man bei vielen Menschen eher den Eindruck verstärken, dass die Kirchen mit dem »wirklichen Leben« nichts zu tun haben. Das gilt auch für die häufig zu beobachtende Politisierung vieler Statements gerade im evangelischen Kontext. Wenn wir Menschen erreichen wollen, müssen die Kirchen ihre pastorale, ihre spirituelle Kompetenz stärken. Die fortwährende Politisierung ist ein Irrweg.

Eine besondere Herausforderung für die Kirchen in der Konfessionslosigkeit stellt schließlich die Erwachsenenbildung dar. Denn ein Erbe des DDR-Atheismus ist die dramatische Unkenntnis religiöser Themen. Wenn wir Menschen erreichen wollen, benötigen wir ein Mindestmaß an geistesgeschichtlicher, philosophischer und letztlich biblischer Bildung. Daher sollte man die kirchliche Bildungsarbeit in ihrer Breite stärken. Viel zu lang hat man sich auf die Arbeit mit Kindern und Jugendlichen fixiert, weil man in der nachwachsenden Generation die Zukunft der Kirchen sah. Das jedoch ist zu kurz gedacht. Die Kirchenmitgliedschaft wird im Erwachsenenalter gewonnen – und verloren.

Wir sollten schließlich die Konfessionslosen ernst nehmen. Auch das Desinteresse an Gott hat seine Bedeutung. Wir können Konfessionslose erreichen, wenn wir als Suchende den Suchenden begegnen, jeden herablassenden Ton vermeiden und Sätze wie

»Werte brauchen Religion«[8] aus dem Phrasenkoffer streichen. Das wird nicht leicht, aber 25 Jahre nach der Wiedervereinigung müssen wir über neue Wege nachdenken. Wir brauchen eine Sprache, die Menschen verstehen, und Veranstaltungen, die missionieren ohne missionierend zu sein. Wir brauchen Seelsorger, die Zeit haben und nicht als Event-Manager durch den Ort hetzen. Mehr als 80% der ostdeutschen Jugendlichen waren nie in ihrem Leben in einer Kirche. Sie werden kaum einen klassischen Sonntagsgottesdienst besuchen. Öffnen wir die hübsch sanierten Kirchen zu jedem sich bietenden Anlass und gehen wir dahin, wo die Konfessionslosen sind. Die ostdeutschen Konfessionslosen verbindet eine besondere Eigenschaft: Da sie kaum schlechte Erfahrungen mit der Kirche gemacht haben, gucken sie interessiert, wenn jemand von diesem fremden Stern kommt. Na, das ist doch was!

---

8 Wichtigstes Argument der Kirchen und der CDU beim Berliner Volksentscheid 2009 über die Einführung des Religionsunterrichts als Pflichtfach.

Beiträgerverzeichnis

Martin Borowsky, Dr. jur., geb. 1960 in Stuttgart, 1979 Abitur am Evangelisch-theologischen Seminar Blaubeuren, 1981–1988 Studium der Rechtswissenschaften in Tübingen, Genf, Aix-en-Provence und München, seit 1994 Richter in Thüringen, 1998 Promotion in München, in den Jahren 2000/2001 Mitwirkung im Grundrechtekonvent in Brüssel, Lehrbeauftragter an der Willy Brandt School of Public Policy (Universität Erfurt), Vizepräses der Kreissynode Erfurt, verheiratet, drei Kinder.

Andreas Fincke, Dr. theol., geb. 1959 in Halle/S. Berufsausbildung als Elektriker, 1981–1986 Studium der Ev. Theologie, 1992 Promotion im Fach Ökumenik und allg. Religionsgeschichte. Von 1992 bis 2007 wissenschaftlicher Referent an der Evangelischen Zentralstelle für Weltanschauungsfragen (EZW), anschließend theologischer Referent für Grundsatzfragen im Berliner Konsistorium. 2008 bis 2010 persönlicher Referent des Berliner Senators für Bildung, Wissenschaft und Forschung. 2010–2013 Pfarrer in Brandenburger Landgemeinden. Derzeit Hochschulpfarrer und Leiter der Evangelischen Erwachsenenbildung in Erfurt. Zahlreiche Veröffentlichungen zu Religions- und Weltanschauungsfragen und zu Atheismus und Konfessionslosigkeit.

Michael Friese, geb. 1960 in Immenstadt (Allgäu). Kindheit und Schulausbildung in Gera (Thüringen), dort 1978 Abitur. Von 1978–

1983 Studium am Philosophisch-Theologischen Studium in Erfurt (ohne Abschluss). 1984 Übersiedlung in die BRD und dort Studium der Altphilologie in Tübingen (Baden-Württemberg) und Marburg (Hessen), 1990 Erste Staatsprüfung für das Lehramt an Gymnasien. 1991–1993 Referendariat am Studienseminar Fulda (Hessen), 1993 Zweite Staatsprüfung für das Lehramt an Gymnasien. Von 1993–1996 Gymnasiallehrer im staatlichen Schuldienst in Neubrandenburg (Mecklenburg-Vorpommern). Seit 1996 Angestellter der Evangelischen Kirche und Lehrer für Latein und Griechisch am Evangelischen Ratsgymnasium in Erfurt. Seit 2000 Schulleiter dieses Gymnasiums. Vater zweier Kinder.

Karl-Eckhard Hahn, Dr. phil., geb. 1960 in Witzenhausen (Hessen), Abitur 1979 in Hannoversch-Münden, 1980–1982 Soldat auf Zeit bei der Bundesmarine, 1982–1987 Studium der Geschichte und des Öffentlichen Rechts in Göttingen und Wien, 1990 Promotion mit einer Dissertation zu deutschlandpolitischen Kontroversen in der Regierung Adenauer 1949–1959, 1990–1992 Journalist bei der Thüringer Tagespost und Thüringischen Landeszeitung, 1992–1999 Grundsatzreferent der Thüringer Ministerin für Bundes- und Europaangelegenheiten und Ministerin für Bundesangelegenheiten in der Thüringer Staatskanzlei, 1999–2004 Pressesprecher des Thüringer Landtags, 2004–2013 und seit 2014 Pressesprecher der CDU-Fraktion im Thüringer Landtag, 2013–2014 Regierungssprecher des Freistaats Thüringen, verheiratet, vier Töchter.

Andreas Lindner, Prof. Dr. theol., geb. 1962 in Penig (Sachsen), 1982 Abitur in Potsdam-Hermannswerder und anschließend Studium der Ev. Theologie an den Kirchlichen Hochschulen Naumburg/Saale und Berlin (Ost) bis 1987, 1987–1993 Vikariat in der Domgemeine Naumburg und Assistentur an der Kirchlichen Hochschule Naumburg, abgeschlossen mit der Ordination ins Pfarramt 1992 und der Promotion im Fach Kirchengeschichte 1993, 1992 Vertretung des Fachs Kirchengeschichte an der Evangelischen Predigerschule Erfurt und ab 1993 bis 1999 Wissenschaftlicher Mitarbeiter am Institut für Ev. Theologie der PH Erfurt/Mühlhausen, seit 2000 Wissenschaftlicher Mitarbeiter am Martin-Luther-Institut der Universität Erfurt, 2011 Habilitation für das Fach Kirchengeschichte und ihre Didaktik, seit 2015 außerordentliche Professur für Kirchengeschichte, Forschungsschwerpunkte in der Reformationsgeschichte und der Kirchen- und Theologiegeschichte der Frühen Neuzeit, verheiratet, fünf Kinder.

Michael Ludscheidt, Dr. phil., geb. 1965 in Merseburg, Studium der Germanistik, Kunstgeschichte und Auslandsgermanistik an der Friedrich-Schiller-Universität Jena, 2001 Promotion mit einer Studie zu Leben und Werk des Barockdichters Georg Neumark, Leiter der Bibliothek des Evangelischen Ministeriums im Erfurter Augustinerkloster, Stellvertretender Kurator des Evangelischen Augustinerklosters zu Erfurt, Lehrbeauftragter für Neuere deutsche Literatur an der Universität Erfurt, Vorsitzender des Beirates der Stiftung Mitteldeutscher Kulturrat, zahlreiche Veröffentlichungen zur deutschen Literatur vom 16. bis zum 20. Jahrhundert sowie zur Kultur- und Bibliotheksgeschichte der Frühen Neuzeit.

Irene Mildenberger, Dr. theol., geb. 1961 in Tübingen, 1980 Abitur in Erlangen, 1980–1988 Studium der Ev. Theologie in Erlangen und Heidelberg, Vikariat und Gemeindepfarramt in Nürnberg, Ingolstadt und Fürth, 2000 Promotion in Heidelberg im Fach Praktische Theologie, 2002–2011 Wissenschaftliche Geschäftsführerin des Liturgiewissenschaftlichen Instituts der VELKD an der Theol. Fakultät der Universität Leipzig, seit 2012 Pfarrerin am Evangelischen Augustinerkloster in Erfurt.

Sebastian Nickel, Dr. phil., geb. 1976 in Stendal, 1994–1996 Ausbildung zum C-Kirchenmusiker in Halberstadt, 1996–2001 Lehramtsstudium Musik- und Geschichtspädagogik sowie 2001–2004 Magisterstudium Musik- und Geschichtswissenschaft in Halle/S., 2004 Leiter der Notenbibliothek der Ev. Kirche der Kirchenprovinz Sachsen in Magdeburg und seit 2006 des Zentrums für Kirchenmusik der Ev. Kirche in Mitteldeutschland in Erfurt, 2011 Promotion in der Historischen Musikwissenschaft, seit 2011 Dozent für Hymnologie und Musikgeschichte in Schlüchtern und Erfurt, verheiratet, zwei Söhne.

Josef Pilvousek, Prof. Dr. theol., geb. 1948 in Thalwenden/Eichsfeld, nach Abitur und Wehrdienst 1969–1975 Studium der katholischen Theologie in Erfurt, 1977 Priesterweihe, 1985 Promotion im Fach Kirchengeschichte und Direktor des Domarchivs Erfurt, 1988 Dozent für Kirchengeschichte, 1989–1990 Studienaufenthalt in Rom, 1994 Professor für Kirchengeschichte des Mittelalters und der Neuzeit sowie Leiter der Forschungsstelle für kirchliche Zeitgeschichte am Philosophisch-Theologischen Studium bzw. an der Universität Erfurt, 2013 Emeritierung.

Jürgen Reifarth, geb. 1962 in Erfurt, Kfz.-Schlosser, 1986–1992 Theologiestudium an der Universität in Jena, ab 1992 ein Jahr Postgraduate Student an der University of Edinburgh, 1997 Diplom-Abschluss Aufbaustudium Journalistik in Hannover, Arbeit als freier Journalist, 1998–2013 Studienleiter für politische Jugendbildung an der Ev. Akademie Thüringen in Neudietendorf. Ab 2015 Beauftragter für das Reformationsjubiläum 2017 des Ev. Kirchenkreises Erfurt, ab 2017 Referent für Familien- und Erwachsenenbildung im Landeskirchenamt der Ev. Kirche Mitteldeutschlands.

Matthias Rein, Dr. theol., geb. 1964 in Sanitz (Mecklenburg), 1983 Abitur in Teterow, 1985–1990 Studium der Ev. Theologie in Halle/S., 1994 Promotion im Fach Neues Testament, 1995–2001 Pastor der Kirchgemeinde Gammelin-Warsow (Mecklenburg), 2001–2012 Studienleiter und Rektor des Theologischen Studienseminars der VELKD in Pullach (Bayern), Fortbildung für Pfarrerinnen und Pfarrer sowie Leitungsverantwortliche in der Kirche, seit 2012 Senior (=Superintendent) des Ev. Kirchenkreises Erfurt, seit 1997 Dozent für Neues Testament beim Kirchlichen Fernunterricht der EKM (ehrenamtlich), verheiratet, drei Söhne.

Aribert Rothe, Dr. phil., geb. 1952 in Dresden, 1970 Abitur und Maschinenbauer, 1970 Studium der Technologie, 1971–1976 der Theologie in Leipzig, dort 1978–1984 Gemeindepfarrer, 1984–1992 Stadtjugendpfarrer in Erfurt, 1992–2000 Beauftragter für Ev. Erwachsenenbildung und Öffentlichkeitsarbeit; 1991–2003 Mitglied des MDR-Rundfunkrates, 1995–1999 erziehungswissenschaftliche Zusatzstudien und Promotion in Jena, 2000–2001 parallel 50-Prozent-wiss. Mitarbeiter der FSU Jena; 2006–2012 Hochschulpfarrer und Leiter der Stadtakademie; EKM-Vertreter im Zentralvorstand des Ev. Bundes; verschiedene Lehraufträge,

Publikationen zu Erwachsenenbildung und Zeitgeschichte; verheiratet, drei Töchter, fünf Enkel.

Wolfgang Roschka, geboren 1974 in Saalfeld/Saale, 1981–1993 Mitglied der Thüringer Sängerknaben, 1992 Abitur in Saalfeld, 1992–1999 Studium der Rechtswissenschaft an der Friedrich-Schiller-Universität in Jena, seit 2003 Angestellter der Gesellschaft für Arbeits- und Wirtschaftsförderung des Freistaats Thüringen (GfAW mbH), katholisch, verheiratet, vier Kinder.